博士金融学丛

中国国际收支失衡问题研究

焦 武 著

中国金融出版社

责任编辑：丁　芊
责任校对：张志文
责任印制：陈晓川

图书在版编目（CIP）数据

中国国际收支失衡问题研究（Zhongguo Guoji Shouzhi Shiheng Wenti Yan-jiu）/焦武著. —北京：中国金融出版社，2013.10
（博士金融学丛）
ISBN 978 – 7 – 5049 – 7115 – 9

Ⅰ.①中…　Ⅱ.①焦…　Ⅲ.①国际收支—经济失衡—研究—中国
Ⅳ.①F812.4

中国版本图书馆 CIP 数据核字（2013）第 201511 号

出版
发行　**中国金融出版社**

社址　北京市丰台区益泽路 2 号
市场开发部　（010）63266347，63805472，63439533（传真）
网 上 书 店　http://www.chinafph.com
　　　　　　（010）63286832，63365686（传真）
读者服务部　（010）66070833，62568380
邮编　100071
经销　新华书店
印刷　利兴印刷有限公司
尺寸　169 毫米×239 毫米
印张　16
字数　275 千
版次　2013 年 10 月第 1 版
印次　2013 年 10 月第 1 次印刷
定价　32.00 元
ISBN 978 – 7 – 5049 – 7115 – 9/F. 6675
如出现印装错误本社负责调换　联系电话（010）63263947

本书受以下项目资助：

上海市教委科研创新课题国际收支约束与中国经济增长（12YS146）

上海市教育委员会重点学科（第五期），金融学 J51601

上海市教育委员会一流学科（B 类）培育，应用经济学

总　　序

2008 年那场发生于大洋彼岸波及全球的金融危机似乎还在持续发酵。这场危机让我们体会到了金融是经济的核心的深刻内涵，那就是金融必须引领经济发展，但金融决不能离开实体经济太远。这场危机让我们感受到了金融中心的巨大魅力，那就是及时纠错、适时调整的体制机制，以及引领其他金融体系走出危机的示范效应。这场危机让我们更坚定了对建设金融中心的决心和信心。

2009 年，国务院发布了《关于推进上海加快发展现代服务业和先进制造业建设国际金融中心和国际航运中心的意见》的文件，明确了上海建设国际金融中心和国际航运中心。《上海市国民经济和社会发展第十二个五年规划纲要》中提出：到 2020 年上海要基本建成与我国经济实力和国际地位相适应、具有全球资源配置能力的国际经济、金融、贸易、航运中心，基本建成经济繁荣、社会和谐、环境优美的社会主义现代化国际大都市，为建设具有较强国际竞争力的长三角世界级城市群作出贡献。党中央、国务院结合上海的发展形势，提出了上海建设国际经济、金融、贸易和航运中心"四个中心"，并将此确立和提升到国家的重要发展战略的层面上。

2013 年 2 月，在上海市十四届人大一次会议上韩正书记明确提出了国际金融中心在上海"四个中心"建设中居于核心地位，全面推进上海国际金融中心建设成为上海"四个中心"建设和社会主义现代化国际大都市建设的核心。目前，上海国际金融中心建设取得了重要进展，2012 年前三季度，上海市金融业增加值1667.3 亿元，同比增长 12.1%，占全市同期 GDP 的 11.6%。金融市场交易快速增长，2012 年 1 月至 11 月，上海金融市场交易总额为 477.8 万亿元，同比增长 26.8%。金融市场融资功能稳步提升，2012 年 1 月至 11 月，上海金融市场直接融资额达 3.5 万亿元，同比增长 31.3%。截至 12 月末，上海市已有101 家小贷公司获批设立，2012 年累计放贷 711.7 亿元，贷款余额为 149.8 亿元；80 家融资性担保机构审批通过，融资性担保余额近 450 亿元。2012 年主要市属机构的规模和经营实力也进一步提升，截至 2012 年三季度末，上海市属 14 家金融机构总资产为 5.2 万亿元，比 2011 年末增加 15.2%，营业收入和净利润分别达到 2331 亿元和 460 亿元，同比增加 12% 和 9.5%。2012 年 1 月至 11 月，上海全市金融业共实现税收收入 838.6 亿元（不包括证券交易印花税），同比增长 15.2%，占上海市税收总量的 11.8%。

作为一所地处国际金融中心建设腹地并且具有 60 余年金融教育悠久历史的院校，上海金融学院旗帜鲜明地确立了以金融学科为核心，以培养卓越金融人才为目标，积极响应与主动对接上海国际金融中心建设的需要，力争为上海国际金融中心建设添砖加瓦。上海金融学院国际金融学院作为学校金融学科建设与研究的主力军，有责任、也有义务为推动金融学科的建设与发展作出相应的努力，为上海国际金融中心的建设奉献自己的力量。

目前国际金融学院正承建上海市教育委员会金融学重点学科建设项目（J51601）和上海市应用经济学一流学科建设（培育）项目。通过该项目的建设，国际金融学院不仅希望促进本学院更好地发展，更重要的是希望推进金融学科的完善和金融问题研究的深化，锻造一支高素质的金融专业教师队伍，并以此强化应用型金融人才的培养。

近年来，学院的年轻博士活跃在金融教育、金融研究的第一线，他们在金融产品、金融市场、金融制度等方面都作出了具有各自见解的研究，其成果对于丰富当前金融问题的研究，具有一定的补充作用；对于推进上海国际金融中心的建设，具有重要的参考与借鉴价值。为此，我们将他们的研究成果集结为一套"博士金融学丛"，以成果专著的形式公开出版。希望"博士金融学丛"的出版能激发大家对金融理论的进一步探讨，对金融实务的进一步创新，借以提升人们对金融中心建设的使命感、责任感。

贺　瑛
2013 年 2 月

内容摘要

　　近些年来，反映中国对外经济交往的国际收支账户呈现出愈发严重的失衡现象。中国国际收支两大基本账户：经常账户和资本金融账户，同时、长期、持续出现顺差，即所谓的双顺差，尤其是其中处于核心地位的经常账户的顺差规模更是快速飙升，成为对中国这一问题最集中、真实的写照。

　　中国国际收支长期、大额双顺差，是在中国经济改革开放的进程中，特别是 20 世纪 90 年代中期以来逐渐形成、加深的。因为有着特定的国际经济大环境和中国自身改革开放的内在需求，这种双顺差现象的产生在中国经济发展的某一阶段有其必然性与合理性。但是，随着时间的推移，也逐渐暴露出中国经济内部所积累的一些深层次矛盾。对这种日益严重的中国经济外部不平衡问题，如果我们不加以关注、调控的话，事情的发展就可能走向其对立面。

　　本书紧密联系中国国际收支长期失衡的现实问题，通过对中国国际收支历史数据进行仔细的梳理与剖析，以期找出这种失衡的内在原因。我们的分析、研究是建立在主要针对中国这一现实问题的国际收支相关理论基础上的。同时，我们采用多种时间序列计量方法，从不同的视角，分别对影响中国经常账户收支中长期变动的宏观经济变量因素，中国经常账户收支的长期可维持性，中国经常账户及其主要子账户与资本金融账户、相关宏观经济变量间的动态冲击响应关系，中国经常账户收支在不同经济变量冲击下向不同顺差状态转换的概率大小，中国经常账户收支动态模型在可变参数不同设定状态下的变动路径、合意的逆转路径等问题展开了较深入的实证研究。

　　最后，在理论分析和实证研究的基础上，我们对中国国际收支失衡问题的内在原因作了进一步深化与总结，并给出了相应的政策调控建议。为了具体化我们的政策调控设想，便于其实践过程中的可操作性，我们构建了一个建立在开放经济条件下，综合 IS－LM－BP 模型和 Swan 模型特点的政策调控与搭配模型。通过该模型，我们阐释了化解当前中国内、外经济失衡问题的政策解决方案。

总之，我们认为中国国际收支失衡问题是中国经济发展过程中内、外经济结构失序、失调的外在表现，其根源在于中国经济结构的内部失衡。当然，外生因素也很重要，它们对这种中国经济内、外失衡的交互放大起到了推波助澜的作用。因此，中国国际收支失衡在本质上是结构性的失衡，带有较明显的阶段性。我们认为并相信，这种结构性失衡在中国经济进一步发展的过程中是可以得到逐步缓解直至解决的。当然，这应该是一个长期的过程，中国自身的积极应对是至关重要的，但某种程度的国际协调与配合无疑会加速这种纠偏的进程。

本书是在作者 2009 年博士毕业论文基础上适当修改而成的。我们实证分析所利用的数据最近只到 2008 年上半年。2008 年下半年国际金融危机全面爆发，堪称百年一遇，其对世界经济尤其是对各国国际收支的冲击十分剧烈。在原文中我们的实证分析主要用的是年度和季度数据，一些研究也用到了较高频的月度数据。尽管 2008 年下半年金融危机全面深化蔓延后对中国国际收支负面冲击巨大，但考虑到许多统计数据仅是危机中特有的，标准的经济理论无法对其解释。故按照一般计量经济学的处理办法，我们把 2008 年下半年及之后的经济数据作为异常值（Outliers）看待，本书没有对此时间段及后续数据进行更新，特此说明。

时至今日，2008 年金融风暴的阴霾仍未散去。虽然在全球经济紧缩的大环境下，全球经济失衡有所缓解：以中国为国际收支顺差一方，以美国为国际收支逆差一方，双方的失衡相对规模都表现出明显的下降趋势，但全球性经济失衡问题并未从根本上得到解决。因此，本书对中国国际收支失衡问题的内、外因的分析探讨结论依然成立。且事后包括中国政府以及世界存在较严重国际收支失衡问题国家的一些实践操作也印证了本书的一些观点。

Abstract

In recent years, BP accounts of China reflecting economic interaction with other countries or districts have increasingly revealed serious imbalance phenomenon. Two foundational accounts of BP in China : Current Account (CA) and Capital and Finance Account (KA) have all appeared surpluses, coincidentally, permanently and persistently. That is so called Two – Surplus. Especially, CA setting in core status of BP in China surplus scale has more rapidly increased, which intensivly and truly embodied the problem.

The permanent and large scale two – surplus of BP in China has gradually developed and deepened since China economic reform and open, especially mid – 90' s last century. Because of special world economic circumstances and China itself demand for reform and open, two – surplus showed some extent inevitability and rationality in specific stages of economic development in China. But, as time goes by, in fact, two – surplus has gradually exposed some accumulative contradictions rooted deeply in "interal" Chinese economy. Facing to increasingly serious "exteral" China economy im balance, if we didn' t pay attention to and adjust it, the thing development can go opposite.

This dissertation closely contacts with practical problems of the permanent imbalance of BP in China, which aims to find out inherent reasons by careful analyses to historical data of BP accounts in China. Our study is mainly based on relative theories of BP suited for China practice. At the same time, we employ various kinds of time series econometric approaches, from different views of aspect, to carry out our positive studies seperately, including the determinants of medium – to – long term dymamics of CA in China; sustainability of China CA in long term; dynamic impluse responses in CA with its main sub – accounts and KA, in addition to relative several important macroeconomic variables; China CA probability distribution from one defined surplus to another under different economic variable impacts; China CA dynamic model diverse paths and desired paths under parameters different assignment.

At last, based on the above theory analyses and positive studies, we make more in-depth analyses and draw some important conclusions by more further investigating China BP imbalance causes, and we also give corresponding policy adjustment suggestions. In order to give concrete policy adjustment suggestions to facilitate practical operations, we design a policy adjustment and coordination model synthesized characteristics of IS - LM - BP model and Swan model under open economic conditions. By our model, we illustrate policy solutions aiming at current "internal", "external" economic imbalance problems in China.

In short, we think BP imbalace in China is outward performance of "interal", "external" economic structures disorder during China economic development. However, here, we believe China "internal" economic structure imbalance is main origin. Of course, "exogenous" factors are also important, which play a role of adding fuel to the flames for interactive enlargement between China "internal" and "external" economic imbalance. Therefore, BP imbalance in China, in essence, is a structural imbalance with evident stage features. We think and believe that such a structural imbalance in the further development of China economy would be able to get the process of gradually ease until resolved. Of course, this should be a long process, and actively respond to China's own is essential, but some degree of international coordination and cooperation will undoubtedly accelerate this process of correcting the case.

目　　录

第一章 导 论

第一节 问题的提出背景和研究意义

一、问题提出

学术界一般把 1973 年第二次世界大战后布雷顿森林体系的彻底崩溃，1985 年西方五国财长迫于美国压力签署《广场协议》，促使日元和德国马克大幅升值作为第一次和第二次全球国际收支失衡的标志性事件。自 20 世纪 90 年代中期以来世界性的国际收支不平衡问题再度日益凸显，尤其是最近几年该问题愈演愈烈，从而激发了全球政经界广泛热烈的讨论。2005 年 10 月 15—16 日，20 国财政部长和央行行长（G20）会议在中国河北香河召开，会议发表的联合公报一致认可 "失衡的全球化"[①]。美国是全球第一大经济体，GDP 总量占世界的 1/4 左右，但同时也是当前全球最大的贸易逆差国。美国的经常账户（Current Account，CA）赤字自 2004 年起占其 GDP 的比例均在国际公认的 5% 的警戒线之上。2004 年美国经常账户赤字达到 6401.57 亿美元，占其 GDP 的 5.5%，2006 年经常账户赤字更是达到创纪录的 8114.83 亿美元，占其 GDP 的 6.2%[②]。如果把美国庞大的经常账户赤字看做全球性国际收支失衡的一极，那么另一极则是以日本、中国为代表的东亚国家和中东石油生产出口国近些年来不断积累的巨额经常账户顺差。尤其是中国，2006 年经常账户顺差达到 2533 亿美元，占当年中国 GDP 的 9.5%，从而超越日本成为世界最大的经常账户顺差国。2007 年中

---

① 资料来源：《上海证券报》，"G20：'失衡的全球化'寻求新支点"（2005 - 10 - 14）。参考网址：人民网 http：//finance. people. com. cn/GB/1045/3769170. html。

② 数据来源：国际货币基金组织、世界经济展望数据库（IMF - WEO，2008 - 04）。

国经常账户顺差进一步增加到 3718 亿美元，占同期 GDP 的 11.3%[①]。中国国际收支另一个不同于世界主要经济体的显著特点是，不仅在经常账户上而且在资本与金融账户（Capital and Financial Account，KA）上也出现了较长期的持续顺差，即双顺差的国际收支结构。中国自 1987 年出现了国际收支的第一个双顺差[②]，到 2007 年共有 16 年出现过双顺差。尤其是进入 20 世纪 90 年代以来，中国国际收支经常账户除 1993 年外都是顺差，而资本与金融账户除 1992 年和 1998 年外也都是顺差。1987 年中国经常账户和资本与金融账户顺差分别约为 3 亿美元和 60 亿美元，2007 年中国经常账户顺差为 3718.33 亿美元，占当年中国国际收支总顺差的 83%，资本与金融账户顺差也由 2006 年的 100.37 亿美元跃升为 735.09 亿美元。双顺差使我国外汇储备迅猛增长，2006 年底攀升至 10663.4 亿美元，位居世界第一，2007 年底我国的外汇储备进一步增加到 15282 亿美元[③]。中国国际收支持续多年的双顺差，特别是从 2005 年开始，经常账户顺差规模急剧放大，占同期 GDP 的比例均超过 7%，这折射出中国国际收支失衡已经到了比较严重的程度。

根据国际收支成长阶段理论，一个国家随着其经济的发展，经常账户会依次经历逆差、顺差、逆差阶段。相应地资本与金融账户会依次出现顺差、逆差、顺差阶段。在过渡的过程中各账户也许会出现平衡的情况。通过对世界众多国家国际收支账户的案例分析，我们会发现，发达国家和发展中国家大多呈现两个一级账户（CA 和 KA）收支余额互补搭配的结构。卢峰（2006）通过对世界 50 个主要贸易国或地区 1970—2005 年的国际收支进行分析，发现大规模双顺差（指 CA 盈余和 KA 盈余均占到 GDP 的 2% 以上）主要发生在例如新加坡、韩国、丹麦、挪威、荷兰等中、小经济体上。像中国这样大型经济体连续多年保持显著双顺差，到目前为止似乎仅是个案。发展中国家一般大多呈现 CA 逆差搭配 KA 顺差的国际收支结构。中国作为一个发展中大国，不仅出现了双顺差的国际收支结构，而且这种本应是过渡性的结构竟然持续十几年之久，并有可能在未

---

① 国家外汇管理局网站，统计数据与报告栏目。http：//www. safe. gov. cn/model_safe/index. html。
② 中国 1982 年才开始有正式的国际收支统计数据，1985 年开始编制国际收支平衡表，因此根据国际收支平衡表我们认为 1987 年中国第一次出现国际收支双顺差现象。
③ 国家外汇管理局网站：http：//www. safe. gov. cn/model_safe/index. html。

来 5~15①年继续保持下去，这个问题确实值得我们深思与研究。

中国这种双顺差的国际收支结构的形成有着深刻的国际、国内方面的原因，在一定时期、一定条件下有其存在的合理性。因为，它从外部推动了中国经济的快速增长，带动了国内就业的增加，提升了我国的科学技术水平和国际竞争力，并且使中国经济和世界经济更加紧密地融合在一起。但随着中国所面对的国际、国内经济环境的变化，如果不对这种较大规模的双顺差国际收支结构，尤其是经常账户的过度盈余作出某些根本性政策调整的话，那么它就很有可能走向其对立面，即恶化中国经济发展的外部环境，也不利于中国国内经济持续、健康、稳定发展。当前，我们已经看到，这种负面影响正越来越凸显。

首先，近些年来，伴随着中国贸易顺差额的持续走高，也引发了日益增多的贸易摩擦，并常常招致贸易逆差伙伴国采取相应的报复措施。这使我国贸易政策、汇率政策承受着越来越大的压力。商务部进出口公平贸易局局长李玲指出，从1995年开始中国已连续12年成为全球遭受反倾销调查最多的国家，全球1/3的反倾销调查针对中国出口产品，2007年中国又成为全球遭受反补贴调查最多的国家②。

其次，中国国际收支持续多年的双顺差帮助中国建立起世界上规模最为庞大的外汇储备库。这是人民币持续保持升值态势的根本性压力源，加大了我国人民币汇率有序、渐进、小幅升值政策的调控难度。为了不使人民币升值幅度过快，以免给我国的宏观经济运行带来较大的震荡与负向冲击效应，中国人民银行势必要采取冲销的货币政策，这就降低了货币政策的独立性。根据 Higgins 和 Klitgarrd（2004）的研究，2000—2003 年中国外汇储备增量中仅有大约一半被冲销，这意味着有较大比例外汇储备增量实际转化为央行基础货币的供给。再者，随着中国外汇储备的不断攀升，央行进行冲销干预的操作空间就会日渐逼仄，从而加大货币供给量和供给速度，最终导致流动性过剩，形成通货膨胀隐患。而且，累积的货币错配的规模也在不断增大，从而放大了外汇储备资产的敞口风险。

最后，我国庞大的外汇储备也意味着巨大的机会成本。因为外汇储备是一

---

① 蔡昉等（2004）认为我国适龄劳动人口的上升趋势将一直延续到 2010 年左右，在 2013 年达到拐点，2022 年后劳动人口会绝对减少，人口红利转变成人口负债。这意味着自 2008 年起，在未来 5~15 年中国居民的储蓄率可能仍会在高位徘徊，这似乎也意味着中国经常账户某种规模的顺差在未来较长的时期中仍然是可维持的。

② 资料来源：中国经济网 http：//www. ce. cn/cysc/sylt/gdxw/200712/05/t20071205 _13813901. shtml，"我国已连续 12 年成为全球遭受反倾销调查最多国家"（2007 - 12 - 05）。

种以外币表示的金融债权，相应的资产存放在国外，并未投入国内生产使用。也就是说，拥有一笔外汇储备，就等于放弃这笔资金在国内投入使用的机会。Heller（1966）认为持有国际储备的机会成本是该储备用于国内生产性投资的收益与国际储备资产收益的差额。美国对外直接投资收益率的历史平均水平是10.31%，但外国对美国直接投资收益率平均仅为4.75%，持有美国债券等权益性资产的收益率仅为3%～5%（Barry Eichengreen，2006）①。Brad Setser②（2006）推测中国外汇储备中大概有70%为美元资产，20%为欧元资产，另外10%为包括日元和韩元在内的其他货币资产。我国目前在美国的投资渠道主要是美国政府债券，收益率较低。根据美国财政部公布的国际资本流动（TIC）报告，截至2008年10月，中国持有美国国债6529亿美元，占美国国债总量的35.4%，成为美国国债的第一大持有国。而据中国国家统计局（NBS）的数据，2005年中国规模以上企业平均净资产回报率为15%左右。

一直以来中国政府追求或设定的外部均衡的目标是国际收支的基本平衡或略有顺差，但现实情况是中国国际收支持续多年出现了独特的双顺差现象。那么，这种中国国际收支长期失衡的深层次原因是什么？这种持续的双顺差，尤其是经常账户大额顺差是可维持的吗？如何通过可能的宏观经济政策调控以期解决中国长期的国际收支失衡问题？这些都是本书需要深入研究和探讨的问题。

二、研究意义

近些年来，在世界经济失衡的大环境下，中国外部经济的巨大不平衡问题越来越引起国内外的广泛关注与研究。尤其是最近几年这一问题也得到了中国中央政府的高度重视，相关部门也有针对性地陆续出台了一些宏观、微观调控措施，并在实践中取得了一定效果。因此，对中国的国际收支状况，尤其是改革开放以来的演进情况进行仔细梳理，摸清中国国际收支各个一级账户及其细分的子账户流量、存量的动态变化并进行归纳总结，以期找出其背后隐藏的经济规律，无疑具有非常重要的现实意义。每个国家的经济都是一个网状的系统，我们通过对中国国际收支账户的研究为切入点，然后沿中国外部经济这条线进

---

① 资料来源：李若谷. 全球经济失衡下的中国经济发展. 中国社科院经济学部编. 全球经济失衡与中国经济发展［M］. 北京：经济管理出版社，2006：13。

② 资料来源：中国经济网 http：//gov.ce.cn/china/news/200611/20/t20061120_ 9506833.shtml，"万亿外汇储备何去何从'藏汇于民'时机成熟了？"（2006－11－20）。

入中国经济的内部，观察这种外部的不平衡是如何影响中国内部经济的运行。我们相信这种影响是双向的，并且更倾向于认为，正是近些年来中国经济内部出现了较严重结构性失衡，进而导致了中国经济的外部不平衡。从表现来看，随着时间推移内、外经济失衡是互相强化的。当然，研究中国的国际收支失衡问题，我们决不会忽视中国经济发展的国际经济大环境。自 1978 年中国改革开放以来，中国经济与世界经济愈发紧密地融合在一起。2006 年，中国已经是世界第四大经济体，第三大贸易国，吸引 FDI 连续 15 年居发展中国家首位，成为除美国外全球吸引外资最多的国家。中国国际收支的巨大变化显然会受到世界经济发展变化的深刻影响，这一点毋庸置疑。

我们认为，只有通过对中国国际收支失衡的内部、外部以及内因、外因这种全面、综合、立体的视角来进行深入研究，才有可能得出比较深刻的、有说服力的结论，进而应对这种失衡提出一些富有建设性、有实践操作意义的政策调控措施。

总之，当前对中国国际收支失衡的研究不仅具有重大的理论研究意义，而且更具有现实上的紧迫性。因为这项研究本身对今后中国如何在经济对外开放的条件下，努力实现中国内、外经济的协调和可持续发展作出了一定程度的、具有积极意义的尝试和探索。

第二节 相关文献述评

近些年来，国内外对世界性的国际收支失衡问题的研究不断深入与细化，取得了一大批很有价值的研究成果。

国外比较重要的研究大多站在全球视角的高度，以一个包括全球大多数国家或主要经济体的国际收支状况时间序列数据作为研究样本（一般采用较长的年度甚至季度数据），许多情况下还对样本国家进行分类研究。现代日趋复杂与完善的计量技术工具的应用是必不可少的，以期更准确地从各国各不相同、纷繁复杂的国际收支现象中得到一些普遍的规律性的结论。我们注意到，国外的重要研究几乎都是围绕国际收支账户中的一级子账户——经常账户展开的。因为经常账户更多地反映了实体经济的情况，国外研究者普遍认为经常账户收支从长远来看对一国国际收支平衡起着更加重要的根本性作用。按照新开放宏观经济学的基本观点（Obstfeld 和 Rogoff，1995），经常账户收支是构成一国国际收支最重要的内容，故一般都会将经常账户收支状况作为一国调整相关宏观经济政策的决策依据。因此，对于国际收支中重点研究的经常账户，自然就引出了是哪些经济变量决定了一国经常账户的动态变化，它们之间有怎样的关系等问题。我们现在知道，这些问题要靠经济理论和实证分析相结合才能给出有说服力的解答。

国内的研究主要是针对中国的具体情况展开分析讨论。实证方面多注重于对中国国际收支及相关宏观经济变量数据的整理、归纳、总结。现代经济计量方法的运用较国外少，且不深入，略显粗糙。当然，样本国家（截面成员）很少（很多情况下仅有中国一个截面成员），时间序列较短（大多数研究都是1985年之后的中国国际收支数据），数据缺失、数据质量不高等都是很重要的原因。另外，国内一些研究在借鉴国外已有的研究成果的基础上，对中国国际收支各账户尤其是经常账户的决定因素，其动态演进趋势、敛散性分析给出了一些很有意义的建设性结论。

一、国外相关研究文献回顾

本书针对中国国际收支，主要是对中国改革开放以来，尤其是近些年愈演愈烈的中国国际收支失衡问题展开研究和分析、讨论。我们对国外文献的阅读与回顾，其根本目的是为我们所用，并加以借鉴，以期更好地研究中国当前所面临的比较严重的国际收支失衡问题。综合国外的研究（包括专门针对中国国际收支及相关问题的研究），大致可分为如下几类：第一类是根据国际收支恒等式，通过储蓄、投资视角来研究一国经常账户变动。于是，对经常账户的研究就转化为分析一国储蓄、投资的互动关系及其各自背后的决定因素。第二类是根据已有的经济理论和实践经验，筛选决定一国经常账户中长期变动的宏观经济变量，然后进行计量分析与检验，以最终确定是哪些宏观经济变量对一国经常账户发挥着显著影响作用。第三类是对经常账户的可维持性（Sustainability）进行研究。一般是通过现代时间序列协整（Cointegration）技术，检验一国进、出口时间序列间是否存在长期协整关系，以此作为判断经常账户敛散的根据。第四类是对国际收支经常账户（CA）和资本与金融账户（KA）及其各自包含的子账户之间的关系进行研究。研究方法主要是通过格兰杰因果检验（Granger Causality Tests）来判断它们之间的因果关系，通过脉冲响应函数（Impulse Response Function，IRF）和方差分解（Variance Decomposition）等技术研究各账户之间以及它们和某些相关宏观经济变量间的动态交互关系。

下面，我们按此分类列出具有代表性的国外研究文献。

（一） 以储蓄—投资为分析视角的研究

Ioannis Halikias（1996）从储蓄—投资平衡及其决定因素的角度，研究了荷兰自20世纪80年代初期持续出现的经常账户顺差问题。在考虑到荷兰当时经济的具体特征后对标准的储蓄—投资跨期模型作了拓展与修正，但仍不能很好地解释这一现象。于是，作者把研究的焦点集中于可能影响到储蓄—投资关系的荷兰经济的供给面方向。研究发现：（1）自20世纪80年代初期起，荷兰劳动和资本两种生产要素的价格发生了较大的变化。相对于资本，劳动要素价格——工资的增长率较低，导致投资相对于储蓄有更低的增长率。因为这种情况鼓励了劳动对资本的替代。（2）在当时，荷兰经历了需求由可贸易品向不可贸易品的转移。这反映出不可贸易品有更高的需求收入弹性，暗含着进口受到削弱。因此，作者认为，旨在增强市场竞争性的结构调整政策有助于打破使某些服务企业储蓄率上升的垄断租金，从而有利于增加投资，减轻荷兰经常账户顺差程度。

S. Edwards（1995）认为，不同国家储蓄率的高低不同和各国历史的、文化的或社会制度方面的因素差异有很大关系。这些因素是可预期的，也是较稳定的。因此，一般来说储蓄率变化不大，于是经常账户就主要由投资率决定，而投资率又主要由经济增长率决定。只要一国经济不过热，投资率就不会显著增加，储蓄率就可以支撑一国适度的经济增长率，经常账户顺差的逆转就不太可能发生。在发展中国家，金融市场不发达，金融抑制比较严重，限制了储蓄向投资的迅速、有效转化，致使投资增幅小于储蓄增幅，这样就可能产生经常账户的顺差，甚至在某一时期还会不断放大。另外，通过跨国比较的实证分析，他得出政府储蓄会对私人储蓄产生挤出效应。政府储蓄率每上升1%，就会导致私人部门储蓄率下降0.6%。

Betty C. Daniel（1997）在预防性储蓄行为的基础上对持续出现的经常账户失衡现象给出了一个新古典解释。它假定代表性代理人具有CRRA（不变相对风险规避）效用函数，在随机收入冲击约束条件下，存在一个随着财富增加而增加的经过风险调整的时间偏好率。持续经常账户失衡现象的出现，正是因为不同国家经过风险调整的时间偏好率不同所致。如果一国代表性消费者有相对低的经过风险调整的时间偏好率，那么它的经常账户就会产生盈余。这意味着，一国因经常账户盈余积累的金融财富对应着另一国因为相对高的时间偏好率（经过风险调整）所丧失的金融财富。但是，随着财富的积累，盈余国预防性储蓄的动机就会下降，相应赤字国预防性储蓄的动机就会增强。最终，盈余国财富的积累导致其消费的增加，消费的增加又导致其时间偏好率的增加①，于是经常账户盈余减少直至平衡，赤字国调整方向恰好相反。也就是说，系统性的经常账户不平衡会随着相关国家经过风险调整的时间偏好率最终相等而消除。

Loayza、Schmidt - Hebbel 和 Serven（2000）等人的研究样本涉及世界上大多数国家（150 个），并且有一个较长的时间跨度（1965—1994 年）。其主要研究结论有：（1）私人储蓄率表现出很强的序列相关的惯性，因此能够影响到私人储蓄率发生变化的因素要经过较长时间才会有效果。（2）私人储蓄率会随着人均收入的增加及其增长率的提升而增加，收入的影响在发展中国家要比发达国家更大。这意味着促进经济发展的政策是一种间接但有效的增加私人部门储蓄率的方式。（3）预防性储蓄动机得到实证支持。因为在传统上被看做宏观经济波动测算指标的通货膨胀率，在其他因素得到有效控制的条件下，被发现其对私人部门储蓄率产生了正向冲击。（4）生命周期假说得到支持。因为发现人口依存率和私人部门储蓄率负相关，且研究发现老年人口依存率对私人部门储蓄率的负向冲击是未成年人人口依存率对私人部门储蓄率负向冲击的两倍多。（5）财政政策对增加国民（总）储蓄率是一种适度有效的工具。公共（政府）部门储蓄占国民可支配收入的比率每增加 4%，会使总储蓄率在一年之内增加 2.8%，但在长期却仅有大约 1.2% 的增加，这表明存在不完全的李嘉图等价现象。（6）金融自由化会大大削减私人部门的储蓄率。因为信贷可获得性的增强会降低私人部门的储蓄率。另外，并没有发现金融深化的推进增加了储蓄和带来更高的利率。

Kraay（2000）通过跨国比较分析，对中国家庭储蓄率一般较其他国家高的现象给出了一个较合理的解释。他认为，这主要是由于中国经济相对于其他国家有更高增长率和相对年轻的人口结构形成的人口红利所致。

Modigliani 和 Cao（2004）对中国家庭高储蓄率的研究也基本支持 Kraay 的观点。

Kuijs（2005）通过对中国资金流量表（FOF）的详细分析、计算后发现：进入 2000 年以来中国家庭储蓄率实际上较 20 世纪 90 年代有比较明显的下降。相反，企业和政府的储蓄率却有比较明显的上升。另外，Kuijs（2006）认为中国的企业相比其他国家的企业有更高的储蓄率，主要是因为中国资本密集型工业所创造的增加值占 GDP 的份额越来越大，因此资本的盈利能力渐强，利润增

---

① Uzawa（1968）认定时间偏好率是内生的，并假定按照消费水平增加。在长期，不同国家的时间偏好率应该相等。

加明显，于是更有能力以企业留利方式转化为企业储蓄。再有，中国企业一般来说仅支付较低的红利，国有企业又是整个企业储蓄的核心，但由于历史原因，国有企业却不向其最大的股东——国家支付红利。企业留利增多，储蓄能力自然就强。

上述文献，或针对一国储蓄率的变化，或在较大样本国家、较长时间跨度下研究储蓄率的跨国、跨时变动，其研究结论对我们分析中国储蓄率及其变化的可能的内在决定因素具有非常重要的参考借鉴价值。尤其是 Loayza、Schmidt – Hebbel 和 Serven（2000）等人的研究，运用较复杂的 GMM – IV（广义矩—工具变量）面板数据回归计量方法，且对样本进行了分类研究（全样本、LDC 国家、OECD 国家）。因此，他们的研究结果更具有稳健性。其研究结论的（3）（4）（5）（6）对我们分析中国的储蓄率，进而研究经常账户问题是很有启发意义的。

（二）关于国际收支经常账户变动决定因素的研究

Menzie Chinn 和 Eswar S. Prasad（2000）通过包括 18 个工业化国家和 71 个发展中国家，1971—1995 年的数据，利用截面和面板估计（Panel Estimates）等计量方法去捕捉经常账户的跨国、跨期变动，目的是对经常账户中期的决定因素进行深入细致的研究。他们主要研究了决定经常账户（CA/GDP 作为因变量）的八个解释变量：（1）政府预算/GDP；（2）相对人均收入；（3）人口依存率；（4）平均实际 GDP 增长率；（5）贸易条件波动；（6）净外国资产头寸（NFA/GDP）；（7）开放度 [（X + M）/GDP]；（8）金融深化（M_2/GDP）。也考虑到了资本控制虚拟变量（CA、KA 如果存在严格控制取 1，否则取 0）。实证研究结果表明：（1）整个样本国家都存在政府预算，初始的净外国资产头寸和 CA/GDP 正相关。（2）对于发展中国家，金融深化指标（M_2/GDP）是和 CA/GDP 正相关。（3）在发展中国家还发现更高的贸易条件的波动和更大的经常账户盈余（或更少的赤字）相联系。（4）在发展中国家，开放度 [（X + M）/GDP] 指标似乎有一个和较大的 CA 赤字存在的较弱联系。（5）为了验证国际收支的成长阶段假说，作者引入相对人均收入和它的平方项。结果表明，充其量只存在有限的证据证明这一假说。（6）其他重要的变量，如资本控制指标和平均实际 GDP 增长率似乎没有表现出和 CA 之间存在系统性联系。

Amelia Santos – Paulino 和 A. P. Thirlwall（2004）以自 20 世纪 70 年代中期开始先后实行贸易自由化政策的 22 个发展中国家为样本，利用动态面板和时间序列等计量分析技术，研究贸易自由化对进出口增长、贸易收支及国际收支的影响。其主要研究结论：（1）进出口关税税率的下调会显著影响进出口贸易额，但对进口的影响更大些。对于1%的关税税率下降，出口增长低于0.2%，而进口增长在0.2%~0.4%范围内。（2）贸易自由化独立于关税减让，且对进口有更大的影响。更多的贸易自由化相对于出口增加，进口增加得更多。贸易自由化使商品出口增加小于2%，而使进口增长却超过6%。（3）贸易自由化增加了进出口的需求收入弹性，二者增加大致相等，但进口需求价格弹性的增加大于出口需求价格弹性的增加。（4）贸易自由化的净效应使贸易余额恶化超过2%（占GDP），但对经常账户的负向冲击要小些，平均来说使CA恶化大约0.8%。（5）一国开始贸易自由化时初始条件的不同，高度贸易保护还是相对低的贸易保护使贸易自由化后的冲击效应有很大的不同。初始条件有更多贸易保护的国家，贸易自由化后对CA的负向冲击效应会更大。

Dominick Salvatore（2006）利用1973—2005年G7国家有关数据，检验了几个重要的解释变量和经常账户的关系。其计量方程如下：$C_t = b_0 + b_1 B_t + b_2 G_t + b_3 GR_t + b_4 C_{t-1} + \varepsilon_t$。其中，$C_t$表示CA/GDP；$B_t$表示政府预算/GDP；$G_t$表示一国实际GDP的增长率；$GR_t$表示除本国外世界GDP的增长率。根据实际经验，一般认为CA和政府预算的当期及滞后期有很大关系。为了防止回归方程中各期政府预算的滞后值之间出现共线性问题，作者用滞后一期的CA/GDP，即C_{t-1}来代替政府预算的各期滞后。为了克服随机误差项的序列相关问题，用GLS（广义最小二乘法）估计方程。预计$b_2 < 0$（本国经济增长会恶化本国CA）；$b_3 > 0$、$b_4 > 0$，（外国经济增长会改善本国CA，本国预算赤字会带来本国CA赤字）。从七国实证回归的结果看，系数符号完全符合预期，且b_4系数绝对值相对来说最大。有意思的是，对于英国和法国b_1的系数是显著的，且$b_1 < 0$（其他国家该系数基本不显著）。这意味着，这两国的预算赤字反而会使它们的经常账户改善。这种现象由Mann（1986）首先指出，称为倒转的J曲线效应。

Joseph W. Gruber和Steven B. Kamin（2007）采用类似Chinn和Prasad的面板回归计量方法，研究了全球61个国家1982—2003年CA/GDP的变化情况。除了通常的解释变量外，作者增加了金融危机虚拟变量、石油收支项、政府机构的分级指标[①]。另外，NFA/GDP采取的是滞后值，而不是当期值。金融发展水平指标采取同Chinn和Ito（2007）一致的处理方法，用私人信贷占GDP的比率

---

① 具体指标见 Kaufmann，D.，Kraay，A.，Mastruzzi，M.，2005. Governance Matters Ⅳ：Governance Indicators for 1996—2004. World Bank Policy Research Working Paper 3630. 包括六个分指标：影响力、稳定性、政府效率、规制、法制和腐败。

代替①。研究结果如下：（1）亚洲的经常账户顺差除了标准的解释变量外，在加入了金融危机解释变量后能够得到更好的说明。但对于美国的经常账户赤字，即便加入体制变量后，也无法通过模型得到解释。（2）一般来说较大经常账户顺差是和下面一些变量相联系的：①较高的人均收入水平；②较低的 GDP 的增长率；③较少的预算赤字；④较多的金融危机；⑤较高的 NFA/GDP；⑥较低的人口依存率；⑦较高的经济开放度。（3）特别是对于中国和印度尼西亚，经济体制变量和 CA 正相关。这意味着经济制度环境越差，越易诱发资本外逃，造成 CA 盈余。

上述文献大多针对国际收支中的经常账户的决定因素进行分析和实证检验②。这对于我们分析中国的经常账户收支问题，即哪些因素影响、主导着中国的经常账户，中国经常账户较大顺差主要是由哪个或哪些因素导致的等问题是极富借鉴研究价值的。尤其是贸易自由化对一国经常账户收支影响的研究论文，对于中国当前如何既能够更好地解决巨额贸易顺差，又能够以更积极的态度参与经济全球化，最终达到内外均衡发展的长远目标，具有十分重要的借鉴指导意义。

（三） 关于国际收支经常账户可维持性的研究

Manuchehr Irandoust 和 Boo（2000）以瑞典为案例，研究了瑞典在 1980 年第一季度到 1995 年第四季度的贸易收支和经常账户收支问题，使用的计量方法是 Johansen 协整检验和 VECM（向量误差修正模型）。其目的是检验国际收支的跨期方法所认定的基本事实：如果一个经济系统满足它的跨期预算约束条件，决定经常账户的非平稳变量长期一定存在协整（收敛）关系。即经常账户无论在目前是赤字还是盈余，长期都应该平衡。如果不存在协整关系，意味着经济系统遭受了持久的生产率冲击或该国存在长期的政策扭曲，从而导致国际收支的不平衡。对瑞典的实证检验，基本证实了上述跨期方法认定的事实。

Augustine C. Arize（2002）以世界 50 个国家（包括 OECD 国家和发展中国家），1973 年第二季度至 1998 年第三季进出口的季度数据为样本，在 Husted（1992）经常账户跨期理论模型的基础上，构造了一个易于计量检验的进出口关

---

① 数据源于 Beck，T.，Kunt，A.，Levine，R.，2000 revised 2006. A New Database on Financial Development and Structure. World Bank Economic Review 14，567 – 605.

② 自 20 世纪 80 年代起，一国经济外部平衡标准重新回到强调经常账户平衡的目标上来，经常账户通常被政策制定者和投资人看做一个国家经济绩效的晴雨表。自那时的实践表明，即使一国国际收支总体上是平衡的，如果经常账户不平衡，尤其是不能持续，那么其国际收支也是不稳定的，如遇重大的外部冲击，很容易发生逆转。

系模型。通过 Johansen 协整方法，作者发现在50 个国家中有35 个进出口之间存在协整关系。这说明，在这些国家，其跨期预算约束没有被违反，宏观经济政策在长期是有效的。

Ahmad Zubaidi Baharumshah 、Evan Lau 和 Stilianos Fountas（2003）在一个跨期预算模型的框架下，检验了四个东亚新兴工业化国家（印度尼西亚、马来西亚、菲律宾、泰国）1961—1999 年经常账户失衡（赤字）的可维持性问题，该研究是基于各种单位根和协整检验方法，并考虑到了经济结构断点（Structural Break）对协整空间稳定性造成冲击的可能性。

上述检验国际收支经常账户（贸易账户）是否可维持的实证计量方法，其理论模型基本都是建立在 Hakkio 和 Rush（1991）以及 Husted（1992）研究美国政府预算赤字和经常账户可否维持性论文的基础上。此类研究，从方法的选择到理论模型的构建，再到最终推导出可方便用于实证计量的方程，应该说整个过程在逻辑上是严密的。因此，这类检验一国经常账户在长期内可否维持的方法有着很高的研究应用价值。但这类方法的缺陷在于它仅能给出敛散性判断，如果收敛的话，不能给出一个具体的收敛期限。

（四）关于国际收支各级账户间以及和宏观经济变量间的动态关系研究

Zhongxia Jin（2003）利用中美两国 1980 年 1 月至 2002 年 7 月的月度数据，通过构造一个协整的向量自回归模型（VAR），研究中国该时期实际利率（是指中美两国的实际利差，即中国一年期实际储蓄利率减美国一年期国库券实际利率）、实际汇率（REER）和国际收支之间（用中国外汇储备代替，因为国际收支的变化会反映在外汇储备的变化中）的关系。模型识别出了 REER 和中国外汇储备间的一个协整关系，并把其作为一个 ECM（误差修正项）分别加入到 VAR 的三个方程中。作者在 VAR 模型的基础上，还做了脉冲响应函数分析，用以判定内生解释变量对源于自身和其他内生解释变量冲击的反应敏感度。研究结果发现：（1）上述三个变量之间存在显著的，通常是非单调的互动关系；（2）在中国，资本流动对短期利率的变化可能不敏感，中美实际利差的增加反而有可能导致中国实际汇率的贬值；（3）中国实际汇率升值可能会刺激不可贸易品的供给，降低可贸易品的供给，这反过来可能会提高中国实际利率，从而降低国内需求，同时带来国际收支盈余增加。

Ho – don Yan（2007）通过对 7 个新兴市场经济国家（EMEs），时间跨度为 1989 年第一季度至 2003 年第四季度，以及 G7 国家，时间跨度 1974 年第一季度至 2003 年第四季度的经常账户（CA）和金融账户（KA），及 KA 下的主要二级账户：FDI、PI（证券投资）、OI（其他投资，主要是银行贷款）之间的 Granger 因果关系进行了研究。同时，考虑到上述因果关系，可能会因为遗漏变量或在考察期经济结构发生变动而发生逆转，因此，在上述分析的基础上，作者在 VAR 模型中增加了实际汇率的变化和 GDP 的变化率这两个新的解释变量后，重新对模型的因果关系进行估计。对于经济结构的变化，作者是通过对每一个国家以各自的重大经济事件（货币危机）为界来划分成子样本，分别回归以判别因果关系。文章最终的研究结论如下：（1）除了影响 CA 及对 CA 失衡的调整外，发达国家与新兴市场经济国家 CA 和 KA 之间的因果关系也不同。对于发达国家而言，资本流动是需求诱导式的，且是 CA 的函数，它主要是为 CA 失衡融资。而对于新兴市场国家，KA（资本流动）反而有可能导致 CA 的失衡。这是因为新兴市场国家金融系统不发达，限制了其吸收内流资本的能力，于是 CA 和 KA 之间的因果关系子样本与全样本有可能不同。（2）KA 划分成的二级账户，对 CA 存在不同的因果关系，因此这种划分有助于我们识别是哪种 KA 成分对 CA 的影响最大。（3）对于没有发达完善金融体系的国家，对资本流动要审慎，不宜完全解除对资本流动的限制，且要注意 KA 自由化的步幅与顺序。

综上，这类研究大多在一个或多个向量自回归系统中展开分析。其主要目的是识别各经济变量或国际收支各级账户之间的因果关系，以及它们之间的动态冲击响应关系。特定的实证计量方法的采用有助于我们判断各个变量或各级账户之间的内生、外生关系，以及认清随着时间的推移来自它们自身的冲击或其他变量、账户的冲击对它们的动态演变路径发挥着怎样的影响作用。这种国际收支条分缕析式的动态研究方法，对于我们更加深刻地认识一国国际收支的变动规律有着非常重要的借鉴意义。

二、国内相关研究文献回顾

国内关于中国国际收支失衡的研究，大体可归纳为如下三类：第一类，外因论。该类研究认为中国多年来国际收支较大规模的失衡，主要源于当前不尽合理的以美元为主导的国际货币制度和国际产业的分工细化和转移。因此，中国国际收支失衡有其一定的不可避免性与合理性。第二类，内因论。该类研究认为主要是中国经济内部越来越严重的结构性失衡才最终导致中国国际收支的失衡。因此，纠正中国国际收支的过度顺差性失衡必须要对中国的经济结构、产业结构作出重大调整。当然，这是一个长期的渐进过程。第三类，综合论。这类研究把当前中国国际收支失衡放在经济全球化的大背景下展开分析，认为我国国际收支持续多年的严重不平衡是外部经济大环境和内部经济失调互动的结果，并在这种互动中彼此得到强化。该类研究认为对这种失衡的彻底纠正是非常困难的。因为，即便中国为此调整作出最大努力，但外部经济条件的变化却不是我们所能控制的。故这种调整注定是艰难的、曲折的，需要中国主要贸易逆差伙伴国（最主要的是美国）一并作出相应的政策调整才可能有效。

通过深入研究后，相比较而言，我们更支持中国国际收支失衡"综合论"的观点。因为该观点更加全面，也更符合现实。当然，在接受"综合论"观点的前提下，我们认为中国自身的"内因"是矛盾的主要方面和问题的核心。

（一）外因论

祝丹涛（2007）认为当前全球经济不平衡从性质上讲只是历史的某种重演。因为亚洲金融危机后，许多东亚国家选择将自己的货币重新钉住美元，使得原本事实上以美元为中心的国际货币体系反而得到强化。Dooley、Folkerts - Landau 和 Garber（2003）把这一现象称为复活的布雷顿森林体系（The Revived Bretton Woods System），或后布雷顿森林体系，即 BW II 体系。在布雷顿森林体系和后布雷顿森林体系下，仅有美国才是真正的中心国家，其他国家实际上都是外围国家，仅是离中心的远近不同并随时间而发生变化。只要美元的国际货币本位币地位不发生根本性的变化，那么中心国家——美国经常项目逆差，外围国家比如曾经的西欧、日本，当今的以中国为代表的东亚国家的经常账户顺差状况就不会得到根本性改变。这轮新的国际收支不平衡较以往更加严重的原因在于后布雷顿森林体系下，对美国国际收支不平衡进行外在约束的条件大大弱化了。

潘悦（2006）研究认为，发端于 20 世纪 50 年代的国际产业转移是当前全球国际收支失衡的主要原因之一。20 世纪 90 年代世界迎来第四次国际产业转移的浪潮，这期间以美国跨国公司为首的全球制造业链条对中国的大规模转移和外包形成了中国工业制成品对美国的超额、超速出口，从而导致中国对美国巨额贸易顺差。在这种由国际产业转移推动的不平衡贸易格局中，美国也充分享受到了来自中国的物美价廉的商品以及较低的通货膨胀和较高的经济增长速度的好处。

陈文玲、王检贵（2006）认为，由于国际分工细化，产业转移加速，贸易差额内涵也相应发生了深刻的变化。跨国公司产业内分工和内部贸易扩大，大量利润流回母国，顺差却记在被投资的东道国身上。因此，单纯从现行原产地规则确定的贸易差额已经不能全面反映一国真实的贸易状况。如果按这个角度分析中国的国际收支，那么中国外贸顺差肯定是被夸大了。

张文才、秦月星（2007）把当前的全球经济失衡看做是各国按照自己的比较优势积极参与经济全球化分工，最终导致世界经济格局发生较大的演变，并不是一个东亚汇率尤其是中国汇率低估的问题。因此，汇率对解决国际收支失衡的作用是很有限的。另外，他们也认为，发端于20世纪40年代的国际贸易原产地统计规则在当今世界贸易快速扩张的条件下越来越显现出其弊端。因为它会虚增东道国的出口，夸大跨国公司母公司所在国的进口。尤其是加工贸易出口对东道国收益甚小，但却全部记为东道国的出口，这就夸大了东道国的贸易顺差，诱发贸易争端。

虽然近几十年来伴随着国际产业结构的剧烈调整和大规模转移，国际经济结构相应发生了很大的变化。越是发达的国家或地区经济越虚拟化，也就是实体经济的日益"空心"化。对于某些发展中国家，尤其是中国，在特定的发展阶段，上述外部经济环境的发展变化或许会对中国国际收支盈余的形成起到某种推波助澜的放大效应，但我们认为，这仅是中国国际收支双顺差的外部成因。它至多只是必要条件，而不是充分条件。

（二）内因论

余永定、覃东海（2006）研究认为，中国外汇储备的增加既是对外直接投资（FDI）未能相应转化为CA逆差，也是国内储蓄大于投资的结果。并特别强调，中国尽管有大量FDI流入，但实际上却是净资本输出国，资本输出量为CA顺差。流入中国的FDI以出口导向型为主，这必然会带来CA和KA的顺差。中国的双顺差是中国长期推行FDI优惠政策，特别是加工贸易产业优惠政策的结果。

朱希伟等（2005）在模型构建的基础上，证明了国内市场分割导致了不同生产技术的企业都首选进入国外市场。这从一个侧面揭示了中国出口贸易的超常规增长，其实是严重的国内市场分割导致企业无法依靠国内巨大的市场需求，无法发挥出自己的规模经济潜能，于是被迫出口，用外部需求替代国内需求的结果。

李扬、殷剑峰（2007）通过对中国资金流量表的仔细分析研究，发现居民储蓄率自1992年以来持续下降。居民劳动报酬、财产收入的相对减少对应着企业利润和政府从企业获取的生产税净额的相应增加。这是居民收入向企业和政府的转移。政府并没有利用再分配机制改善全社会的收入分配结构，因为在政府资金来源相对增加的同时，政府部门在再分配环节中的支出却下降了。与1993年相比，2003年政府社会福利支出占国民可支配收入的比重下降了一个百分点。

张曙光、张斌（2007）认为是中国内部经济结构的失衡导致了当前中国经济的外部失衡。中国制造业在改革开放中的快速推进和服务业发展滞后形成鲜明对比，导致资源配置在这两个部门间的扭曲，又以贸易顺差、外汇积累等形式表现出来。

林毅夫（2007）认为，在发展中国家经济发展过程中往往会出现投资"潮涌"现象。这就是我国外部失衡的内生性原因：投资潮涌造成国内产能过剩，为了消化过剩的产能，就会积极努力地去开拓国外市场，从而导致经常账户顺差。他同时认为这种投资的"潮涌"现象会经常化，因此会固化经常账户的顺差。

上述文献研究对于中国国际收支中经常账户的失衡判断主要基于开放经济下的国民收入恒等式：$CA/GDP = S - I$。S 表示总储蓄率（居民储蓄率 + 企业储蓄率 + 政府储蓄率），I 表示总投资率。中国 $CA/GDP > 0$，长期顺差，是中国持续 $S - I > 0$ 的结果。对于中国资本账户顺差的分析，一般认为，许多年来构成该账户顺差的决定性因素在于直接投资项下一直有大量资本净流入。故对 FDI 大规模流入中国的起因、形态、流向、偏好等的分析成为理解中国资本账户顺差的关键。

（三）综合论

华民（2007）以全球视角对近些年来世界经济失衡现象进行了梳理和分析，得出了几点富有洞见性的研究结论。他认为，这轮世界性贸易失衡的触发机制在于中美贸易之间的严重失衡。中国对美国出现巨额贸易顺差的很大一部分责任在于美国经济内部出现了结构性失衡。美国经济结构性失衡有着当今以美元为主导的国际货币体系固有矛盾的深刻背景。中国对美贸易顺差实际上是整个东亚对美国的贸易顺差，中国的贸易顺差被夸大了。因为随着国际产业的转移，日本、韩国等经济较发达的东亚国家或地区越来越多地把其产业链分工的最后几个生产、组装环节移往中国，但高端技术和利润率较高的中间投入品仍由这类国家或地区控制或生产。另一方面，中国经济的内部结构性失衡也是一个重要原因。中国内部经济结构失衡主要体现为：中国城乡经济的二元结构，中国计划经济体制下形成的二元所有制结构，中国区域经济发展不平衡的东西二元制结构，中国政府对公共产品或准公共产品推行的过度市场化政策导致的对此类产品需求、供给之间出现了巨大矛盾。所有这些都导致了对中国经济本来应该最具有推动力的内需变得严重不足，经济发展不得不偏重外需的帮助。作者认为应对中国经济的内、外失衡，我们所能做的就是对内要改变经济增长方式，对外要保持人民币汇率的稳定。

夏斌、陈道富（2006）认为中国的贸易差额呈现出明显的逆周期特点，这隐含着汇率对中国国际收支的调节作用在降低。因此，中国应强化内需主导战略，摆脱对美国的过分依赖，从而减少对美巨额贸易顺差。他们发现在华外资企业解释了中国对主要贸易伙伴国贸易顺差额的 70% ~ 80%，中国贸易顺差除自身外的很大部分原因是全球企业资源配置的结果，尤其是亚洲国家产业链转移的结果。

卢锋（2006）对中国近些年来的双顺差现象进行了比较深入细致的研究。他认为中国国际收支双顺差是中国实行改革开放战略和参与全球产品内分工的特定发展阶段的产物，也和近年来人民币实际汇率某种程度的低估有关。双顺差的直接原因在于中国加工贸易巨额顺差和处于分享中国比较优势利益动机的 FDI 持续大规模流入。

李扬等（2007）考察了中国改革开放以来储蓄、投资和经济增长的关系。发现投资率一直较高，但储蓄率在大多数年份都超过了投资率。这一现象在很大程度上是中国人口结构变化的结果，即人口红利使然。另外，也和中国的工业化、城市化和市场化改革有很大关系。中国国际收支的顺差结构不仅源于贸易结构，也是由国内经济结构和国际经济大环境决定的。因此，这种结构性顺差不可能在短期内解决。

这类文献既看到了中国国际收支失衡现象的外部诱导及其推动，直至深陷路径依赖中难以自拔的事实，也看到了这种路径依赖背后的原始推动力量，即中国经济结构的相对落后和某些体制上、政策上的缺陷、失败。因此，我们认为，这类分析、研究更全面、更符合逻辑，因此也更有说服力。

第三节 研究内容、结构安排与创新和不足

一、研究内容

对于中国国际收支失衡问题，我们的研究内容主要包括：

首先，对中国国际收支的历史数据进行仔细的梳理。我们对此的研究主要借助于中国国际收支统计平衡表和其他渠道的统计数据，分析的时间段主要限于中国 1978 年改革开放以后。对中国国际收支数据的研究、分析必然会涉及中

国其他宏观经济变量行为。对此，我们的研究方法是以一国开放经济条件下经典的国际收支理论为依托，结合中国具体实际情况，分析、研究中国国际收支各账户和有关中国宏观经济变量间的内在关系。为了更深入剖析中国国际收支的结构特点，我们会对中国国际收支账户进行更细化的研究：增加对中国国际收支二级甚至三级账户的存量、流量动态分析。通过这类追根溯源的方式，以期对中国国际收支演化路径有更加深刻的认知。

其次，我们还要采用现代时间序列计量技术对中国国际收支的宏观基本面决定因素，中国国际收支在长期的可维持性问题，中国国际收支各账户之间以及和某些经济变量之间的因果关系、动态冲击响应关系进行实证分析。在经济理论的基础上我们还构建了一个数理模型，在模型参数的不同设定条件下，我们模拟、预测了中国国际收支经常账户的动态变化路径。

最后，在上述理论和实证分析的基础上，我们研究通过何种宏观经济政策的调整与搭配方案来解决或缓解当前中国严重的国际收支失衡问题。

二、结构安排

根据以上研究内容，本书的结构安排如下：

第一章为导论，主要提出本书的选题意义，国内外研究现状与本书的创新和不足。

第二章，根据本书需要研究解决的问题，密切联系中国国际收支的历史和现实状况，就国际收支的基本理论和方法给出一个理论的再表述与评析。因此，这一章提供了我们进行后续研究的一个最基本的理论分析框架。

第三章，我们主要针对中国改革开放以来国际收支的历史数据进行仔细的梳理，通过对中国国际收支各级账户的存量、流量分析，归纳、总结中国国际收支的结构演变规律。根据第二章有关理论和已有国内外研究文献，我们建立中国国际收支账户和中国宏观经济变量的联系，把对中国外部经济的分析引入到中国经济的内部结构上来，探究中国经济外部失衡的深刻原因。为了使我们的结论更全面、更科学，我们还要对中国经济发展的世界经济大环境和中国主要贸易伙伴国的国际收支状况作一个基本的研究和对比。

第四章，我们在第三章主要以数据描述为主的实证基础上进一步给出更为深入、复杂的计量分析。我们采用现代时间序列计量技术研究了中国国际收支的宏观基本面决定因素，中国国际收支的可维持性（敛散性），中国国际收支各账户及和某些经济变量的因果关系、动态冲击响应关系。

第五章，我们对中国国际收支中最基本、最重要，处于核心地位的经常账户收支问题继续进行深入研究。这次我们分析的侧重点是建立相关概率模型和数理模型，用以实证分析宏观经济变量冲击对中国经常账户收支波动的影响大小及其概率和模拟分析经常账户动态方程中一些基本参数的设定变化对中国经常账户收支的不同影响结果。

第六章，在上述各章理论和实证分析的基础上，我们对中国国际收支失衡的纠正展开更加全面、深入的政策调控研究。并且，我们依照一国开放经济条件下，内、外均衡的观点，构建模型，在此基础上，我们提出了一种解决当前中国国际收支严重失衡的政策调节和搭配方案。同时，我们研究、探讨了这种中国国际收支由失衡重新走向均衡的搭配方案的可行性。

三、本书的创新

本书的创新之处主要有四点。

创新之一，在借鉴国外已有重要研究文献的基础上，我们设计、构建了一个中国国际收支经常账户决定因素的季度时间序列计量模型。利用该计量模型，我们第一次就中国国际收支经常账户动态变化的宏观基本面决定因素进行了较全面、深入的研究，并找出了对中国国际收支经常账户变动有显著影响力的经济解释变量，且按照它们的重要程度做了排序。

创新之二，我们研究了中国国际收支经常账户的波动问题。我们第一次从经常账户时序和其单位标准差相偏离的角度建立了一个反映中国国际收支经常账户波动强弱的多元排序 Probit 模型。通过该模型我们找到了决定中国经常账户可能向更大规模顺差波动概率转化的核心经济变量。

创新之三，我们在国内学者潘国陵（2000）研究的基础上，对原始模型进行了较重大的理论修正。我们引入了新的决策参数，放松了原假设条件，使其更贴近中国国际收支现实。通过修正和拓展后的模型，在合理设定模型初始参数和设计某些参数的不同取值的情况下，我们第一次数值模拟、预测了中国经常账户的未来动态变化路径，找出了合意路径下的经济决策参变量。

创新之四，在对中国国际收支作了全面、细致、深入的理论分析和实证研究的基础上，我们提出了解决当前中国国际收支失衡的政策选择、调整、搭配方案。我们认为该解决方案的最大边际贡献在于它的综合性、实践操作意义以及在对待中国外部失衡问题上因坚持"内生"性是该矛盾问题的主要方面所引致的政策操作上的明显倾向性。

四、本书的不足

由于中国国际收支各账户数据记录的历史并不算长，因此，在本书某些实证计量的过程中相关数据样本容量就无法做到足够大，尤其是某些较高频（季度或月度）数据的缺失和获取困难，这可能会造成相应计量结果在稳健性或可靠度方面的瑕疵。对此，进一步的研究，可以一方面继续探索、寻找针对同一问题，在较小数据样本下更有效的计量手段或方法；另一方面，通过更好的强化经验、事实等案例资料的整理、分析来辅以证明和弥补小样本计量检验结果的不足。另外，我们计量分析的数据资料最新只到 2008 年第三季度或 9 月，是因为百年不遇的全球性金融危机的负面效应到 2008 年下半年已经呈现得非常明显，对中国国际收支的冲击巨大，且愈发恶化以致偏离常态，所以，之后的有限数据我们是有理由作为异常值（Outlier）而剔除掉的。

第四节　重要概念说明

本书都是围绕着中国国际收支失衡问题展开分析与研究的。因此，我们首先要对国际收支（Balance of Payments）和它所包含的两个最重要的账户——经常账户、资本与金融账户在概念上有所了解。其次，一国国际收支在某一个具体时刻（期）总是处于或平衡（Balance）或失衡（Imbalance）状态，那么我们就要了解国际收支的平衡或失衡是如何界定的。

一、重要概念的解释与说明

在开放经济条件下，一国的对外经济往来的记录集中反映在该国的国际收支账户中。国际收支账户记录了一国与贸易伙伴国之间商品、资本、劳动等生产要素国际流动的方向和数量，是衡量一国经济开放度、经济外部平衡性的主要分析工具之一。国际货币基金组织（IMF）1993 年出版的《国际收支手册》第五版（BPM5）对其编制规则作出了具体说明和规定，并被世界大多数国家采用，是各国国际收支编制的依据。

国际收支账户或国际收支平衡表，是依据一定会计规则编制的统计报表，其编制利用了复式记账法的基本原理。它一般由三个一级账户组成：经常账户、资本与金融账户和错误与遗漏账户（Errors and Omissions Account）。其中，前两个账户是最关键的，即同一笔经济交易在上述两个账户中各被记录一次，每一笔贸易流量对应着一笔金融流量。错误与遗漏账户仅是在国际收支复式记账规则下，为达成所有账户最后借方总额与贷方总额必须相等的要求而设置的。

国际收支是指本国居民与外国居民在一定时期内（通常为一年）进行各项经济交易的货币价值总和。它是一个流量的概念，反映的是货币记录的交易。

经常账户是指对商品、服务进出口以及净要素支付等实际资源流动在国际上的交易行为进行记录的账户。它又可细分为四个二级子账户：货物（Goods）、服务（Services）、收入或收益（Income）和经常转移（Current Transfer）。经常账户是国际收支平衡表中最基本、最重要的账户，记录的是一国国际经济交易的主体，对其他账户有着重要影响。

资本与金融账户是对资本所有权在国际上流转的交易行为进行记录的账户。它由资本账户（Capital Account）和金融账户（Financial Account）两个二级账户组成。一般来说，在大多数国家的资本与金融账户收支中，金融账户都占绝大比重，金融账户的变动行为几乎就是资本与金融账户的变动行为。

国际收支平衡表是国际收支核算的重要工具，透过国际收支平衡表，可综合反映出一国国际收支状况、收支结构及储备资产的增减变动，从而为一国制定对外经济政策，分析影响国际收支平衡的基本经济因素，采取相应的政策调控措施提供依据。在国际收支平衡表中，对于任何特定账户，如果出现贷方账户额（Credit Account，用"＋"号表示）大于借方账户额（Debit Account，用"－"号表示），就表明该账户收支是顺差（Surplus），反之为逆差（Deficit）。经常账户余额与资本金融账户余额之和，又称为国际收支总差额，如果是大于零的顺差，则国际储备①相应增加；如果是小于零的逆差，则国际储备相应减少。

二、国际收支平衡与失衡的界定

就整个国际收支平衡表而言，所有账户的贷方总额和借方总额事后肯定是相等的，即国际收支表一定是平衡的。我们所说的平衡，如果严格来说就是指国际收支各特定账户或国际收支整体恰好出现借、贷收支相等，即各账户余额为零的情况。否则，就是国际收支的不平衡或失衡。在现实世界中，一国国际收支各账户借、贷恰好相等较之其国际收支总体平衡更加罕见。也就是说，各

① 国际储备是指一国中央政府直接或通过金融当局间接拥有的，可供用于平衡国际收支差额的对外金融资产。主要包括黄金储备、外汇储备、国外借款、在IMF里的储备头寸和特别提款权等。其中外汇储备是一国储备资产的核心。值得注意的是，在中国国际收支平衡表中储备资产不是按惯例包含在资本与金融账户中而是作为单独一项列出的。

国国际收支的不平衡是普遍的。

我们这里认定的国际收支平衡包含着如下四个要点：

其一，它不是一个收支相等的数学上的概念，而是一个与一国经济发展的内、外经济大环境密切相关的经济概念。因为追求国际收支的绝对平衡在实践中既不太可能也无必要，实际上也无益于一国经济的持续、快速发展。我国闭关锁国时期曾"引以为傲"的"既无内债，也无外债"，这种追求收支绝对平衡的政策对我国国民经济带来的严重消极作用是有目共睹的。

其二，国际收支的平衡不是一种短期行为，而是一种长期平衡。因为能够影响到一国国际收支的暂时、短期的随机扰动因素都可能会带来该国国际收支的失衡，甚至较大失衡现象，但这并不妨碍该国国际收支在长期重归平衡。

其三，国际收支平衡不是一个静态的存量概念，而应该是一种动态均衡，即一定期间内流量上的平衡。因为，自 20 世纪 80 年代以来，经常账户的跨期（时）方法（Intertemporal Approach），又称动态优化分析方法（Dynamic Optimizing Approach）开始成为分析、研究一国国际收支最重要的经常账户状况的标准工具（Sachs，1982；Razin，1995；Obstfeld and Rogoff，1994；Reisen，1998）。在这种跨期或动态最优的分析框架下，一国当前经常账户的逆差或顺差都是由前瞻性（Forward - Looking）的经济主体为谋求自身跨期收益最大化所作出的储蓄和投资最优配置的结果，只要在长期一国经常账户能够达到总体平衡即可。具体来说，一国有可能在一段时期内出现贸易顺差，而在另一段时期内出现贸易逆差，甚至出现长期的贸易顺差或逆差，但是只要在某个有限期界 n 年内，有 $CA_1 + CA_2 + CA_3 + \cdots + CA_n = 0$，那么该国的经常账户就是可维持（Sustainability）的，或者说在长期是平衡的（Obstfeld 和 Rogoff，1996）[①]。

其四，国际收支平衡不仅仅是一国外部经济平衡的局部平衡问题，而是一个和一国内部经济平衡紧密相关的一般均衡问题。本书的一个重要研究结论就是认为一国经济的内、外平衡是相互作用、互相影响的。一国经济的外部不平衡往往是一国内部经济结构失衡的结果。外部经济平衡是建立在内部经济平衡的基础上。只有内、外经济协调发展，共建平衡，一国经济才会最终建立全面的均衡，从而真正实现经济的快速、健康、可持续发展。

---

① 我们认为，尽管这种可维持性会更多地涉及一国经常账户处于逆差时的情况，但这并不意味着一国国际收支顺差可以免于其约束而快速膨胀。因为在各国互相依存的世界中，有大量贸易顺差的国家或地区肯定会面临来自有大量贸易逆差伙伴国政治和经济方面的压力。另外，一国过度的贸易顺差也可能反映出该国经济政策或内部经济结构存在较严重的问题，在长远来看，会损害该国经济的持续、健康发展。因此，内、外两方面因素都会使一国国际收支顺差也很可能面对国际收支是否可维持的问题。

综上，考虑到我国是发展中大国的具体国情，在经济发展的特定阶段出现某种程度的国际收支顺差现象是不可避免的，也是合理的。并且，我国政府对中国国际收支的一贯立场都是谋求长期平衡或略有顺差。因此，在本书中我们认定只要中国国际收支账户余额或其整体不出现过大的顺差或逆差就可以认为中国国际收支是平衡的。

通过对世界许多国家国际收支账户的现实考察，我们会发现一个共同的规律：经常账户和资本与金融账户一般来说是反向变动的①。也就是说，如果经常账户是顺差（逆差），那么资本与金融账户就是逆差（顺差）。国际收支的经常账户在一国国际收支中起着最终的根本性决定作用，也是当前国内外学者研究国际收支问题时的研究重点。如上所述，二者在一般情况下呈互补的反向变动关系，因此，在进行国际收支研究时，重点研究跟一国经济基本面和一国内在经济结构有更加紧密联动关系的经常账户收支状况即可。我们也依循这一惯例，如无特殊说明，我们对中国国际收支的研究主要是指对中国国际收支经常账户的研究。

就平衡或失衡问题的具体数量标准而言，我们参考 Bernardina Algieri 和 Thierry Bracke（2007）、Sebastian Edwards（2006）、Guy Debelle 和 Gabriele Galati（2005）以及卢峰（2006）等国内外学者的研究，设定中国 CA/GDP 或 KA/GDP 在（0，2%］的区间为平衡区间。即中国国际收支的平衡或失衡一般具体是指经常账户或资本与金融账户的平衡或失衡。由于经常账户在整个国际收支中处于最为关键的地位，再结合中国国际收支中各主要账户的表现，如不加特别说明，我们所讲的中国国际收支失衡一般是特指中国国际收支经常账户的失衡。也就是说，中国经常账户收支差额存在超出我们设定的平衡区间的过度顺差现象，即 CA/GDP > 2%。另外，如果中国国际收支经常账户连续三年或以上出现顺差占同期 GDP 比值大于 2% 的情况，我们就可以认定中国出现了持续性的国际收支失衡现象。

---

① 中国近些年持续出现的国际收支双顺差现象，即国际收支经常账户和资本与金融账户同时出现顺差情况，一度被认为是中国国际收支的"独特现象"。实际这和中国国际收支平衡表在编制上和其他国家有些许的差别存在很大关系。尽管中国国际收支平衡表在编制过程中也是基本按照《国际收支手册》第五版的要求和规则编制的，但储备资产项是被单独拿出来，列为是和 CA、KA 账户相平行的一个一级账户，并未按原手册规定或其他国家那样把储备资产作为一级账户 KA 下的一个二级子账户看待。如果中国的储备资产账户也包括在资本与金融账户里，那么中国国际收支就仅会出现经常账户的顺差，资本与金融账户其实是逆差，也就是说中国多年来其实一直是资本输出国。但这和一国主动对外的直接投资不同，目前看来，中国的对外资本输出大多是一种被动方式的输出。

第二章 国际收支：基本理论和方法

根据本书所要研究及涉及的问题，我们就一国国际收支核心账户之间的基本关系，一国开放经济条件下国际收支账户和宏观经济变量的内在联系，国际收支的基本分析方法和国际收支的成长阶段理论，并辅以主要结合中国或美国国际收支的历史和现实案例，进行一个理论的再表述或评析。因此，这一章提供了我们进行后续研究的一个最基本的理论分析框架。

第一节 国际收支核心账户及之间的基本关系

国际收支账户提供了一国经济开放条件下对外经济交往的系统记录，各个基本账户之间必然存在着根本性的联系。这一节我们先初步考察几个核心账户和它们之间的基本关系，这往往是分析、研究一国国际收支的关键起点。

一、国际收支核心账户说明

（一）贸易账户余额 （Trade Account Balance，TB）

贸易收支余额是由经常账户收支的前两个二级子账户——货物贸易和服务贸易组成的进出口差额。有时仅以货物贸易差额，即净出口额（出口额减进口额）来代表贸易账户余额。此时，这种贸易账户余额又称为有形贸易（Visible Trade）收支。货物贸易收支额一般在经常账户收支中占有相当大的比重，发展中国家由于服务贸易不发达，货物贸易在经常账户收支中往往处于绝对支配地位。例如中国的货物贸易余额在近几年的国际收支统计中都占到同期经常账户余额的85%左右[①]。因此，在某些情况下，由于数据的可获得性问题，以货物贸易净出口代理经常账户余额也是可行的。在以后章节的实证计量分析中，对于

[①] 作者根据历年中国国际收支平衡表数据整理、计算。

较高频的时间序列数据，我们一般仅可获取中国国际收支经常账户中货物贸易的季度或月度进出口数据，因此我们经常不得不作出这样的处理。

贸易账户余额在经常账户收支，进而在一国整个国际收支中都发挥着举足轻重的作用。因为它反映出一国或地区的出口创汇能力，这种能力的背后深深隐含着一国或地区产业结构的发展程度、其在国际分工中的地位、其产品在国际市场上的竞争能力。

（二）经常账户余额（Balance on Current Account）

一国经常账户记录的交易反映着该国在国际经济交往中实际资源的流动。因此，经常账户收支和一国的经济基本面以及该国所处的国际宏观经济大环境有着不可分割的密切联系。20 世纪 80 年代初爆发并持续 10 年之久的拉美严重债务危机，以及 90 年代后期波及整个东南亚的货币金融危机，促使人们反思过去的经验教训，经常账户的平衡问题又重新引起各国政府和专家学者的高度重视。因为上述债务危机或金融危机的发生和当事国长期、持续存在较大规模的国际收支经常账户逆差有着根本性的联系。因此，对国际收支的研究从某种意义上说就是对国际收支经常账户的研究。这也在国内外大量有关国际收支的研究中大都是分析研究经常账户问题上得到了充分体现。这当然也是和再度认可经常账户反映的实体经济层面在整个国际收支的变动中发挥着根本性的决定、支配作用不无关系。

经常账户除了由两个最主要的二级子账户——货物、服务构成的贸易账户外，另一个需引起我们关注的二级账户是收入（益）项。因为收入账户记录着资本通过直接或间接投资取得的收益，与一国的净外部资产或债务关系密切。考察历年中国国际收支平衡表后发现，直至 2004 年，中国经常账户下收益这一项几乎都是负值（逆差）。这反映出存在长期的外国对华直接投资或间接投资利润的净流出。这种现象对中国国际收支整体结构的优化是不利的，因为它会冲减中国靠大规模工业制成品出口获取的贸易盈余。这些工业制成品往往会消耗国内大量真实资源甚至是不可再生资源，且有可能在生产过程中污染我们的环境。

（三）资本与金融账户余额（Balance on Capital and Financial Account）

我们之前已经说明该账户由资本账户和金融账户两部分构成。其中金融账户收支一般是分析的重点。在国际收支平衡表该项目下，贷方表示资本的流入，借方表示资本的流出，贷方减借方就得到资本金融账户余额。如果差额为正就表示有资本净流入，或该账户为顺差，反之则相反。

影响一国金融资本流动的因素较多，其中比较重要的宏观、微观经济或体制因素有：（1）政治、经济环境。一国政治、经济环境越稳定、越自由，投资的系统风险就会越低，就更有可能形成吸引外资流入的各种软实力。（2）投资的利润和税收因素。一国经济发展得越快，往往投资的利润率也较高，越易吸引外资流入。对外资给予税收方面的减免优惠自然也会吸引外资流入。（3）对汇率的预期因素。如果预期到一国汇率有长期升值趋势，那么投机资本就会以各种方式流入，以谋求将来预期实现后的利差，是谓热钱流入。反之，则会激励资本的流出。（4）资本与金融账户的开放程度。它是和资本的流动呈正相关关系。我国的资本账户没有完全开放，尤其是对资本流出还存在诸多限制。尽管资本与金融账户的自由化应该是我们长期追求的目标，但在当前国内外现实经济环境下，阶段性的资本控制对抑制投机资本，尤其是短期资本的流入、流出套利，保证我国金融经济安全仍会继续发挥一定的积极作用。

二、几个国际收支账户间的基本关系

（一）经常账户余额和贸易账户余额

由二级子账户——货物贸易余额和服务贸易余额之和构成的贸易账户余额作为经常账户收支中最重要的组成部分，在不考虑经常转移的情况下，其和经常账户余额的差反映着一国国外净资产或负债的变化。它们之间的关系是：如果经常账户余额值维持在某一水平不变，那么一国净外国资产数额越多，从国外得到的收入或收益就越多，贸易账户余额就可以相应有更少的顺差或更多逆差，反之则相反。如果用 NFP 表示来自国外的净要素收入，即一国付给非居民工人的净报酬与一国直接和间接投资的净投资收益之和。此处，假定 NFP 中不包括国家间的单方面转移支付额。于是，存在如下关系：$CA = TB + NFP$。我们用图 2 - 1 表示经常账户余额 CA 与贸易余额 TB 的关系。

图 2 - 1 大体符合多年来中国国际收支经常账户余额状况。2004 年及之前，中国经常账户下收益子账户几乎都为负值（赤字），即该项目处在图 2 - 1 水平轴的左半部分。这样，如果不考虑转移支付子账户，那么中国的贸易账户顺差额就会大于经常账户顺差额，即 TB 线在 CA 线的上方。从 2005 年开始直至目前，收益子账户转为正值（盈余），开始处于水平轴的右半部分，表明中国已经有了来自国外净资产的收益，并逐渐增加。这样，在不考虑转移支付项目下，中国经常账户顺差额就会大于贸易账户顺差额。即 CA 线处于 TB 线上方。尽管现实中 CA 线和 TB 线不大可能是水平线或直线，但通过实际考察历年中国国际

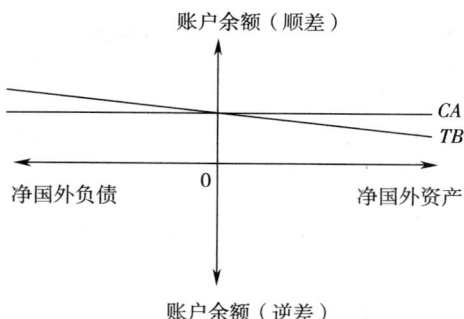

图 2 - 1　经常账户余额 *CA* 和贸易账户余额 *TB* 间关系

收支平衡表，上述分析及图形关系基本符合出中国国际收支经常账户的事实。

（二）经常账户余额和资本金融账户余额

在国际收支统计中，反映实际资源流动的经常账户和反映资本所有权流动的资本与金融账户，实际上是一枚硬币的两面。因为每一笔贸易流，其背后都对应着一笔资金流。如果不考虑错误与遗漏账户，在国际收支平衡表的复式记账规则下，一定会有国际收支的整体平衡。即 $BP = CA + KA = 0$。因此，一国经常账户额必然对应着大小相等、方向相反的资本与金融账户额。这就意味着在经常账户出现赤字性失衡情况下，可以依靠资本流入，即资本金融账户的盈余（顺差）来为其融资。例如，美国近些年来的国际收支就十分符合这一情况：一方面其经常账户出现持续、大规模赤字，一方面美国资本市场又吸引着大量世界各国尤其是东亚国家的资金流入。美国多年来一直是吸引全球外资最多的国家。

但资本与金融账户为经常账户融资不是无限的，它要受到各种国际、国内经济条件及其变化的限制。首先，流入一国的资本除对外直接投资外，许多都带有较强的投机成分，比如证券投资资本，其本性就是易变的。如遇一国经济基本面的显著恶化，或国际资本市场出现了更有利的投资场所，或出现某类易引起群体性恐慌的突发事件等，都可能会导致一国外资的非理性大规模外逃。如果一国经常账户赤字主要靠这种易变的短期资本来融资的话，其经常账户赤字的长期可维持性肯定是不可持续的。其次，一国靠资本流入为其经常账户赤字融资，隐含着发生债务危机的风险。一旦这种风险变大或预期恶化，在某一时刻就会触发本流入的逆转，从而为经常账户赤字的融资不再可维持。另外，这类债务融资方式又会通过一国净外部资产（或负债）头寸的变化反过来直接影响经常账户的变动。如果一国经常账户赤字长期高位运行，那么其累积的净国外负债的利息支出就会相当大，这就更加剧了经常账户赤字的恶化，形成一种恶性循环的局面。例如，20世纪80年代发生的拉美债务危机在很大程度上就是对这一逻辑问题的真实写照。

需要引起我们注意的一个现象是，随着经济全球化的加速发展，对国际资本流动的管制在世界许多国家不断得到放松或解除（这一进程实际上在20世纪70年代布雷顿森林体系解体后就明显地开始了），导致国际资本流动越来越表现出自身独立于国际贸易的运行倾向。在当今世界，国际资本流量远远大于国际贸易流量。这种巨大的背离表明，每一笔资金流在很多情况下不再有一笔相应的贸易流对应。

总之，几十年来，国际金融市场无论广度还是深度都发生了巨大的变化。现实反复提醒和告诫我们，国际资本流动越来越具有自己独特的运行规律，在它有能力对国际收支经常账户赤字进行更便利、更大规模融资的同时，其本身也越来越易变，波动性也越来越高。因此，经常账户本身的可维持性，即具有自我修复功能或在可控范围内的失衡（赤字或盈余）才是保持一国国际收支基本平衡、可持续的关键。

第二节　国际收支经常账户的宏观经济分析

在开放经济环境下，国际收支经常账户和一国宏观经济变量间存在着紧密联系，对一国宏观经济运行发挥着重要影响，并且这种联系和影响是双向、互动的。下面我们从不同视角分析经常账户的宏观经济含义。

一、经常账户与国内吸收

根据开放经济下的国民收入恒等式，一国国民收入（GNP）从产品的最终支出角度来看，可分解为私人消费（C）、私人投资（I）、政府支出（G）和净出口（出口X减去进口M），还包括自国外的净要素收入（NFP）。我们用Y表示国民收入GNP；TB表示贸易账户余额，是一国商品和服务的出口额（X）与进口额（M）之差，即净出口额（$TB = X - M$）。我们知道，一国国际收支经常账户余额就是贸易账户余额与来自国外的净要素收入之和，即$CA = TB + NFP$。于是

$$C + I + G + (X - M) + NFP = C + I + G + TB + NFP$$
$$= C + I + G + CA = GNP = Y \quad (2-1)$$

一国国内私人消费 C、私人投资 I、政府支出（购买）G 之和构成国内居民的总支出。该总支出称为国内吸收（Domestic Absorption），用 A 表示。即

$$A = C + I + G \qquad (2-2)$$

综合式（2-1）和式（2-2），有

$$CA = Y - (C + I + G) = Y - A \qquad (2-3)$$

式（2-3）表明，一国国际收支经常账户余额实际上等于该国国民收入与国内吸收之差。因此，如果 $CA > 0$，即一国经常账户为顺差，就意味着该国国内吸收量相对于低于可供支配的国民收入量。这可能是国内消费、投资和政府公共投入的某一方面或其组合的支出不足所导致的。如果，$CA < 0$，即经常账户出现逆差，说明该国国内吸收超越该国所能创造的国民收入额。入超部分必须通过进口外国商品和服务来满足。经常账户逆差的产生原因可能是该国过度消费、过高投资和政府存在大量财政赤字的某一个原因或其各种组合导致的。在现实中，中国长期持续的经常账户顺差和美国长期持续的经常账户逆差，实际上都可以从以上视角展开分析，得出一些有价值的结论。

式（2-3）还表明，在开放经济条件下，一国经济自由度得到很大提升。因为一国国民收入可以不必像在封闭经济环境下那样要求与该国国内吸收必须相等。于是，在开放经济条件下，一国可以更好地利用国际国内两个市场、两种资源。

二、经常账户与一国国际投资头寸

我们上面已经说明，如果一国国内吸收超出其国民可供支配的收入，势必会导致该国国际收支经常账户出现逆差。该经常账户逆差会同时带来该国在世界市场上累积的资产或负债头寸的相应变化。我们知道，国际上商品和服务的流动其背后往往对应着国际资本流动。一国商品和服务出口就意味着一国海外净资产的增加，或对外净债务的减少。反之则相反。这样，不同时期一国经常账户余额的累积就形成了该国对外的各种资产或负债。国际投资头寸（International Investment Position，IIP）反映一国某一时点上对世界其他国家或地区的资产或负债情况，它是一个存量概念。而净国际投资头寸（Net International Investment Position，NIIP）是一个流量概念，它是两个不同时点上的国际投资头寸差额，反映出一国某一时期对外资产和负债相抵后的净值。

一国国际收支经常账户余额体现了该国与贸易伙伴国间真实资源的流动，如上分析，它的背后对应着该国净国外资产的变动。我们用 $NIIP_t$ 和 $NIIP_{t-1}$ 分别

表示第 t 期和 $t-1$ 期一国净国外资产头寸，那么有

$$CA_t = NIIP_t - NIIP_{t-1} \qquad (2-4)$$

因此，经常账户余额会直接带来一国国际投资净头寸的变化。例如，美国曾经是世界上最大的债权国，但从 1982 年开始，由于美国经常账户几乎都是逆差，尤其是最近这十几年来，美国经常账户赤字愈演愈烈达到惊人的规模，这导致美国海外净资产头寸持续下降。美国自 1986 年后转为净债务国，当年海外净债务达到 217.6 亿美元，成为当时世界最大的净债务国，直至今日一直保持这一头衔，2007 年起对外净债务高达 2.44 万亿美元①。而中国正好相反，多年经常账户顺差的累积使中国海外资产的头寸发生了根本性的逆转。从 2003 年起，我国由对外净债务国转变为净债权国。据国家外汇管理局公布的 2007 年中国国际投资头寸表，2006 年末中国对外净资产达到 6114 亿美元，2007 年末增加到 10220 亿美元。二者之差为 4106 亿美元，比较接近 2007 年中国经常账户顺差额 3718 亿美元。实际数据和理论的差别，可能源于不同统计口径下统计数据的差别或误差。

三、经常账户和一国储蓄—投资

从支出的角度，我们得到了国民收入恒等式（2-1），如果从收入的角度看，一国国民收入（GNP），可分解为私人消费（C）、私人储蓄（S_p）和政府税收（T）。二者仅是核算的角度不同，本质上是等价的。于是，我们有

$$C + I + G + CA = GNP = Y = C + S_p + T \qquad (2-5)$$

整理后得

$$CA = S_p + (T - G) - I = (S_p + S_g) - I = S - I \qquad (2-6)$$

式（2-6）中，政府税收收入（T）减去政府支出（G），如果大于零，表示政府有预算盈余，相当于政府有正的储蓄；如果小于零，表示政府预算出现赤字，相当于政府有负的储蓄。我们用 S_g 表示政府的这种储蓄，又称公共储蓄。政府储蓄或公共储蓄 S_g 和私人（家庭居民和企业）储蓄 S_p 之和用 S 表示，称为一国国民总储蓄。因此，一国国际收支经常账户余额又可看做一国国民储蓄与投资之差，亦谓缺口（Gap）。这再次表明，在一国开放经济条件下，该国投资的资金来源不必限于国内，投资的资金约束得到很大放松。当一国存在经常账户逆差时，就意味着该国国内投资额超越支撑本国投资的储蓄额，不足部分以商

---

① 资料来源：国际货币基金组织（IMF）、国际金融统计数据库（IFS）。

品和服务的净进口（逆差）来满足需要，并形成国内资本和海外负债。反之，当一国经常账户出现顺差时，表明该国国内储蓄除能够保证本国投资外还有剩余，这多余的储蓄以商品和服务净出口（顺差）所带来的资本流出方式增加该国在海外的资产或减少其负债。

我们知道，一国国际收支平衡表必定是平衡的。同理，整个世界的国际收支在整体上也必须是平衡的。这就意味着一国出现了经常账户顺差，必然对应着其他国家或地区会出现经常账户的逆差，但这并非一个你损我益的简单零和博弈。如果我们站在一个更高的视角看待该问题，我们往往会发现在很多时候这会有利于世界经济、贸易、金融的发展。因为不同国家适度的逆差或顺差恰恰是全球货物流、资金流、生产要素流自发、自由流动的结果。它优化了整个世界的资源配置，从而提高了整个世界的经济运行效率。

另外，式（2-6）也深深蕴含着美国著名发展经济学家钱纳里和斯特劳特（H. Chenery 和 A. Strout，1966）早在 20 世纪 60 年代就提出的"双缺口"（Two-GAP Model）理论模型的基本思想。如果不考虑一国来自国外的净要素收入，那么式（2-6）的左边实际上就是一国的净出口 $X-M$。因为进、出口都会涉及外汇收付，故钱纳里和斯特劳特把净出口看做外汇缺口。而等式右边的 $S-I$，被他们看做是储蓄缺口。他们认为在开放经济条件下，一国储蓄和投资、进口与出口很难正好相等，实际上也没有这个必要。也就是说出现不相等后会形成两个缺口。这两个缺口虽然是对一国经济发展的两种外在约束，但只要一个缺口可以由另一个方向相反、大小相等的缺口来弥补的话，该国经济仍然能够获得平稳发展。

我们变换一下式（2-6）的形式，整理后得

$$CA = (S_p - I) + (T - G) \qquad (2-7)$$

该式告诉我们，一国经常账户差额是该国私人储蓄减投资差额与政府预算差额之和。一国经常账户赤字很可能是其国内私人储蓄严重不足，或政府存在严重财政赤字，或二者同时出现的原因造成的。比如，美国近些年来巨额经常账户逆差的出现是和其国内私人储蓄严重不足，外加美国政府庞大的赤字财政有着密不可分的关系。

第三节 可供中国借鉴的国际收支调节理论述评

国际收支调节理论是研究国际收支失衡及其调节方式的理论。它是国际金

融理论体系中最为基础和重要的组成部分，也是各国政府调节国际收支，实现本国宏观经济稳定的重要理论依据。当前比较成熟的任何一种国际收支调节理论，事实上都不足以对各国纷繁复杂的国际收支实践给出一个充分、全面的解答。它们都仅就国际收支某一方面事实或现象给出解释。因此，为了更加全面认知国际收支现象背后隐含的客观经济规律，近三十年来国际经济学界除对原有国际收支调节理论进行修正、拓展、综合外，还大量具体考察研究了世界不同经济发展程度的国家或地区，或同一国家不同发展阶段的国际收支历史数据，尤其对这期间国际收支失衡较严重的典型国家或地区的实践经验进行了深入细致的理论研究和实证分析。

国际收支调节的具体理论较多，我们这一节不打算完整罗列已有理论，而是仅就可能对中国国际收支研究有所裨益的国际收支调节理论作一简明扼要的介绍与评析。

一、国际收支的弹性分析方法

国际收支的弹性分析方法（Elasticity Approach of BP）是研究一国汇率的变化和该国进出口之间关系的理论。国际收支弹性论认为，一国汇率变动在满足特定条件下可以有效影响一国贸易收支，从而可以改变该国的贸易平衡。这一理论经 Lerner（1944）、Robinson（1947）、Metzler（1948）等的进一步发展完善①，最终得到了国际收支弹性分析论的核心公式，即经济理论界著名的 Marshall – Lerner – Robinson – Metzler 条件。该条件具体形式是

$$P_x Q_x \times \left[S_x(E_x - 1)/(S_x + E_x) \right] + P_m Q_m \times \left[E_m(S_m + 1)/(S_m + E_m) \right] > 0$$

$$(2 - 8)$$

式中，P_x、P_m、Q_x、Q_m 分别表示一国的出口、进口商品的价格（以外币表示）和数量；S_x、S_m、E_x、E_m 分别表示一国的出口、进口的供给（用 S 表示）价格弹性和需求（用 E 表示）价格弹性。

上述不等式认为，在假定（1）其他条件保持不变，仅考虑汇率变动对进出口商品价格和数量影响。（2）不考虑资本流动，贸易收支等同国际收支。如果一国进出口满足式（2-8）的条件，那么该国货币汇率的贬值就会改善该国的

---

① 比如，放弃了原来的进出口供给弹性无穷大（国内经济未实现充分就业）的限制条件，转而认为，在更一般条件下各国的进出口供给弹性都是有限的（国内资源不一定会向出口需求增加的外贸部门顺利转移）；放弃了各国国际收支初始平衡的假定，使理论模型能够分析更一般的各国国际收支在分析起点就不平衡的情况。

贸易收支，即减少该国贸易逆差，增加贸易顺差。如果再假定（3）一国的 $S_x \to \infty$，$S_m \to \infty$。（4）一国国际收支初始平衡，即 $P_x Q_x = P_m Q_m$，那么式（2-8）转变为

$$E_x + E_m > 1 \qquad\qquad (2-9)$$

式（2-9）也被称为 Marshall-Lerner 条件。因此，式（2-8）包含式（2-9），前者是一个包含更少限制条件，更符合各国国际收支现实，因此也更具有应用价值。

通常，如果一国进、出口商品的需求价格弹性越大，同时，出口商品的供给弹性越大，进口商品的供给弹性越小，那么本国货币贬值就更有可能改善贸易收支。在此种情况下，各种弹性、价格、数量间的准确关系如式（2-8）和式（2-9）所示。在式（2-9）中，一国进、出口商品的需求价格弹性之和大于1的幅度越大，那么货币贬值就越有利于改善本国的贸易收支。但是，即便不满足式（2-9），但只要满足式（2-8），一国货币贬值仍有可能改善该国贸易收支。因为式（2-9）仅是一国货币贬值改善该国贸易收支理论上的充分条件[①]。

国际收支的弹性分析方法随着自身理论的不断完善与发展也越来越得到各国政府相关部门的重视，成为相关决策部门试图通过本国货币的升、贬值来调节本国贸易收支时的主要理论依据。

国际收支调节的弹性分析方法虽然论证了汇率的变化对国际收支的影响，在一系列较严格假设条件下得出的结论在理论上是严密的，在实践中也得到了部分验证，但该理论并非完美和无懈可击。存在的主要问题是：（1）该理论仅强调汇率变动对国际收支的影响，但根据近些年来各国国际收支实践，汇率只算是影响一国国际收支变动的众多因素之一，在很多情况下汇率的影响相当有限。因此，不可能靠单纯变动汇率来彻底纠正一国的国际收支失衡。（2）该理论的一个假设前提是不考虑一国汇率变动对该国资本流动的影响，这显然有悖于当前的事实。在目前这个资本全球化的时代，各国对资本流动的限制或取消或放松，那么由汇率变化引致的利率变动势必会诱发一国资本的流入或流出，进而深刻影响一国国际收支。（3）国际收支调节弹性理论，实际上仍然是局部分析方法。无论是整个世界还是一国的经济系统都是一个统一的、互相联动的整体，这就从根本上决定了该分析方法的理论缺陷。

---

① 之所以指出这仅是理论上的充分条件，是因为在众多中外案例实证检验的过程中发现，即便这一条件得到满足也不总是能够改善当事国的贸易收支，有时还恰恰相反。

二、国际收支的吸收分析方法

我们上面介绍的国际收支调节弹性理论是假定一国国民收入不变的条件下，分析该国货币升、贬值对国际收支的影响。而国际收支的吸收分析法（Absorption Approach of BP）的前提条件正好相反，它是在假定一国价格总水平保持不变的情况下，分析一国国民收入的变化对该国国际收支的影响。国际收支吸收分析理论是由国际货币基金组织（IMF）的美国经济学家亚历山大（Alexander，1952）首先提出并创立的。该理论以凯恩斯（Keynes，1936）的国民收入方程式为依据，把一国对外贸易与该国开放经济条件下的国民收入活动相联系，认为无论调节总收入、总支出还是进出口的经济政策，都会引起国民经济活动的相应调整，最终表现为收入、支出及进出口之间的联动变化关系。国际收支调节吸收分析法的核心公式即为上文推导得到的式（2-3）：$CA = Y - (C + I + G) = Y - A$。

该式高度概括了一国国际收支和国民经济总量之间的数量关系，简单明了地告诉我们一国国际收支的失衡就是因为收入和吸收不匹配导致的。如果一国国民创造的国民收入（财富）在供给国内总支出（吸收）后仍有剩余，那么在该国国际收支中就会表现为经常账户的顺差。否则，如果国内支出因某种原因增加较多，致使一国整个国民收入都无力维持这种过大的支出规模，那么该国只能设法从国外借入各种资源，最终表现为该国国际收支经常账户逆差。中国和美国近些年来国际收支表现为截然相反的两种典型状态（中国持续出现经常账户的巨额顺差，美国持续出现经常账户的巨额逆差），实际上，国际收支的吸收分析方法对此可提供较有说服力的解释：问题的关键在于中国国内居民消费持续低迷、内需不振，致使国内吸收相对于国民创造的收入严重不足；美国居民消费超前，购买力旺盛，政府又开支无度导致国内吸收远大于国民创造的收入。

国际收支调节的吸收分析方法研究了货币贬值对国际收支的影响后认为，只有当一国货币贬值使国内产出与吸收之间的正向差距拉大时，货币贬值才会改善一国国际收支。

国际收支吸收理论采用的是一般均衡的分析方法，揭示了一国的收入、支出（吸收）、货币贬值与国际收支之间的内在联系。国际收支调节的吸收理论作为凯恩斯宏观经济学在国际收支领域的拓展，在如何应对、调整一国国际收支以便更符合本国利益方面，也同样具有凯恩斯式的强烈、明显的政府政策干预经济的取向。吸收论认为，单纯靠汇率政策往往不能达成国际收支意愿变动的目的，必须要同时辅以其他经济政策的配合，比如财政政策与货币政策的运用。因为在许多时候，这类宏观需求管理政策对国际收支的调节更直接、更有力度，因此也更加有效。一般来说，不同的调节政策对国际收支影响的力度、方向不尽相同，在混合使用的过程中很可能会彼此干扰，从而抵消部分政策效力。因此，吸收论也更加强调不同政策之间的选择与搭配问题，以便尽量克服这类不利扰动。

三、国际收支的结构分析方法

国际收支的结构分析方法（Structural Approach of BP）是在20世纪70年代，面对众多发展中国家国际收支逆差失衡情况，以及在国际货币基金组织主张用紧缩需求政策调节逆差失衡的实践过程中又常常导致对当事国经济的负面冲击较大、效果很不理想甚至失败的困境下，不得不促使研究人员另辟蹊径，从发展中国家内部经济结构的角度来重新思考这种国际收支逆差失衡产生的内生性原因，这种研究方法即为国际收支的结构分析理论。Killick（1981，1995）、Thirwall（1972）等经济学家都是结构论的积极倡导者，Taylor（1983）、Sachs（1981）、Edwards（2001）等也都认为各国在经济结构、产业结构的不同或处于不同的经济发展阶段，都会相应影响到该国的国际收支结构，并表现为不同的特征。国际收支调节的结构分析理论在很大程度上揭示了发展中国家国际收支失衡，尤其是长期失衡的根本原因是源自发展中国家内部经济结构、产业结构的失衡或不尽合理。实践中，这类分析研究在许多情况下比较符合发展中国家的客观实际，对发展中国家的国际收支失衡现象有较强的解释能力。因此，国际收支调节的结构分析方法在发展中国家国际收支问题的研究中得到了普遍重视。

国际收支调节的结构分析方法是从供给的角度提出对国际收支失衡的调节政策，这与我们上面介绍的主张对国际收支失衡进行宏观需求政策调节的吸收论不同。结构论认为，即便汇率政策或财政、货币等需求管理政策对调整一国国际收支失衡有效，那也是暂时的，并不能从根本上解决问题。要想彻底解决一国国际收支失衡，尤其是长期性失衡，就需要下大力气解决该国经济结构、生产结构或产业结构等方面存在的问题。但由于各种结构性问题都是多年累积的结果，具有明显的长期性，因此解决起来有相当难度，绝非一朝一夕就能完成。

在对一国不合理的经济结构进行调整的过程中，要充分重视供给政策的运用。不同的国家各自有自己不同的经济结构问题，因此政策的取舍、侧重不尽相同。一般来说，有几项供给政策对发展中国家经济结构的优化、升级发挥着十分重要的推动作用，需要特别引起我们的重视：（1）科技政策。落后国家更要重视科学技术的研究与运用，把技术的引进和消化、吸收、创新相结合。尤其要努力获取自主知识产权和掌握核心技术。先进技术的掌握和运用有助于一国经济结构向高级化转移，提升出口产业的技术水平，从而提高出口商品的附加值。（2）产业政策。产业政策的核心在于优化产业结构。一国政府相关经济职能部门应认真研究国内外产业发展现状与未来演化趋势，结合本国实际，制订出本国产业发展的中长期发展战略。明确何种产业是需积极鼓励，发展壮大，何种产业是需要调整、限制，甚至取消的。政府实施产业政策的关键在于尽量降低资源在各产业部门间流动时所遇到的阻碍与摩擦。（3）制度创新。这一点对广大经济落后的发展中国家尤其重要。因为这些国家经济效率不高的一个常见原因就是存在种种制度缺陷。比如，非市场化的行政干预较多，市场竞争不充分，存在诸多垄断，对金融系统的管制多、范围广、手段僵化、缺乏灵活性。因此，为了提升经济活力，确保一国经济的长期持续和协调发展，不断的制度创新就显得尤为重要。

一国经济对内、对外各系统是一个互相联系的整体。上述各项供给调整政策在提升、优化一国内部经济结构的同时，也会改善该国对外的经济结构，即国际收支结构。如果国际收支结构得到优化，也就不会出现国际收支的严重失衡，特别是那种持续性的严重国际收支失衡。

当然，国际收支结构论也有许多不完善之处。有些批评意见认为，结构论分析的实际上是一国的经济发展问题，而不是国际收支问题，并且认为经济发展政策对国际收支失衡的调节通常收效甚微甚至无效。我们不认同这种指责。我们认为一国对内调整、优化经济结构，包括外贸结构的经济发展政策尽管短期对该国国际收支失衡的改善或许效果不大，但在长期，随着该国经济持续、平稳、健康、协调发展的实现，也就同时意味着失衡的国际收支结构得到纠正。经济发展问题和国际收支问题其实是统一的。之所以会产生国际收支问题，正是因为一国经济发展出了问题，这样，我们就需要在一国经济发展的过程中来解决国际收支问题。这也表明一国国际收支问题实际上具有阶段性特征。

国际收支的结构分析论对于我们分析研究当前中国比较严重的国际收支失衡问题具有重大的借鉴指导意义。因为多年来，亲身经历这个国家改革开放的实践，我们认为中国经济日益显著的一个特征就是增长有余而发展不足。结果是，伴随着中国经济的高速增长，也产生出许多较严重的问题和矛盾。比如，环境污染问题、收入两极分化问题、社会保障问题、地区经济发展不平衡问题等。这些问题交织在一起使得中国国内经济的发展越来越失去平衡和协调性。国内经济出现的种种问题和矛盾又反馈到中国的对外贸易部门，造成了中国国际收支多年来严重失衡的事实。不过，中国政府已经清楚地认识到了这个问题，正在进行中国经济结构和经济发展政策的调整。我们相信中国国际收支失衡是会在中国经济进一步发展的过程中逐步得到解决的。

四、国际收支的跨期分析方法

20 世纪 80 年代开始，国际收支经常账户的跨期最优化分析方法（Intertemporal Approach of BP）被越来越多的经济学家所采用，用以分析研究一国国际收支经常账户长期的动态演进规律。跨期方法是建立在微观经济主体效用最大化或利润最大化的决策基础上，并把最优的经济增长理论推广到开放经济条件下的宏观经济学领域。我们知道，在凯恩斯的分析框架里，一国的净出口（经常账户余额）是由当期的相对收入水平和对外净利息支付决定的。而跨期方法不仅要考虑当期，更要考虑未来一段有限期界内，一国国际收支在面对各种冲击（暂时的或持久的）后的动态变化。跨期方法把经常账户的动态均衡（收敛）看做是建立在经济决策主体未来预期基础上的储蓄和投资间最优抉择的结果。Buiter（1981）运用跨期方法，并引入时间偏好因子研究国际收支问题，认为在经济自然增长条件下，时间偏好率较低（更喜欢延期消费）的国家，因有更强的储蓄倾向，故经常会出现经常账户的顺差。反之，时间偏好率较高（更喜欢即期消费）的国家，更易出现经常账户逆差。Sachs（1982）在国际收支的分析中引入了理性预期因素，认为国际收支经常账户作为因变量是当前和未来宏观经济决策变量的函数，而非进出口需求变化的函数。一国宏观经济调节在变动不居的经济环境下，要严格受到经济主体跨期预算约束的限制。Sachs 强调，经常账户余额等于零的绝对平衡，从动态的视角来看绝非是有效率的政策目标。居民福利的最大化正是通过经常账户收支面对外部不同类型冲击作出相应最优反应，并表现为经常账户余额的顺差或逆差，甚至长期的逆差或顺差而得以实现的。Devereux（1991）在一项研究中把时间偏好因子作为内生变量对经常账户的跨期动态进行了模拟研究。结果表明：经常账户在面临冲击后的动态调整路径具有多种可能，且呈非单调变化。一国经常账户收支的动态变化与该国对外净资产头寸变动紧密相联。在稳态均衡中，一般来说，债权国在世界经济增长时期会出现经常项目顺差，债务国出现经常项目逆差。Obstfeld 和 Rogoff（1995）被公认是以动态的跨期方法为分析主流，并有坚实微观基础的所谓新开放宏观经济学的集大成者。他们在该领域取得了一系列重要的研究成果，其中之一就是建立了多个由简单到复杂的国际收支经常账户跨期模型（有时简称为 OR 模型）。以此类模型为研究模板，他们分析了实际汇率、贸易条件、不确定性、生产率冲击、货币冲击等是如何影响一国经常账户跨期变化的。他们还把该跨期模型由弹性价格条件进一步拓展到粘性价格条件。他们特别强调经济主体的消费平滑（Consumption Smoothing）行为在经常账户余额动态变化中的决定作用。他们认为，在开放经济中，经常账户的核心功能在于它可以作为缓冲工具，更有助于经济主体实现跨期消费平滑，进而实现跨期效用的最大化。

总之，国际收支调节的跨期动态分析方法更符合开放宏观经济系统复杂多变的特点，也相对更能刻画出影响国际收支的众多宏观经济变量日益增强的波动性特征。在这个跨期动态一般均衡分析框架下，随着研究的不断深入，人们对国际收支的认知被带到一个更广、更深的层面。该理论强调的时间偏好因素、消费平滑思想、暂时性冲击和持久性冲击的不同冲击效应等，都会为我们在一国国际收支的动态调整实践操作过程中提供极富有参考价值的理论准备。我们认为国际收支调节的跨期方法对当前中国国际收支调节的最大理论价值在于，它给予我们一个更宽广的视角，让我们对中国国际收支的认识不再局限于静态和短期分析，而是拓展到动态和长期分析。于是，我们就可以通过某种实证计量技术手段来研究中国国际收支的长期动态变化规律，并检验其长期的敛散性。即在长期，中国国际收支是否可以收敛到一个稳定均衡状态或可维持（Sustainability）状态，而不论其当前是顺差还是逆差。

第四节　国际收支的成长阶段理论述评

纵观世界各国国际收支的历史演进情况，我们会发现国际收支会经历大致相同的生命周期。这一生命周期的全景是通过不同国家经济发展阶段不同、国际收支结构相异展现出来的。早在 20 世纪 50 年代，Kindleberger 和 Lindert（1953），就提出了一国国际收支会随着本国经济的不断发展相应依次经历由低级到高级的不同发展阶段的思想。这种思想后经萨缪尔森等人（Samuelson 和 Nordhaus，2004）提炼、发展后，归纳总结为国际收支的四阶段生命周期学说。

英国发展经济学家瑟尔沃（A. P. Thirlwall，2001），利用"双缺口"模型（投资—储蓄缺口，进口—出口缺口，即外汇缺口），辅以图形，研究了一国经济发展过程中净资源（贸易差额）流量、净借贷、净债务对"双缺口"的影响，这一分析视角其实也隐含了一国国际收支的演进规律思想，与萨缪尔森的国际收支生命周期学说在本质上是一致的。

我们认为，国际收支表现为某种演进规律或生命周期，这是符合客观事实的。尽管各国国际收支的具体演进过程或许不尽相同，比如可能会出现各阶段不合逻辑的搭配，甚至出现某些阶段的跨越，但总体的演进趋势应该是一致的。因此，分析研究一国国际收支的生命周期，确定当前该国国际收支的具体发展阶段，预测其之后的变动趋势，对于全面认识一国国际收支状况，进而提出有针对性的政策调节措施是非常关键的。

一、萨缪尔森的国际收支生命周期学说及在中国的应用

萨缪尔森先是回顾、考察了欧洲、北美和东南亚等许多国家尤其是发达经济体的国际收支历史变动情况，然后以美国为案例，研究了美国自独立战争（18世纪后期）到21世纪初期的国际收支演进规律，提出一国国际收支随着经济的发展大致要经历如下四个由低级到高级的不同的发展阶段。

第一阶段，年轻的和处在成长期的债务国。该阶段的特征是：进口远大于出口，大量贸易逆差或外汇缺口主要靠对外借债支付。即处于经常账户逆差（$CA < 0$）加资本金融账户顺差（$KA > 0$）的组合阶段。该阶段对应着一国经济的不发达时期，该国无论经济结构还是产品结构都比较落后、单一，产品在国际市场上缺乏竞争力，出口以粗加工的生产原材料为主，进口的主要是先进的技术、机器设备和工业制成品。

第二阶段，成熟的债务国。此阶段该国出口大于进口，对外贸易开始出现盈余，但贸易顺差还不是很大。由于该国过去向国外的借债存量较大，股息和利息在继续增加，因此，该国的贸易顺差还不足以抵消其全部债务和利息支出。由于经常账户的收益（收入）子账户在该阶段通常为逆差，甚至存在较大的逆差，故此阶段该国国际收支经常账户总体上大体平衡或略有逆差。在该阶段，一般来说，一国的资本净流入继续增加，但这种增加的速度在递减。或者，资本净流入维持在一个大体平衡状态。总之，成熟的债务国阶段，一国的国际收支结构较为复杂，存在较大的不确定性。经常账户和资本与金融账户存在多种组合的可能，但无论何种组合，经常账户与资本金融账户的顺差或逆差规模都

应该不是很大。这一阶段对应着该国的经济发展水平有了一个较大的提高，出口以工业制成品为主，但出口产品的技术含量较低，因而附加值也较低。

第三阶段，新兴的债权国。在该阶段，一国的出口开始远大于进口，该国存在大量的贸易顺差。大量的贸易顺差使得该国的对外净资产头寸由负值转为正值，即该国实际上已经成为净的资本输出国。这一阶段，国际收支结构的特点是：经常账户顺差（$CA > 0$）加上资本金融账户的逆差（$KA < 0$，存在对外资本输出）。在该阶段，一国的经济发展水平达到了一个更高的层次，已经接近发达国家的水平。经济结构、生产结构也得到进一步优化、升级。在出口产品中，较高技术含量、较高附加值的产品占绝大比例。但服务贸易，尤其是高科技、较高知识含量的服务贸易还欠发达，服务贸易占整个对外贸易的比重还有待提高。

第四阶段，成熟的债权国。在此阶段，一国商品出口再次少于进口，对外贸易账户重新出现赤字。但因该国对外大规模投资产生出较高的利润回流，导致该国经常账户下的收入账户出现较大规模的顺差，从而即便该国经常账户总体上是逆差，但逆差规模并不算太大。该阶段的国际收支结构一般呈经常账户逆差（$CA < 0$）加资本金融账户逆差（$KA < 0$）组合。在该阶段，也意味着一国经济经过长期发展达到一个相对成熟的发达阶段。经济结构中第三产业所占比重，无论是增加值还是就业人数都大幅度领先于第一产业、第二产业。尤其是电信、金融、信息技术、产品设计等高端服务业发展到了一个相当大的规模与成熟度，成为该国出口的主力。

根据萨缪尔森的分析，美国在20世纪80年代初期的国际收支状况应属于第四阶段，即成熟的债权国阶段。这里需引起注意的是，萨缪尔森把当前以日本为典型的国家所处的国际收支结构，即经常账户拥有大量顺差，但这些顺差大多以海外直接投资形式重新转换为对外的资本输出，也归类为成熟的债权国阶段。当前，美国经常账户逆差规模巨大，连续多年超过5%的国际公认的警戒线。美国不得不再次靠大规模对外融资来平衡其规模巨大的经常账户赤字。这反映出一方面美国国内相对于投资极低的储蓄率根本无法满足国内经济发展的要求，需要对外大量借债；另一方面，美国国内政治稳定，资本金融市场比较发达、完善，效率较高，再加上美元是关键的世界货币，从而可以源源不断地吸纳美国之外的低成本资金为其经常账户赤字融资。但这并不意味着美国的经济又重回国际收支发展历程的第一阶段。因为无论经济的发达程度还是经济结构的先进程度美国目前无疑都属于世界最先进国家的行列。同理，中国当前的国际收支结构与日本类似，但这也绝不意味着中国已加入成熟的债权国家行列。因为当前中、日两国的国际收支存在着一个最根本性的区别：中国尽管国际收支经常账户存在大规模顺差，其程度甚至超过日本，但经常账户巨额顺差形成的海外净资产的绝大比例却不得不以收益较低的被动投资形式转换为对外资本输出，而不是采取收益较高的主动对外资本输出形式——对外直接投资。这提醒我们，尽管一般来说，一国经济的发展程度和其结构的演变决定着该国国际收支的发展及演变，但在经济发展过程中二者也并非是时时一致对应的。即国际收支结构在一国经济发展的某一段时期有可能出现，或落后、或超前于该国经济发展阶段的情况。对于中国国际收支的演变，许少强（2003）认为，中国在 20 世纪 80 年代属于国际收支生命周期的第一阶段，90 年代进入第二阶段，当前正处于向第三阶段的过渡期。并且认为，即便我们现在处于第三阶段，在该阶段中国的国际收支结构可能要固化很长时间，即中国国际收支经常账户的顺差结构呈现出较强的刚性。杨柳勇（2002）通过对中国国际收支平衡表的仔细考察、研究后认为，中国国际收支结构在进入 20 世纪 90 年代后出现了重大转变，与中国的经济发展水平相比较，中国国际收支结构似乎已提前进入第三阶段，即新兴的债权国阶段。他认为中国国际收支结构表现出明显的超前特征。

二、瑟尔沃的国际收支资本流动演化阶段学说[①]及在中国的应用

一国投资大于储蓄的部分会产生储蓄缺口，进口大于出口的部分会产生外汇缺口。在开放经济条件下，上述两个缺口可以通过借入外部资源和资本的方式来弥补。因此，随着时间的推移，一国就会形成净资源流量（贸易账户收支或经常账户收支）和相应的对外资产或负债头寸的变动。我们在前文已说明，一国国际收支经常账户收支余额大致表现为该国海外净资产头寸的变动。我们用图形（见图 2 - 2）辅助说明一国国际收支的资本流动随时间（经济发展阶段）演变的四个阶段，这实际上是从资本流动角度重新演绎萨缪尔森的国际收支生命周期学说。

在图 2 - 2 中，II 线和 SS 线分别表示一国的投资曲线和储蓄曲线。一般来说，一国从最初经济贫穷、落后开始，在经济开放条件下，随着一国经济发展水平的提高，投资和储蓄都会相应增加。

一国经济或国际收支发展的初期或第一阶段，由图中 $0 \rightarrow T_1$ 表示。在该阶

---

① A. P. Thirlwall 并未明确提及这样的概念，国际收支本流动演化阶段学说是本人对原作者相关理论内容的概括总结。

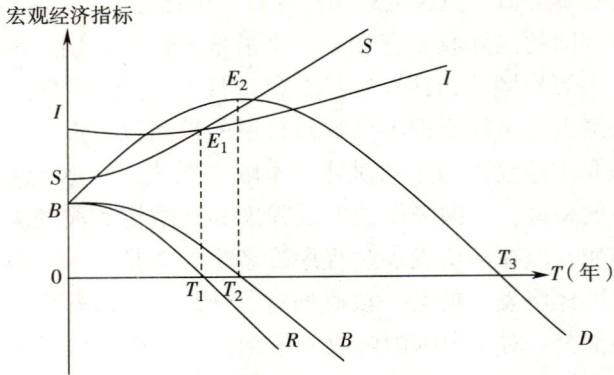

图 2 - 2 国际收支的资本流动演化阶段

段，经济落后国家一般会存在储蓄缺口，即国内储蓄的积累不能满足国内相对高涨的投资，该缺口从另一个角度看也同时意味着资本的净流入。在图形上，就是 II 线的位置高于 SS 线的位置。此期间为了满足经济的快速发展，就需要从国外净借入资源，表现为该国的外贸逆差或经常账户逆差，用以弥补储蓄缺口。图中用 BR 线表示一国净国外资源的流入（对应着该国的贸易或经常账户逆差）。在第一阶段，随着 SS 线逐渐向 II 线靠拢，一国的储蓄缺口逐渐减小，相应资源的净流入也同步减少（贸易逆差减少）。在时间 T_1 处，投资曲线 II 和储蓄曲线 SS 相交于 E_1，表明国内储蓄可以满足国内投资，储蓄缺口消失，不必再从国外借入资源。相应 BR 线相交时间横轴于 T_1，表示此刻该国贸易或经常账户达到平衡。图中，BB 线表示净借贷线，产生于一国进口大于出口形成的外汇缺口后向海外的借贷行为。图中，BB 线处于 BR 线的上方，是因为净借贷或资本净流入除需还本外，还会产生利息支出。另外，在第一阶段，由于贸易或经常账户始终是逆差（除 T_1 点外），意味着一国的对外债务在不断累积增加，尽管增加的速度在下降。图中 BD 线表示一国对外债务的累积变化。

一国国际收支的第二阶段，在图中由 $T_1 \rightarrow T_2$ 表示。在该阶段，储蓄曲线 SS 处于投资曲线 II 的上方，表示该国出现了贸易顺差或经常账户顺差，但顺差的规模有限。由于债务累积的惯性，一国对外债务继续增加，要在 T_2 时刻才会迎来对外债务的最大值（在图中用 E_2 点表示），然后开始下降。在第二阶段，由于对外贸易开始转变为盈余或经常账户出现顺差，BR 线降到零水平线（时间横轴）以下，表明该国已经出现资源的净流出，即该国实际上已转变为资本输出国，但仅处于资本输出的早期阶段，还不是净资本输出国。因为在该阶段虽然出现贸易顺差，但还不能完全抵补外国投资者的利润汇出和对其的利息支付，净借贷 BB 尽管在不断继续减少，但仍为正，直至 T_2 时刻才减少到零，T_2 时刻也恰好对应着该国累积对外债务的最大值点。在 T_2 时刻之前，该国对外债务因净借贷为正的累积效应仍在继续增加。

在第三阶段，即 $T_2 \rightarrow T_3$ 时期，一国的国际收支进入到该国对外资本输出的中期阶段。在此阶段，一国对外净借贷为负，即该国出现净对外资本输出。在该阶段，出口远大于进口，一国外贸顺差越来越大。由于经常账户在该阶段的顺差也日益加大，故该国的对外资产在不断增加，债务在不断减少。在 T_3 时刻，该国的对外债务最终减少到零，即该国所有对外债务都可以被该国的对外资产所抵消掉。

在第四阶段，即 T_3 时期以后阶段。该阶段被视为一国国际收支的资本输出成熟阶段。在此阶段，由于大量贸易或经常账户顺差的累积，该国对外净资产转为正值，即该国开始出现对外净债权，成为名副其实的债权国。该国也从最初的发展中国家跃升为经济发达国家行列。

通过以上分析，我们大致可以推断瑟尔沃的国际收支资本流动演化的第一阶段应该对应着萨缪尔森国际收支生命周期的第一阶段，即年轻的处在成长期的债务国阶段。但萨缪尔森定义的国际收支第二阶段，即成熟的债务国阶段，与瑟尔沃的阶段划分不再正好对应，它实际上应该属于瑟尔沃划分的第二阶段和第三阶段，即一国因贸易或经常账户顺差而事实上形成的对外资本输出的早期和中期阶段。但无论是早期，该国还未形成净资本输出，还是中期，该国已经有了净资本输出，都没改变该国累积的海外资产仍不足以抵消该国累积的海外债务的事实。因此，在瑟尔沃划分的第二阶段、第三阶段该国实际上还是净债务国。只有在瑟尔沃划分的第四阶段，该国因长期贸易顺差的累积，最终使该国的对外债权大于对外债务，成为一个真正的债权国。例如，中国只是自2003 年开始才成为对外净债权国，尽管此前中国已经存在连续多年的贸易或经常账户顺差。重新回顾一下萨缪尔森对日本国际收支案例的判断后，我们就会发现，瑟尔沃国际收支资本流动演化的第四阶段，其实包含了国际收支生命周期的第三阶段和第四阶段，即新兴的债权国和成熟的债权国阶段。对于二者如何进一步划分，图 2-2 没有直接标示。但有一点我们可以断定：一国对外资本输出的主动性、被动性选择应该是进行上述划分的一个关键指标。

总之，萨缪尔森的国际收支生命周期学说和瑟尔沃的国际收支资本流动演化阶段学说，尽管外在形式和阶段划分不尽相同，也并非完全对应，但在本质上二者应该说是一致的。仅是看待同一问题的角度有所差别而已，都是对同一问题的事实描述和经验总结。

余永定（1997，2006）一直坚持这样一个观点：中国作为一个人均收入还比较低的发展中国家（2006年中国人均国民收入2010美元，世界排名第129位，属于下中等收入国家水平），理应是一个国外净资源的输入国，即中国国际收支应该是贸易逆差才对。事实上，中国经常账户余额持续多年巨额顺差，相当于把自己国内的稀缺资源大规模借给别人使用，在他看来是十分不经济的。

第五节　本章小结

在这一章，根据本书所要研究及涉及的问题，我们首先给出了一国国际收支核心账户之间的基本关系。

然后，我们进一步分析了作为国际收支基本核心账户的经常账户和一国宏观经济变量间的联系。包括经常账户和国内吸收、经常账户和一国净海外资产头寸变动、经常账户和储蓄—投资缺口间的同向等价关系。这些联系是建立在开放经济条件下，一国国民收入恒等式的基础上。

接着，我们分别介绍和评价了有关国际收支调节的几个经典理论方法。包括国际收支调节的弹性论、吸收论、结构论和跨期动态优化理论。当然，国际收支调节的重要理论方法肯定不止这些。我们的介绍及评论是充分考虑到本书研究的核心是中国当前国际收支失衡调节的现实问题，因此，我们仅就可能会对中国国际收支失衡调节产生较大的实践操作价值的理论进行重点述评。

本章的最后一节，我们介绍了有关国际收支的成长阶段问题及在中国的应用。我们较详细地阐释了萨缪尔森的国际收支生命周期学说和瑟尔沃在分析研究国际债务问题时所隐含的一国国际收支和与其相关的资本流动的演化阶段之间可能存在对应关系的思想，并且，我们也分析了这两种理论观点之间的异同。

总之，这一章为后续章节具体深入研究中国国际收支实际问题做最基本的理论准备，是我们进行后续研究的理论基石。

第三章 中国国际收支研究
（1982—2007 年）：历史数据
分析及其背后的逻辑

  这一章，我们努力收集中国国际收支及相关宏观经济变量的历史数据资料，仔细剖析中国国际收支内部结构中主要账户及其子账户的流量、存量变动的历史轨迹，归纳、总结其变动规律，演绎、研究其变动原因。国际收支是一国对外部门和他国或地区进行经济交易的货币记录，可看做是对该国不同时期外部经济发展态势、发展程度、发展阶段的刻画和描述。在开放经济条件下，各国的经济联系日益密切，一国外部经济与内部经济在某种程度上互为镜像，即外部经济的发展变化不但折射出内部经济的结构变动和发展态势，而且会深深影响内部经济的运行，反之亦然。因此，中国国际收支各账户，尤其是反映实际资源跨国、跨地区流动的经常账户的收支变动，是可以由一国国内宏观经济变量的变动来刻画的。于是，在演绎中国国际收支各账户变动结果的成因时，除了需对中国外部经济部门本身的具体情况考察外，我们自然还会进入到中国内部经济领域去进一步挖掘事实。当然，在此基础上，我们还要充分考虑世界经济大环境的发展变化对中国内部、外部经济的冲击和影响。为了通过对比研究，凸显出中国国际收支的特征，我们还需对几个中国主要的贸易伙伴国家的国际收支状况进行简单描述。只有在这样一个较全面的分析框架下，我们才可能获取对中国国际收支相关问题的准确认知。

第一节 中国国际收支历史数据的描述与分析研究

  这一节，我们对中国国际收支历史数据进行分析整理。中国国际收支平衡表的编制、公布单位是国家外汇管理局（SAFE）。该局最早公布中国国际收支平衡表是在 1985 年，但通过查阅其他国际机构的统计数据，如国际货币基金组织（IMF）、世界银行（WB）、经济合作与发展组织（OECD）、亚洲开发银行（ADB）等的相关数据库，中国国际收支的年度数据某些指标一般可追溯到 1982 年。因此根据数据的可获得性，我们下面的数据描述与分析的基础和重点是 1985 年至 2007 年相对较完整的中国国际收支统计数据①。如果有 1985 年之前的数据，我们也会补充上这些数据记录。

一、中国国际收支平衡表主要账户的数据描述与分析

中国改革开放三十年来，经济发展水平无论总量还是质量都取得了质的飞跃。在这一进程中，中国的对外贸易也同样取得了巨大的进步。对外贸易的这种巨大进步集中反映在中国国际收支平衡表所记录的各账户数据的历史变动中。1982 年，中国国际收支经常账户出现了 56.74 亿美元的顺差，占同期中国 GDP 总量的 1.22%，该年经常账户下的货物出口 211.25 亿美元，货物进口 168.76 亿美元，货物净出口 42.49 亿美元。贸易账户（货物贸易加服务贸易）出现 47.37 亿美元顺差。同年，中国国际收支资本账户也有 3.38 亿美元的资本净流入（顺差），占同期 GDP 的 0.073%。储备资产账户中的外汇储备 1982 年末累计有 69.86 亿美元。到了 2007 年，中国国际收支经常账户余额出现了 3718.33 亿美元的巨额顺差，占同期中国 GDP 的比例高达 11.3%。其中货物出口 1.22 万亿美元，进口 9046.18 亿美元，货物净出口顺差 3153.81 亿美元。货物与服务贸易组成的贸易账户出现了 3074.77 亿美元的顺差。中国国际收支资本与金融账户在 2007 年的顺差由 2006 年的 67 亿美元急剧跃升为 735 亿美元，占 2007 年中国 GDP 的 2.23%。储备资产账户中的外汇储备，2007 年净增 4619 亿美元，2007 年底中国外汇储备累计存量高达 15282 亿美元。

1982 年到 2007 年，26 年间中国货物出口额翻了将近 58 倍，进口额翻了近 54 倍，2007 年中国的贸易出口额、进口额及进出口总额在世界的排名都是第三位。并且，无论是贸易顺差还是经常账户顺差，中国当前都是世界顺差国中最多的。双顺差，尤其是经常账户顺差的多年累积，也使得 26 年间中国的外汇储备增加了近 218 倍。

1982 年到 2007 年，26 年间中国国际收支经常账户除 1985 年、1986 年、1988 年、1989 年、1993 年出现逆差外，其余年份均是顺差。值得注意的是，进入 20 世纪 90 年代以来，除 1993 年那次 119 亿美元的经常账户逆差外，中国国

---

① 2008 年全年的中国国际收支统计数据要到 2009 年年中才对外正式公布，故当时年度数据我们只到 2007 年止。

际收支经常账户已经形成单边顺差态势，这和20世纪80年代中国国际收支经常账户总体上呈现顺差、逆差交替变化形成了鲜明对照。资本与金融账户的变动和经常账户大体类似，尽管波动的程度更大些。资本与金融账户在这26年里，除1983年、1984年、1992年、1998年外，其余年份也都是顺差（资本的净流入）。同样需引起注意的是，中国资本金融账户自20世纪90年代以来，除1992年产生2.51亿美元极轻微的逆差，和因受1997年亚洲金融危机波及影响所导致的中国1998年资本与金融账户出现63.21亿美元的小幅逆差外，中国资本金融账户也呈现出单边顺差态势。因此，有了近些年来中国国际收支表现为双顺差之说。根据以上简单数据描述不难推知：在20世纪80年代，中国国际收支大体呈现经常账户和资本与金融账户互补搭配形式，即逆差和顺差或相反的搭配组合。这符合传统或经典的国际收支两大账户的搭配规律。但进入20世纪90年代以来，中国国际收支的内部搭配结构出现了重大转变，已突破传统理论，越来越表现出大国经济的中国特色。这自然会引导我们追问和追思，进入20世纪90年代以后，中国的外贸结构、中国经济的内部结构、中国所处的外部世界经济环境到底发生了怎样的转变？这些转变和中国近些年来国际收支出现的持续双顺差，且规模越来越大这一独特现象之间的联系是怎样的？它们之间又是如何传导的？这类问题正是本章及以后各章反复探究的问题。

我们用表3-1给出上述各主要账户及相关指标1982—2007年较完整的数据记录：

表3-1 中国国际收支主要账户收支及外汇储备存量（1982—2007年）

账户\年度	CA（亿美元）	CA/GDP（%）	TB（亿美元）	净出口（亿美元）	KA（亿美元）	KA/GDP（%）	外汇储备（亿美元）
1982	56.74	1.22	47.37	42.49	3.38	0.073	69.86
1983	42.40	0.86	24.75	19.90	-2.26	-0.046	89.01
1984	19.44	0.40	-0.32	0.14	-10.03	-0.208	82.20
1985	-114.17	-3.72	-125.92	-131.23	89.72	2.92	26.44
1986	-70.35	-2.36	-75.89	-91.40	59.44	2.0	20.72
1987	3	0.093	2.91	-16.61	60.02	1.8	29.23
1988	-38.03	-0.94	-40.6	-53.15	71.32	1.76	33.72
1989	-43.17	-0.96	-49.27	-56.20	37.24	0.83	55.50
1990	119.97	3.1	106.68	91.65	32.55	0.83	110.93
1991	132.72	3.2	116.01	87.43	80.32	1.96	217.12
1992	64.01	1.31	49.98	51.83	-2.51	-0.05	194.43
1993	-119.03	-1.94	-114.97	-106.54	234.74	3.83	211.99

续表

年度＼账户	CA（亿美元）	CA/GDP（%）	TB（亿美元）	净出口（亿美元）	KA（亿美元）	KA/GDP（%）	外汇储备（亿美元）
1994	76.58	1.37	76.11	72.90	326.44	5.84	516.20
1995	16.18	0.22	119.57	180.50	386.75	5.31	735.97
1996	72.42	0.84	175.51	195.35	399.67	4.67	1050.49
1997	369.63	3.88	428.23	462.22	210.15	2.2	1398.9
1998	314.71	3.1	438.36	466.13	−63.21	−0.62	1449.59
1999	211.14	1.95	306.41	359.8	51.79	0.48	1546.75
2000	205.19	1.71	288.73	344.74	19.22	0.16	1655.74
2001	174.05	1.31	280.86	340.17	347.75	2.62	2121.65
2002	354.22	2.44	373.83	441.66	322.91	2.22	2864.07
2003	458.75	2.79	360.79	446.52	527.26	3.21	4032.51
2004	686.59	3.55	492.84	589.82	1106.6	5.73	6099.32
2005	1608.18	7.19	1247.98	1341.89	629.64	2.82	8188.72
2006	2532.68	9.53	2089.12	2177.46	66.62	0.25	10663.44
2007	3718.33	11.3	3074.77	3153.81	735.09	2.23	15282.49

注：（1）CA 表示经常账户余额；TB 表示贸易账户（货物贸易和服务贸易）余额；净出口指的是货物贸易的出口减进口；KA 表示资本金融账户余额；外汇储备是年末值。

（2）GDP 换算成美元值，用的是人民币对美元的年平均汇率。

资料来源：国研网 http：//www.drcnet.com.cn 转引自世界银行（WB）数据；国家外汇管理局网站 http：//www.safe.gov.cn/model_safe/index.html。

为了对中国国际收支主要账户及对应的外汇储备时间趋势变动做一个更直观的描述，我们对应给出图 3 - 1。

由表 3 - 1 辅以图 3 - 1 可以明显地发现：中国国际收支经常账户在 20 世纪 90 年代中期以前有顺差也有逆差，似乎表现出某种周期性特征。尽管波动的程度较大，但绝对数量无论逆差或顺差都不算过高。1982—1994 年，最大的相对逆差规模出现在 1985 年，当年中国经常账户出现 114.17 亿美元逆差，占同期 GDP 的 3.72%；最大相对规模顺差出现在 1991 年，当年中国经常账户实现 132.72 亿美元的顺差，占同期 GDP 的 3.2%，该顺差的绝对量也是这个时期最大的。但逆差绝对量的最大值出现在 1993 年，那年中国经常账户逆差达到 119.03 亿美元。1994 年以后，中国国际收支经常账户出现了一边倒的单边顺差变动现象。尽管顺差的规模无论是绝对值还是相对值在 1995—2001 年起伏较大，但 2002—2007 年中国经常账户顺差规模一直在单调扩大，尤其是最近几年（2004 年以后）更呈加速上升趋势。中国国际收支资本金融账户在我们整个考察期（1982—2007 年）都表现出较经常账户更大的波动性。这也是货币金融经

亿美元

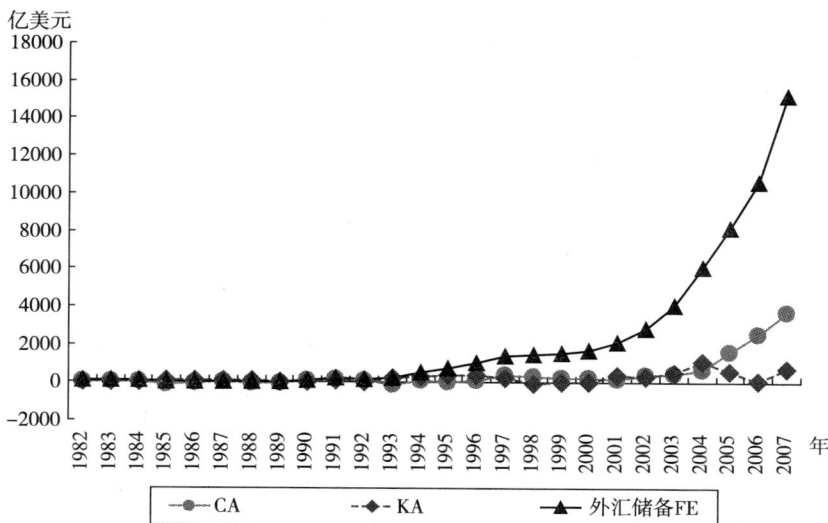

资料来源：国研网 http：//www. drcnet. com. cn 转引自世界银行（WB）数据；国家外汇管理局网站 http：//www. safe. gov. cn/model_safe/index. html。

图 3 - 1　中国国际收支经常账户（CA）、
资本与金融账户（KA）收支变化和历年外汇储备存量

济较实体经济波动更大的一个体现。例如，1984 年中国资本金融账户表现为 10.03 亿美元的逆差，但 1985 年就急跃升为近 90 亿美元的顺差。1992 年又出现 2.51 亿美元的轻微逆差，而其前一年资本金融账户还是 80.32 亿美元的顺差。1997—1998 年中国因受亚洲金融危机的影响，国际收支资本流动的流量和流向再次出现逆转。1997 年中国资本金融账户实现顺差 210.15 亿美元，1998 年就急剧下降为 63.21 亿美元的逆差。特别值得注意的是 2006 年，因为该年中国资本与金融账户仅实现 66.62 亿美元的顺差，但之前的 2005 年和之后的 2007 年资本与金融账户实现顺差分别高达 629.64 亿美元和 735.09 亿美元。中国的外汇储备随着中国国际收支的改善，尤其是近些年来持续出现的双顺差现象而表现为快速的、跳跃式增长态势。在整个 80 年代，中国的外汇储备虽有波动，但都没超过 100 亿美元。1990 年超过 100 亿美元，达到 110.93 亿美元，1996 年超过 1000 亿美元，达到 1050.49 亿美元，2006 年超过 10000 亿美元，达到 10663.44 亿美元。中国的外汇储备实际上是从 2000 年以后开始急剧跃升，这和该时间段内中国国际收支经常账户和资本与金融账户同时出现较大规模顺差不无关系。因为一国国际收支无论是经常账户顺差还是资本与金融账户顺差都会形成该国外汇储备的增量。

我们借助图3-2分析考察中国经常账户收支（CA）和该账户下的贸易账户余额（TB）、净出口（NX）的关系。

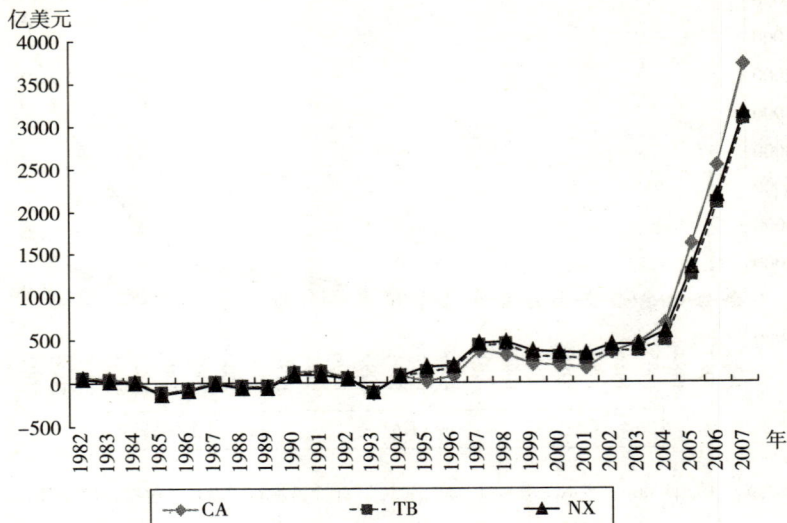

资料来源：国研网 http：//www. drcnet. com. cn 转引自世界银行（WB）数据；国家外汇管理局网站 http：//www. safe. gov. cn/model_safe/index. html。

图3-2　中国国际收支经常账户（CA）、贸易账户（TB）和净出口（NX）

从图3-2我们可以更加清晰地看到，中国国际收支经常账户、贸易账户和货物的净出口额，除极个别年份外变动趋势几乎是一致的，并且非常接近。尤其是贸易账户余额和净出口的变动曲线几乎是重合的，这隐含着中国服务贸易的规模相对较低。在1995年之前，除去逆差年份，贸易账户顺差在大多数情况下都比净出口顺差规模大。因为贸易账户收支由净出口加服务贸易额构成，这说明此时间段服务贸易账户也出现较多年份的顺差。在1995年及之后中国贸易账户顺差规模均小于净出口顺差规模，尽管二者随着时间日趋接近。同理，这表明此时间段内中国服务贸易账户全部是逆差。如果排除逆差年份，1982—1994年，中国经常账户顺差规模一般要大于贸易账户顺差和净出口顺差规模，这告诉我们，经常账户的另两个子账户：收益账户和转移支付账户加总起来应该表现为顺差。1995—2002年，上述情况发生了逆转，表现为经常账户顺差规模小于同期的贸易账户顺差和净出口顺差额。特别是1995年和1996年，经常账户顺差额远小于贸易账户和净出口顺差额。通过相关账户数据分析得知，可能是收益账户出现了较大逆差的缘故。2003—2007年，情况又再次发生逆转，经常账户顺差规模又重新大于贸易顺差额和净出口顺差额，且差距随时间拉大。

这一点从图 3 – 2 也可清楚看到。仔细分析该时间段中国国际收支平衡表，发现出现上述变动很可能是因为收益子账户的逆差在不断减少，且到 2005 年逆转为顺差，并逐渐加大的缘故。总之，在中国国际收支统计中，经常账户余额、贸易账户余额和净出口额在大多数年份都是比较接近的。这也是我们在以后章节里进行实证分析时，如遇经常账户某些频率数据不可获得的问题时，我们会用可获得的贸易账户数据或净出口数据代替的主要原因。

二、中国国际收支平衡表主要一级账户子账户的数据描述与分析

为了进一步剖析中国国际收支主要账户的变化情况，我们需细分主要的一级账户，研究其包含的关键的二级账户的收支状况以及它们流量、存量的变动趋势。

中国国际收支经常账户作为整个中国国际收支的核心一级账户，包含的重要二级子账户有货物、服务和收益三项。

货物账户（Goods Account）又是由一般贸易、加工贸易和其他贸易组成。其中，一般贸易（General Trade）是指在我国有进出口经营权的各类公司、企业（包括外商投资企业），进行单边进出口的贸易，一般是经过对外签订合同、协议、函电或当面洽谈而成交；加工贸易（Processing Trade）是指使用进口料件在国内加工，再将产成品复出口所发生的进出口贸易。主要分为来料加工（Processing Supplied Materials）和进料加工（Processing Imported Materials）两类。来料加工指的是由外商提供料件经我方企业加工成成品后返回给提供料件的外商，我方仅收取加工费。进料加工指的是由我方自己付汇购买料件加工成成品之后复出口。二者之间的区别在于物权所属不同。其他贸易（Other Trades）主要是指保税区贸易和边境贸易等对外经济活动。

服务贸易具体包含着运输、旅游、通信等 13 个小项。

收益子账户包含两项，分别是职工报酬和投资收益。

中国国际收支另一个重要的一级账户是资本与金融账户，该账户是对资本所有权在国际上流转交易行为进行记录的账户，由资本账户和金融账户两部分组成。根据中国国际收支平衡表的编制原则，其中金融账户又由直接投资、证券投资和其他投资三个子账户构成。

（一）经常账户下子账户的数据描述与解析

1. 货物贸易子账户及其细分账户数据描述与分析

我们首先给出中国经常账户包含的重要二级子账户：货物账户净收支及其

进一步细分为一般贸易、加工贸易和其他贸易净额的历史数据变动情况。具体数据列于表 3－2a，对应图形见图 3－3。

表 3－2a　　　　　　　　中国货物贸易账户及其细分账户余额① 　　　　单位：亿美元

年度 ＼ 账户	货物净出口	一般贸易净出口	加工贸易净出口	其他贸易净出口
1982	30.3	33.6	－2.23	－1.16
1983	8.4	13.92	－3.28	－2.24
1984	－12.7	－6.87	－2.18	－3.65
1985	－149	－135.42	－9.58	－4
1986	－119.7	－101.12	－10.83	－7.65
1987	－37.7	8.71	－11.97	－34.44
1988	－77.5	－25.82	－10.45	－41.23
1989	－66	－40.62	26.21	－51.59
1990	87.4	92.6	66.6	－71.8
1991	81.2	85.8	74	－78.6
1992	43.5	100.6	80.8	－137.9
1993	－122.2	51.5	78.8	－252.4
1994	54	260.4	94.1	－300.5
1995	167	280	153.3	－266.3
1996	122.2	234.8	220.6	－333.2
1997	404.2	389.44	293.96	－279.2
1998	434.7	305.55	358.55	－229.36
1999	292.3	120.95	373.04	－201.67
2000	241.1	51.02	450.94	－260.87
2001	225.5	－15.75	534.59	－293.4
2002	304.3	70.76	577.27	－343.77
2003	254.7	－56.17	789.47	－477.77
2004	320.9	－45.39	1062.76	－696.47
2005	1 020.00	354.30	1424.55	－758.85
2006	1774.80	831.26	1888.83	－945.34
2007	2622	1099.30	2492.50	－969.9

资料来源：《中国统计年鉴》，经国研网和作者整理。

由表 3－2a 和观察图 3－3 后可知，中国货物净出口额自 1994 年以来一直表

---

① 此处的货物净出口数据和历年中国国际收支平衡表的数据并不一致，有些年份还相差较大。但除了 1984 年外，二者的变动趋势是一致的。这种情况的出现很可能是因为数据来源的不同。我们无法从中国国际收支平衡表中获取货物账户的进一步细分数据，因此尽管二者对应数据并不一致，我们还是利用源于海关进出口统计数据的《中国统计年鉴》来研究该问题。

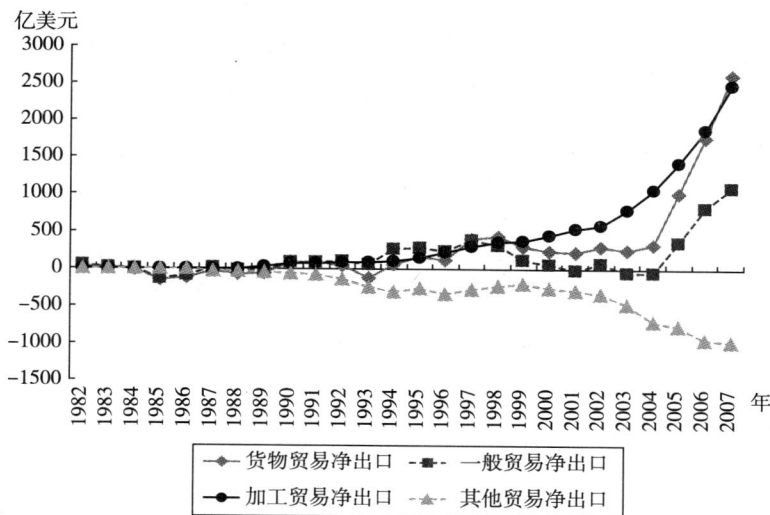

资料来源：《中国统计年鉴》，经国研网和作者整理。

图 3 - 3　中国货物贸易及其细分账户净出口变动（1982—2007 年）

现为顺差，尽管顺差的规模有所波动，但总体上是在不断走高的，尤其是 2005—2007 年货物净出口顺差规模每年都有大幅跃升。我们知道，货物净出口差额是一般贸易净出口差额、加工贸易净出口差额与其他贸易净出口差额之和。中国加工贸易净出口自 1989 年开始由逆差转为顺差，并一直延续至今。其他贸易净出口差额 1982—2007 年均表现为逆差。一般贸易净出口额在我们的考察期多次出现顺差、逆差交替发生的情况。具体而言，1982—1989 年，中国货物贸易中的一般贸易顺差、逆差交替出现，顺差累计出现 3 年，累计额 56.23 亿美元；逆差累计出现 5 年，累计额 309.85 亿美元。1990—2000 年，11 年间一般贸易持续顺差，但 2001 年、2003 年、2004 年，一般贸易再次出现小幅逆差，2005—2007 年，一般贸易又转为顺差，分别为 354.3 亿美元、831.26 亿美元和 1099.3 亿美元，每年的增加幅度都非常大。1998 年，中国加工贸易顺差规模开始稳定的超越一般贸易顺差规模。且从 1999 年始，加工贸易顺差额甚至比总的货物贸易顺差额还要大，在图形上表现为加工贸易、货物贸易、一般贸易三条高度依次降低，但变动趋势均向上弯曲倾斜的曲线，这种情况一直持续到 2006 年。2007 年货物贸易顺差额 2622 亿美元，轻微超过 2492.5 亿美元的加工贸易顺差额。该年一般贸易顺差额也高达 1099.3 亿美元，比 2006 年增加 268.04 亿美元。但其他贸易出现 969.9 亿美元的巨额逆差。

我们接着以货物账户的各细分账户的进口、出口或进出口总额占总体货物贸易的进口、出口或进出口总额的比重这一相对规模的指标来进一步考察上述各账户间的关系。具体数据列于表3-2b，对应图形见图3-4。

表3-2b　中国货物贸易各细分账户与总体货物贸易账户间的比例关系　单位：%

比例＼年份	GX	GM	GXM	PX	PM	PXM	OX	OM	OXM
1982	99.7	98.0	99.0	0.2	1.4	0.8	0.1	0.7	0.4
1983	91.0	88.0	89.0	8.7	11.0	9.7	0.6	1.6	1.1
1984	89.0	87.0	88.0	11.0	11.0	11.0	0.2	1.5	0.9
1985	87.0	88.0	88.0	12.0	10.0	11.0	1.1	1.7	1.4
1986	81.0	82.0	82.0	18.0	16.0	17.0	0.7	2.3	1.6
1987	75.0	66.0	71.0	23.0	23.0	23.0	2.0	9.8	6.1
1988	69.0	64.0	66.0	29.0	27.0	28.4	1.8	9.0	5.6
1989	60.0	60.0	60.1	38.0	29.0	33.1	2.3	11.0	6.8
1990	57.0	49.0	53.4	41.0	35.0	38.3	1.9	16.0	8.3
1991	53.0	46.0	49.9	45.0	39.0	42.3	1.9	14.0	7.8
1992	51.0	42.0	46.7	47.0	39.0	43.0	1.9	19.0	10.3
1993	47.0	36.6	41.5	48.0	35.0	41.2	4.7	28.4	17.3
1994	50.9	30.7	41.0	47.1	41.1	44.2	2.0	28.1	14.8
1995	48.0	32.8	40.9	49.5	44.2	47.0	2.5	23.0	12.1
1996	41.6	28.4	35.3	55.8	44.9	50.6	2.6	26.8	14.2
1997	42.7	27.4	36.0	54.5	49.3	52.2	2.9	23.3	11.8
1998	40.4	31.1	36.4	56.9	48.9	53.4	2.7	19.9	10.2
1999	40.6	40.5	40.5	56.9	44.4	51.1	2.5	15.1	8.3
2000	42.2	44.5	43.3	55.2	41.1	48.5	2.6	14.4	8.2
2001	42.0	46.6	44.2	55.4	38.6	47.4	2.5	14.8	8.4
2002	41.8	43.7	42.7	55.3	41.4	48.7	2.9	14.9	8.6
2003	41.5	45.5	43.4	55.2	39.5	47.6	3.3	15.1	9.0
2004	41.1	44.2	42.6	55.3	39.5	47.6	3.7	16.3	9.8
2005	41.3	42.4	41.8	54.7	41.5	48.6	4.0	16.1	9.6
2006	43.0	42.1	42.6	52.7	40.6	47.3	4.4	17.3	10.2
2007	44.2	44.8	44.5	50.7	38.5	45.4	5.1	16.6	10.1

注：（1）GX、GM、GXM分别表示一般贸易出口、进口和进出口总额分别占货物贸易出口、进口和进出口总额的比例。

（2）PX、PM、PXM分别表示加工贸易出口、进口和进出口总额分别占货物贸易出口、进口和进出口总额的比例。

（3）OX、OM、OXM分别表示其他贸易出口、进口和进出口总额分别占货物贸易出口、进口和进出口总额的比例。

资料来源：《中国统计年鉴》，经作者计算整理。

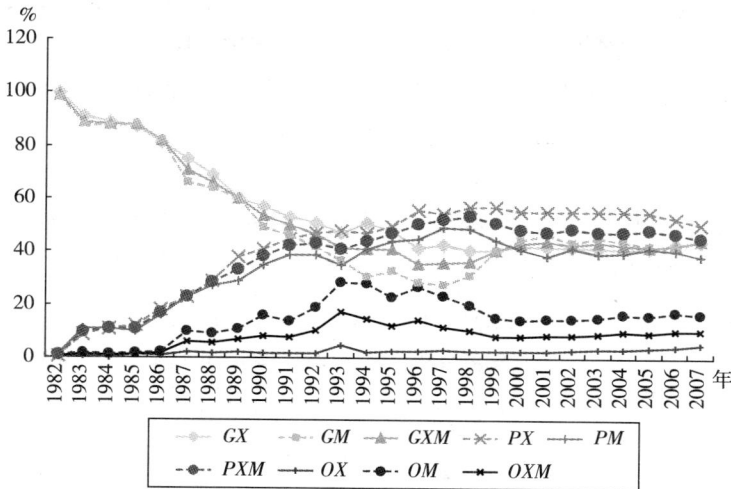

资料来源：《中国统计年鉴》，经作者计算整理。

图 3 - 4　中国货物贸易与其细分账户项目间的比例关系

通过表 3 - 2b 的数据并辅以图 3 - 4，我们发现 1982—2007 年，一般贸易的出口额、进口额和进出口总额从最初分别占到中国整个货物贸易的出口额、进口额、进出口总额的 99% 左右，下跌到在 2007 年上述三项指标仅为 44% 左右的水平。而加工贸易的出口额占整个货物贸易出口额从 1982 年的 0.2%，急剧跃升为 1990 年的 41%，1996 年进一步放大到 55.8%，然后这一比重一直维持到 2005 年，2006 年该比例稍下降到 52.7%，2007 年这一比例又下降了两个百分点，但加工贸易出口额仍占到整个货物贸易出口额的 50.7%。加工贸易进口额占整个货物贸易进口额的比重从 1982 年的 1.4%，增加到 1997 年的峰值 49.3%，随后该指标在波动中下滑，到 2007 年该比例下降到 38.5% 的水平。中国加工贸易进出口总额占整个货物贸易总额的比重在 1982 年仅为 0.8%，随后快速上升，1998 年达到历史峰值 53.4% 的高位，之后出现小幅下降，2000—2006 年这一比例维持在 47% 左右，2007 年中国加工贸易进出口总额占中国货物贸易总额的比例是 45.4%。另外，中国加工贸易出口占整个货物贸易出口的比重自 1993 年起（1994 年除外）就超过了一般贸易的该指标。加工贸易的进口占货物贸易进口的比重在 1994 年开始超过一般贸易的该指标，但从 2000 年开始这一比例又重新小于一般贸易。加工贸易进出口总额占整个货物贸易额的比重也是从 1994 年开始超越一般贸易的该比例，但最近几年这一差距呈不断缩小之势。中国货物贸易中其他贸易的各项指标与一般贸易和加工贸易的对应指标比较起来都明显偏低。其他贸易的出口占货物出口总额的比重2007年仅为5.1%，但进口占货物进口总额的比重相对较高，2007年达到16.6%，因此导致该账户出现比较大的逆差。其他贸易的进出口总额占货物贸易总额的比例2007年是10.1%，最近几年这一比例基本保持在10%左右。

2. 中国经常账户下服务贸易、收益和转移支付子账户数据描述与分析

中国经常账户下的二级子账户——服务、收益和经常转移的净余额1982—2007年的变动情况的具体数据见表3-3，对应图形见图3-5。

表3-3　　　　　　　中国经常账户下子账户：服务、收益、

经常转移余额变化（1982—2007年）　　　单位：亿美元

年度 ＼ CA 子账户	服务	收益	经常转移
1982	4.88	4.51	4.86
1983	4.85	12.54	5.11
1984	-0.46	16.20	4.42
1985	5.31	9.32	2.43
1986	15.51	1.76	3.79
1987	19.52	-2.15	2.24
1988	12.55	-1.61	4.19
1989	6.93	2.29	3.81
1990	15.03	10.55	2.74
1991	28.58	8.40	8.31
1992	-1.85	2.48	11.55
1993	-8.43	-12.84	11.72
1994	3.21	-10.38	3.35
1995	-60.93	-117.74	14.35
1996	-19.84	-124.37	21.29
1997	-33.98	-110.05	51.44
1998	-27.77	-166.44	42.79
1999	-53.41	-144.70	49.44
2000	-56.00	-146.66	63.11
2001	-59.33	-191.75	84.92
2002	-67.83	-149.46	129.84
2003	-85.73	-78.38	176.34
2004	-96.99	-35.23	228.98
2005	-93.91	106.35	253.85
2006	-88.34	151.56	291.99
2007	-79.05	256.88	386.68

资料来源：世界银行（World Bank）；国家外汇管理局网站 http://www.safe.gov.cn，经国研网 http://www.drcnet.com.cn 和作者整理。

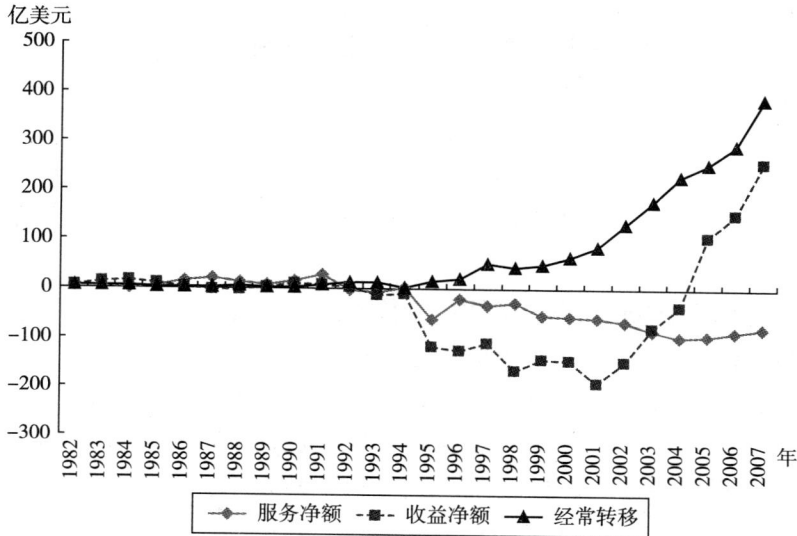

资料来源：世界银行（World Bank）；国家外汇管理局网站 http：//www.safe.gov.cn，经国研网 http：//www.drcnet.com.cn 和作者整理。

图 3 - 5　中国经常账户下子账户：服务、收益和经常转移余额变动

通过表 3 - 3 的数据和观察图 3 - 5，我们会发现 1982—2007 年的 26 年间，中国经常账户下的二级子账户服务贸易项在 1991 年之前几乎都是顺差（除 1984 年那次微小的几乎可以忽略的逆差），尽管顺差的规模并不大，1991 年顺差才达到 28.58 亿美元。之后，1992—2007 年中国的服务贸易逆转为几乎全部是逆差（除 1994 年出现 3.21 亿美元的微小顺差）。但总体上，该期间中国服务贸易的逆差规模并不算大，最大逆差出现在 2004 年，有 96.99 亿美元。经过仔细分析历年中国国际收支平衡表服务贸易账户下的具体项目后，我们发现旅游项目都是顺差，建筑服务项自 2002 年始也均是顺差。但运输、保险、金融、专有权利使用费和特许费都是逆差，通信服务也几乎都是逆差。中国经常账户下的收益子账户项表现出某种顺差、逆差的交替性。1982—1986 年该子账户是顺差，接着出现两年极轻微的逆差，1989—1992 年又转为顺差，然后是 1993—2004 年又连续出现 12 年的逆差，此期间最大逆差发生在 2001 年，达到 191.75 亿美元。接着从 2005 年开始，收益账户又重新转为顺差，2007 年顺差规模达到 256.88 亿美元。收益子账户又分为两个项目：职工报酬和投资收益。其中投资收益项仅在 2005 年开始才转为顺差，之前全部是逆差。职工报酬项从 2003 年开始出现顺差，之前年份大都是逆差。2007 年收益项下，我国海外务工人员的职工报酬净流入 43.4 亿美元，同比增加 118%，因我国对外资产规模持续扩大，投资收益净流入 213.5 亿美元，同比增加 62%。中国经常账户下的另一个二级子账户，经常转移账户 1982—2007 年来一直呈单边顺差状态。经常转移账户是指对各级政府的转移，比如政府间经常性的国际合作，对收入和财政支付的经常性税收以及其他转移，例如工人汇款等经济交易的货币记录。该账户自 1994 年开始，顺差规模总体上呈加速上升趋势，2007 年达到历史高点，出现 386.68 亿美元的顺差。

（二）资本与金融账户下子账户的数据描述与解析

1. 资本账户、金融账户的数据描述与分析

对于中国国际收支的资本与金融账户，我们也首先研究构成该一级账户的两个重要的子账户——资本账户和金融账户的历史数据变动情况。我们同时列出 KA 和它的两个子账户净收支数据（见表 3-4），对应图线（见图 3-6）。

表 3-4　　　　　　　　资本与金融账户下资本账户、

金融账户收支净额历史数据（1982—2007 年）　　　单位：亿美元

年份　　　账户	资本与金融账户	资本账户	金融账户
1982	3.38	0.00	3.38
1983	-2.26	0.00	-2.26
1984	-10.03	0.00	-10.03
1985	89.72	0.00	89.72
1986	59.44	0.00	59.44
1987	60.02	0.00	60.02
1988	71.32	0.00	71.32
1989	37.24	0.00	37.24
1990	32.55	0.00	32.55
1991	80.32	0.00	80.32
1992	-2.51	0.00	-2.51
1993	234.74	0.00	234.74
1994	326.44	0.00	326.44
1995	386.75	0.00	386.75
1996	399.67	0.00	399.67
1997	210.15	-0.21	210.36
1998	-63.21	-0.47	-62.74
1999	51.79	-0.26	52.05

续表

账户 年份	资本与金融账户	资本账户	金融账户
2000	19.22	-0.35	19.57
2001	347.75	-0.54	348.29
2002	322.91	-0.50	323.41
2003	527.26	-0.48	527.74
2004	1106.6	-0.69	1107.29
2005	629.64	41.02	588.62
2006	66.62	40.20	26.42
2007	735.09	30.99	704.10

资料来源：国际货币基金组织、国际金融统计数据库（IMF - IFS）、国家外汇管理局网站 http：//www. safe. gov. cn、历年中国国际收支平衡表。

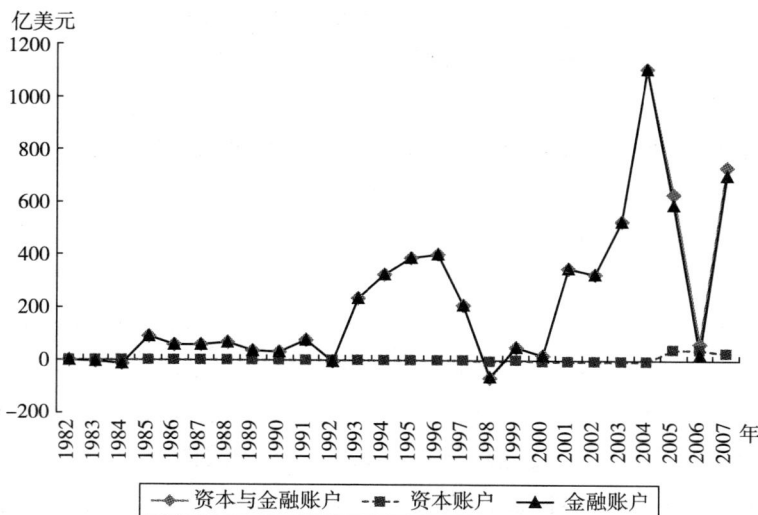

资料来源：国际货币基金组织、国际金融统计数据库（IMF - IFS）、国家外汇管理局网站 http：//www. safe. gov. cn、历年中国国际收支平衡表。

图 3 - 6　中国国际收支资本与金融账户及其子账户余额历史变化情况

通过分析表 3 - 4 和观察图 3 - 6 可知：作为中国国际收支一级账户的资本与金融账户几乎完全由其二级账户之一的金融账户主导着。1982—1996 年二级账户资本项目的交易额为零，这意味着此期间没有符合该账户记录要求的交易发生。因此，资本与金融账户的交易此期间即为金融账户的交易，二者的图线完全重合。资本账户记录资本转移和非生产、非金融资本的收买或放弃。资本转移具体是指下面三项所有权的转移：（1）固定资本所有权的转移；（2）同固定资本收买或放弃相联系的或以其为条件的资本转移；（3）债权人无任何附加条件的债务减免。非生产、非金融资产的收买或放弃是指各种无形资产，例如，专利、版权、商标、经销权、租赁或其他可转让合同等的交易。1997—2004 年资本账户余额有了记录，且连续出现逆差，但逆差幅度很小，仅有几千万美元。2005—2007 年，资本账户逆转为顺差，尽管顺差规模也只有 34 亿美元，但和之前的逆差相比出现了非常明显的急升式跳跃性增长。金融账户在整个考察期表现出比较大的波动性。金融账户记录着一国或地区对外资产和负债所有权变更的所有权交易。26 年里，除 1983 年、1984 年、1992 年、1998 年出现逆差外，其余年份都是顺差。在总共四年的逆差中，最大逆差发生在 1998 年，但也仅有62.74 亿美元。出现顺差的年份顺差规模波动较大，最大顺差发生在 2004 年，该年顺差高达 1107.29 亿美元。2007 年金融账户余额是 704.1 亿美元的顺差，仅次于 2004 年的顺差规模。总体上，资本账户余额规模远不及金融账户余额规模，因此，在图 3-6 中资本与金融账户和金融账户即便是在 1996 年以后也几乎是完全重合的。

2. 金融账户下的直接投资、证券投资和其他投资的数据描述与分析

因为中国国际收支平衡表资本账户下没有进一步细分项目，而金融账户下又细分为三个具体的项目，为了能够更进一步深入了解高一级账户的演化和挖掘推动其变动的主导力量，我们对金融账户采取了类似之前研究的那种层层推进式的账户数据研究方法。金融账户下的直接投资（Direct Investment）是指采取在海外直接投资办厂或分支企业，或者对国外企业股权投资百分之十以上以谋求对企业的实际控制权或长久利益的投资行为。证券投资（Portfolio Investment）包括股票、中长期债券和货币市场工具等形式的投资。证券投资资产，是指我国居民持有的非居民发行的股票、债券、货币市场工具、衍生金融工具等有价证券。证券投资负债为非居民持有我国居民发行的股票和债券。其他投资（Other Investment）指除直接投资、证券投资和储备资产之外的所有金融资产或负债，包括贸易信贷、贷款、货币和存款及其他资产或负债四类形式。其中，长期指合同期为一年期以上的金融资产或负债；短期为一年期（含一年）以下的金融资产或负债。我们用表 3-5 列出金融账户余额及其细分后的三个子账户余额的历史变动数据，对应图形见图 3-7。

表3－5 　　　金融账户及其细分子账户余额变动数据（1982—2007年）

单位：亿美元

账户 年份	金融账户	直接投资	证券投资	其他投资
1982	3.38	3.86	0.21	-0.69
1983	-2.26	5.43	-6.21	-1.48
1984	-10.03	11.24	-16.38	-4.89
1985	89.72	10.30	30.27	49.14
1986	59.44	14.25	15.68	29.51
1987	60.02	16.69	10.51	32.81
1988	71.32	23.44	8.76	39.13
1989	37.24	26.13	-1.80	12.91
1990	32.55	26.57	-2.41	8.39
1991	80.32	34.53	2.35	43.44
1992	-2.51	71.56	-0.57	-73.49
1993	234.74	231.15	30.49	-26.90
1994	326.44	317.87	35.43	-26.85
1995	386.75	338.49	7.89	40.35
1996	399.67	380.66	17.44	1.56
1997	210.36	416.74	69.42	-275.80
1998	-62.74	411.18	-37.33	-436.60
1999	52.05	369.78	-112.34	-205.40
2000	19.57	374.83	-39.91	-315.35
2001	348.29	373.56	-194.06	168.79
2002	323.41	467.89	-103.42	-41.07
2003	527.74	472.29	114.27	-58.82
2004	1107.29	531.31	196.90	379.08
2005	588.62	678.21	-49.33	-40.26
2006	26.42	569.34	-675.58	132.65
2007	704.10	1214.18	186.72	-696.80

资料来源：国际货币基金组织、国际金融统计和国际收支统计数据库（IMF－IFS，IMF－BOP）、国家外汇管理局网站 http://www.safe.gov.cn、历年中国国际收支平衡表。

通过对表3－5和图3－7分析后可知，在1992年之前，中国国际收支金融账户及其下三个组成账户：直接投资、证券投资和其他投资，收支相抵后的净

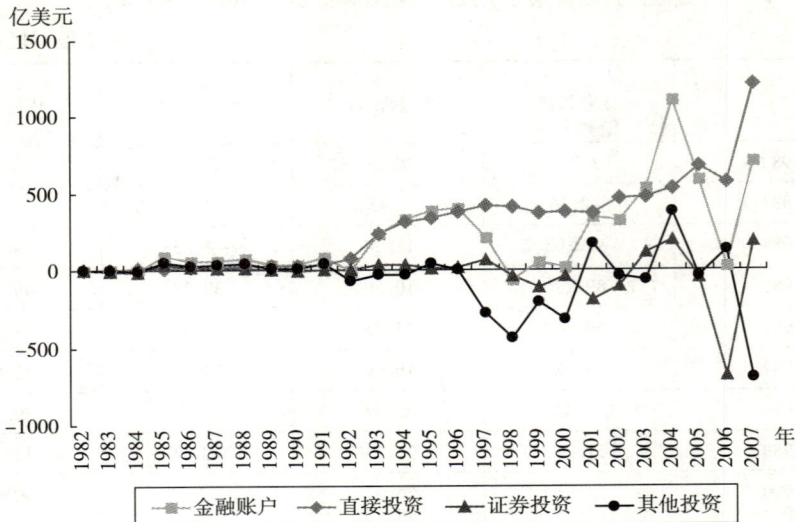

资料来源：国际货币基金组织、国际金融统计和国际收支统计数据库（IMF－IFS；IMF－BOP）、国家外汇管理局网站 http：//www. safe. gov. cn、历年中国国际收支平衡表。

图 3 -7　中国国际收支金融账户及其次级账户余额历史变化情况

余额绝对规模均比较小，都没有超过 100 亿美元。除直接投资全部表现为顺差外，其余项目有顺差也有逆差。其中，直接投资余额是中国对外直接投资和外国来华直接投资相抵后的净额。中国对外直接投资中，包括我国境内非金融部门对外直接投资存量和境内银行在境外设立分支机构所拨付的资本金和营运资金存量，以及从境内外母子公司间的贷款和其他应收及应付款的存量。外国来华直接投资，包括我国非金融部门吸收来华直接投资存量和金融部门吸收境外直接投资存量（包括外资金融部门设立分支机构、中资金融部门吸收外资入股和合资金融部门中外方投资存量），以及境内外母子公司间的贷款和其他应收及应付款的存量。因此，直接投资账户顺差表示资本的净流入。1992 年之后，上述四个账户的绝对规模总体上都有大幅度增加，但波动的幅度也相对较大。比如，直接投资净额 1992 年仅为 71.56 亿美元，但 1993 年就跃升为 231.15 亿美元。之后每年都有增加，直到 1997 年，因受当时亚洲金融危机的影响，中国直接投资净流入由 1997 年的 416.74 亿美元小幅下降为 1999 年的 369.78 亿美元。接着，止跌回升，2002 年超越危机前的顺差规模，达到 467.89 亿美元。特别需引起注意的是，2007 年流入中国的直接投资净额由 2006 年的 569.34 亿美元突然放大到 1214.18 亿美元，增幅高达 113%，这暗含着其中很可能有相当比例的

"热钱"涌入。证券投资项有许多年份都是逆差，最近三年变化尤为剧烈。2005 年，逆差 49.33 亿美元，2006 年逆差急剧跃升为 675.58 亿美元，翻了近 13.7 倍，这意味着当年我国曾大规模购买海外的股权资产或债权资产。但 2007 年，证券投资项逆转为出现 186.72 亿美元的顺差。经仔细分析后发现：该年该账户资产一方记录有 23.24 亿美元的逆差（净流出），但负债一方却记录有 209.96 亿美元的顺差（净流入），其中股本证券项负债 185.1 亿美元。这可能和 2007 年全球金融市场因美国次债危机的加深和蔓延而动荡不定，国内为抑制通货膨胀，中国人民银行连续 10 次上调存款准备金率，6 次加息，使得国内外利差发生反转。于是，在此国内外经济大背景下，国内金融机构纷纷调整外汇资产组合，减持海外债券，增持国内资产。中国金融账户下其他投资项在 1982—2007 年间逆差年份共出现过 14 年，顺差年份累计出现 12 年，但一直到 1996 年该项目的规模都不是很大，1996 年仅表现为 1.96 亿美元的顺差。1997 年该项目突然逆转且出现较大逆差 275.8 亿美元，然后逆差持续到 2000 年，尽管此期间逆差额有所波动。接着，2001 年、2004 年、2006 年该项目出现顺差，2006 年顺差额是 132.65 亿美元，但 2007 年又逆转为较大的 696.8 亿美元的逆差。通过仔细分析该年该项目后发现：资产方出现 1514.86 亿美元的逆差，其中贸易信贷项逆差 238 亿美元，贷款项逆差 208.06 亿美元，货币和存款项逆差 23.82 亿美元，其他资产项逆差高达 1044.99 亿美元，占整体资产逆差的近 69%，且全部是短期。负债方出现 818.06 亿美元顺差，其中顺差最大的项目是货币和存款项，出现 343.17 亿美元顺差，顺差最小项目是其他负债，仅出现 10.93 亿美元顺差。以上各细分项目的具体含义如下：贸易信贷是指我国与世界其他国家或地区间，伴随货物进出口产生的直接商业信用。资产表示我国出口商的出口应收款以及我国进口商支付的进口预付款；负债表示我国进口商的进口应付款以及我国出口商预收的货款。贷款项：资产表示我国境内机构通过向境外提供贷款和拆放等形式而持有的对外资产；负债表示我国机构借入的各类贷款，如外国政府贷款、国际组织贷款、国外银行贷款和卖方信贷。货币和存款项的资产方表示我国金融机构存放境外资金和库存外汇现金，负债方表示我国金融机构吸收的海外私人存款、国外银行短期资金及向国外出口商和私人的借款等短期资金。其他资产或负债是指除贸易信贷、贷款、货币和存款以外的其他投资，如非货币型国际组织认缴的股本金，其他应收和应付款等。这样看来，其他投资项目总体上的逆差很大程度上归因于短期资本资产的大量流出，这或许说明 2007 年中国其他投资资产项下可能因某种原因存在大量应收未收款项。

综合以上分析，我们认为中国国际收支资本与金融账户下金融子账户在1982—2007年绝大多数年份表现为顺差（除1983年、1984年、1992年和1998年是逆差外），与其下的直接投资项在上述时期一直都有资本的净流入，且净流入规模在进入20世纪90年代后总体上表现越来越大有着直接密切的关系。因为直接投资项和金融账户的相关系数在三个子项目中最高，达到0.6698，且表现为正相关。证券投资项和其他投资项也与金融账户表现出正相关，但相关系数分别仅为0.3863和0.1173。

第二节　中国国际收支经常账户与宏观经济变量关系研究

这一节，我们研究中国国际收支中最重要的核心一级账户经常账户与国内相关宏观经济变量间的对应关系。在第二章的第二节中，我们曾在理论上给出一国国际收支经常账户与国内吸收、一国国际投资头寸以及一国国内储蓄—投资之间的关系。具体考察中国如上相关宏观经济变量数据的可获得性后，我们这一节主要就中国国际收支经常账户与中国国内储蓄—投资的关系展开研究。

一、国际收支经常账户和国内储蓄—投资之间的理论模型

根据式（2-6），我们有：$CA = S - I$，该式如前所述，源自开放经济下的国民收入恒等式。其中，CA表示一国经常账户余额；S表示该国国内总储蓄额，包括居民、企业、政府储蓄三部分；I表示该国总投资额，包括固定资本投资额和存货投资两项。我们下面要研究三个时间序列：CA、S、I，因此我们对这三个宏观经济变量都加上时间下标，并且为了控制规模效应我们把式（2-6）两边同除以同期一国国内生产总值GDP，于是我们得到如下等式：

$$ca_t = s_t - i_t \qquad\qquad (3-1)$$

式（3-1）小写字母表示是和同期GDP的比值。这样，一国某一时期（通常以年计）国际收支经常账户余额与同期该国GDP的比值，就相当于该国同期储蓄率与投资率之差额。如果$ca_t > 0$，即第t期经常账户顺差，意味着第t期该国储蓄率相对于该国同期投资率过高，富余的储蓄实际上以该国经常账户顺差的形式输出海外，供他国使用；如果$ca_t = 0$，即第t期经常账户平衡，意味着第t期该国储蓄率刚好满足该国同期的投资要求；如果$ca_t < 0$，即第t期经常账户逆差，意味着第t期该国储蓄率不能满足该国同期投资需求，这样就需要从国外引进资源，从而形成该国经常账户的逆差。

二、中国经常账户余额与储蓄—投资时间序列关系的数据检验

式（3-1）表明，衡量一国对外经济发展的经济指标之一的经常账户和一国内部经济发展测评指标的储蓄—投资间在理论上存在严格的对应关系。但在实践中，因为经常账户时序数据和储蓄—投资时序数据因统计来源的不同，以及统计误差等众多原因，不大可能每一时期都存在那种严格的恒等关系。但公式是经严密的理论推导得来，因此实践中尽管有偏差，这种偏差也应该不会很大。尤其是在时间序列的变化趋势上，经常账户序列应该会和储蓄—投资之差序列保持一致。

我们用表 3-6 和图 3-8 给出中国国际收支经常账户时间序列和储蓄—投资时间序列 1982—2007 年的具体数据和对应图形关系。

表 3-6　　**中国国际收支经常账户和储蓄—投资时序（1982—2007 年）**　　单位：%

时序 年份	s（S/GDP）	i（I/GDP）	$s-i$	ca（CA/GDP）
1982	33.5	31.9	1.6	1.22
1983	33.6	32.8	0.8	0.86
1984	34.2	34.2	0	0.4
1985	34	38.1	−4.1	−3.72
1986	35.1	37.5	−2.4	−2.36
1987	36.4	36.3	0.1	0.093
1988	36.1	37	−0.9	−0.94
1989	35.5	36.6	−1.1	−0.96
1990	37.5	34.9	2.6	3.1
1991	37.6	34.8	2.8	3.2
1992	37.6	36.6	1	1.31
1993	40.7	42.6	−1.9	−1.94
1994	41.8	40.5	1.3	1.37
1995	41.9	40.3	1.6	0.22
1996	40.8	38.8	2	0.84
1997	41	36.7	4.3	3.88
1998	40.4	36.2	4.2	3.1
1999	38.9	36.2	2.7	1.95
2000	37.7	35.3	2.4	1.71

续表

时序 年份	s (S/GDP)	i (I/GDP)	s - i	ca (CA/GDP)
2001	38.6	36.5	2.1	1.31
2002	40.4	37.9	2.5	2.44
2003	43.2	41	2.2	2.79
2004	45.7	43.2	2.5	3.55
2005	48.2	42.7	5.5	7.19
2006	50.1	42.5	7.6	9.53
2007	50.97	42.12	8.85	11.3

注：储蓄率 s 是按照《中国统计年鉴》中支出法核算的 GDP 项下的最终消费率，然后由 1 减之而来；投资率 i，即为支出法核算 GDP 项下的资本形成率。

资料来源：原始数据来源于《中国统计年鉴》和世界银行（WB）数据库，经国研网 http://www.drcnet.com.cn 和作者整理。

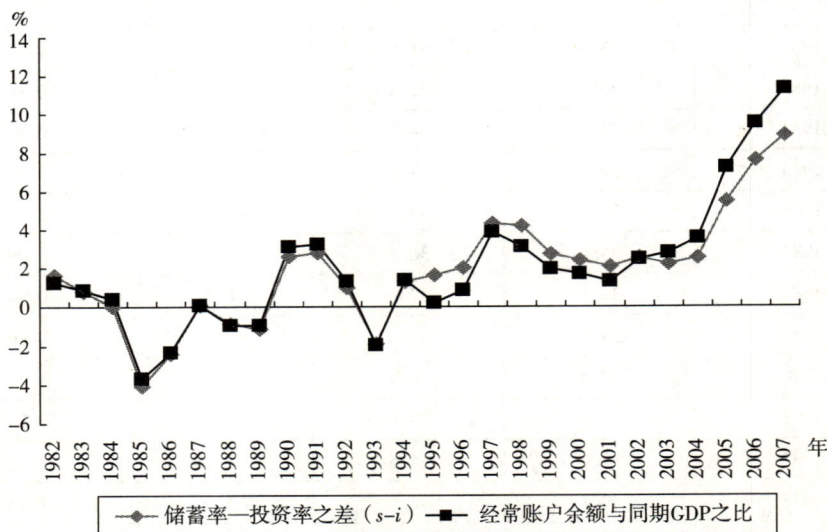

资料来源：原始数据来源于《中国统计年鉴》和世界银行（WB）数据库，经国研网 http://www.drcnet.com.cn 和作者整理。

图 3-8 中国经常账户占 GDP 比值与同期中国储蓄率、投资率差额的关系

分析表 3-6 数据和观察图 3-8，我们可以初步得出如下结论：（1）1982—1994 年中国国际收支经常账户余额占同期 GDP 比值与对应时期的中国国内储蓄率和投资率之差总体上是非常逼近的。在图形上，这一时期二者图线几乎是重合的。（2）1995—2002 年中国经常账户余额占 GDP 比例开始向下偏离中国国内同期储蓄率与投资率之差。2003—2007 年情况出现逆转，表现为中国经常账户余额占 GDP 比例开始向上偏离中国国内同期储蓄率与投资率之差。（3）中国国际收支经常账户余额与 GDP 比值无论是向下还是向上偏离中国国内储蓄率与投资率之差值，甚至有些年份这种偏离还较大，但在整个 1982—2007 年考察期，二者的变动趋势几乎是完全一致的。因此，中国国际收支经常账户与中国国内储蓄—投资的经济关系是基本符合理论预期结果的。

我们以表 3－7 给出二者最基本的描述性统计量：

表 3－7　　　　　　中国 *CA/GDP* 与储蓄—投资率之差的
描述性基本统计量（1982—2007 年）

项目 变量	平均值 （％）	中位数 （％）	最大值 （％）	最小值 （％）	标准误	观察值	相关系数
CA/GDP	1.9786	1.34	11.3	－3.72	3.3433	26	0.9688
s － i	1.8558	2.05	8.85	－4.1	2.8494	26	

由表 3－7 中的标准误一项，我们知道中国 *CA/GDP* 时间序列的波动性高于中国储蓄率、投资率之差序列。二者的相关系数高达 0.9688，说明二者的变动是高度相关的，这也证实了中国经常账户余额与中国国内宏观经济变量储蓄、投资间存在理论所推演的那种基本对应关系。

三、中国经常账户余额和国际投资头寸之间关系的数据检验

根据国际货币基金组织出版的《国际收支手册》（第五版）所制定的标准，国际投资头寸表是反映特定时点上一个国家或地区对世界其他国家或地区金融资产和负债存量的统计报表。国际投资头寸的变动是由特定时期内交易、价格变化、汇率变化和其他调整引起的。国际投资头寸表在计价、记账单位和折算等核算原则上均与国际收支平衡表保持一致，并与国际收支平衡表共同构成一个国家或地区完整的国际账户体系。中国国际投资头寸表是反映特定时点上我国（不包括港、澳、台地区）对世界其他国家或地区金融资产和负债存量的统计报表。按照国际货币基金组织的规定，国际投资头寸表的项目按资产和负债设置。资产分为我国对外直接投资、证券投资、其他投资和储备资产四部分；负债分为外国来华直接投资、证券投资和其他投资三部分。净头寸是指对外资产减去对外负债后的余额。

国家外汇管理局（SAFE）于 2008 年 6 月中旬第一次正式对外公布了中国国

际投资头寸表。但年份较短，仅有 4 年，是从 2004 年末到 2007 年末。根据第二章第二节的式（2-4）：$CA_t = NIIP_t - NIIP_{t-1}$，我们当下仅有三个中国国际投资净头寸增量数据，因此只能就中国国际收支经常账户余额和中国国际投资头寸间的关系进行极为粗略的数据检验。

我们在表 3-8 中给出它们的数量关系：

表 3-8　　　　　　　中国经常账户额和中国国际投资头寸　　　　　单位：亿美元

项目＼年份	2004 年末	2005 年末	2006 年末	2007 年末
$NIIP_t$	2928	4226	6114	10220
$NIIP_t - NIIP_{t-1}$	—	1298	1888	4106
CA_t	686	1608	2532	3718

根据表 3-8，2005 年中国国际投资净头寸的增量是 1298 亿美元，同年，中国经常账户余额为顺差 1608 亿美元，二者相差 310 亿美元，前者数额是后者的 80.7%。2006 年中国国际投资净头寸的增量达到 1888 亿美元，但同年中国经常账户余额顺差增加得更多，达到 2532 亿美元，二者差距拉大到 644 亿美元，前者数额仅是后者的 74.6%。2007 年中国国际投资净头寸的增量急剧跃升为 4106 亿美元，反超同年中国经常账户余额顺差 3718 亿美元，二者相差 388 亿美元，前者数额是后者的 110.4%。经过以上数据粗略对比分析后，我们认为：由于中国国际投资头寸表公布较晚，因此数据年份极为有限，再加上通过仔细对比上述年份的中国国际收支平衡表，发现二者在数据核算来源和方法上可能并不一致，这都导致中国国际收支经常账户余额数据和净资产头寸增量数据并未按照理论所预期的那样出现一致对应关系，且差距还较大。但这并非意味着二者出现了根本性偏离。我们相信如果有更多年份的时间序列数据，它们之间的那种理论上的对应关系应该是存在的。就如同上文中国经常账户余额和中国国内储蓄—投资经过数据检验基本存在理论上所预期的那种对应关系一样。

第三节　中国与最主要贸易伙伴国国际收支的比较研究

这一节，我们选取几个中国最重要的贸易伙伴国，简单分析它们各自的国际收支及相关指标概况，并与中国的国际收支及相关指标作对比研究。我们选取的标准主要有：经济大国和贸易大国；是中国最重要的贸易伙伴，双边贸易额要在中国所有对外贸易额中排前三位；是中国最主要的贸易顺差和逆差的来源地。

一、中国对外贸易主要流向、流量等经济指标概况

我们主要以中国 2007 年海关统计的中国对外贸易数据为例，分析确认对中国国际收支发挥最大影响的国家或经济体。为了简化分析，我们只具体分析符合上述选择标准的三个国家或经济体的国际收支状况。根据商务部的数据，2007 年在中国对外贸易进出口总额中排名前十位的贸易伙伴国或经济体分别是欧盟、美国、日本、东盟、中国香港、韩国、中国台湾、俄罗斯、澳大利亚和印度。其中中国与前三位——欧盟、美国和日本的双边贸易额分别达到 3561.5 亿美元、3020.8 亿美元、2360.2 亿美元，分别占中国整个对外贸易进出口总额的 16.4%、13.9%、10.9%。2007 年，中国出口排名前十位的国家或地区依次是欧盟、美国、中国香港、日本、东盟、韩国、俄罗斯、印度、中国台湾、加拿大。其中对欧盟和美国出口达到 2451.9 亿美元和 2327 亿美元，占中国出口份额的 20.1% 和 19.1%。2007 年，中国进口排名前十位的国家或地区依次是日本、欧盟、东盟、韩国、中国台湾、美国、澳大利亚、俄罗斯、巴西、沙特阿拉伯。其中，中国从日本和欧盟进口达到 1339.5 亿美元和 1109.6 亿美元，占当年中国进口总额的 14% 和 11.6%。2007 年，中国贸易顺差的十大来源国家或地区依次为中国香港、美国、荷兰、英国、阿联酋、新加坡、西班牙、意大利、印度、土耳其。其中，对美国顺差 1633.3 亿美元，同比增长了 13.3%。2007 年，中国贸易逆差的十大来源国家或地区依次为中国台湾、韩国、日本、菲律宾、安哥拉、马来西亚、泰国、沙特阿拉伯、澳大利亚、巴西。其中，对日本逆差达到 318.8 亿美元[①]。

我们也对比研究了 2007 年之前一些年份的上述相关数据，我们发现，近些年来，中国最重要的贸易伙伴国或经济体一直都是欧盟、美国和日本。尽管中国每年的主要出口目的地、进口目的地以及主要的外贸顺差来源地和逆差来源地的国家或地区排名、具体贸易金额会发生变动，但综合来看美国一直是中国最主要的出口市场及贸易顺差来源大国之一，日本是中国最主要的进口市场和贸易逆差来源大国之一。由于欧盟是由经济规模差距悬殊的 27 个国家组成，受我们进行分析的数据所限，以及力求简化的要求，我们选取欧盟中经济实力最强大的德国代表欧盟进行下一步的具体分析研究。因为近年来德国的国内生产

---

① 以上数据资料作者依据商务部网站"商务统计"栏目提供的数据整理、计算而得。网址：http://zhs.mofcom.gov.cn/tongji.shtml。

总值要占到欧盟的 30% 左右，长期以来，德国一直是世界排名第二位的进出口贸易大国，德国是中国在欧盟中最重要的贸易伙伴，2005 年中德双边贸易额达 632 亿美元，约占中国与欧盟贸易总额的三分之一。

综上，我们选取美国、日本、德国作为和中国国际收支及其他重要相关指标进行对比研究的国家组。

二、美国、日本、德国国际收支概况：1982—2007 年

我们首先给出美国、日本、德国三国国际收支最核心的两大账户：经常账户、资本与金融账户的国际收支净额数据和它们分别占各国同期 GDP 的比例数据。为了和中国同类数据作对比研究，我们选取上述三国的时间区间和中国的研究样本期相一致。

（一）美国国际收支两大核心账户历史数据（1982—2007 年）

我们用表 3-9 和对应图 3-9 给出美国国际收支经常账户和资本金融账户历史数据，选取的时间段与我们研究中国国际收支年度时间序列数据一致，即 1982—2007 年。

表 3-9　　　　　美国国际收支两大基本账户数据（1982—2007 年）

年份 ＼ 账户	CA（亿美元）	CA/GDP（%）	KA（亿美元）	KA/GDP（%）
1982	-55.31	-0.17	-223.67	-0.69
1983	-386.84	-1.09	272.73	0.77
1984	-943.18	-2.40	833.56	2.12
1985	-1181.31	-2.80	1086.78	2.58
1986	-1471.76	-3.30	1165.87	2.61
1987	-1606.61	-3.39	1590.19	3.36
1988	-1211.59	-2.37	1426.72	2.80
1989	-994.85	-1.81	730.23	1.33
1990	-789.65	-1.36	536.52	0.92
1991	28.95	0.05	335.63	0.56
1992	-500.79	-0.79	894.73	1.41
1993	-848.16	-1.27	793.33	1.19
1994	-1216.12	-1.72	1171.79	1.66
1995	-1135.71	-1.54	916.35	1.24
1996	-1247.73	-1.60	1271.05	1.63

续表

账户 年份	CA（亿美元）	CA/GDP（%）	KA（亿美元）	KA/GDP（%）
1997	−1403. 96	−1. 69	2189. 21	2. 64
1998	−2135. 32	−2. 44	729. 71	0. 83
1999	−2998. 19	−3. 24	2244. 63	2. 42
2000	−4174. 29	−4. 25	4769. 81	4. 86
2001	−3847. 01	−3. 80	4038. 92	3. 99
2002	−4596. 36	−4. 39	5027. 27	4. 80
2003	−5221. 15	−4. 76	5278. 75	4. 82
2004	−6401. 57	−5. 48	5271. 58	4. 51
2005	−7548. 52	−6. 07	6825. 86	5. 49
2006	−8114. 83	−6. 15	8328. 19	6. 31
2007	−7386. 36	−5. 34	7726. 24	5. 58

资料来源：世界经济展望（WEO）数据库，2008 年 4 月版；IMF – IFS 及作者的计算。

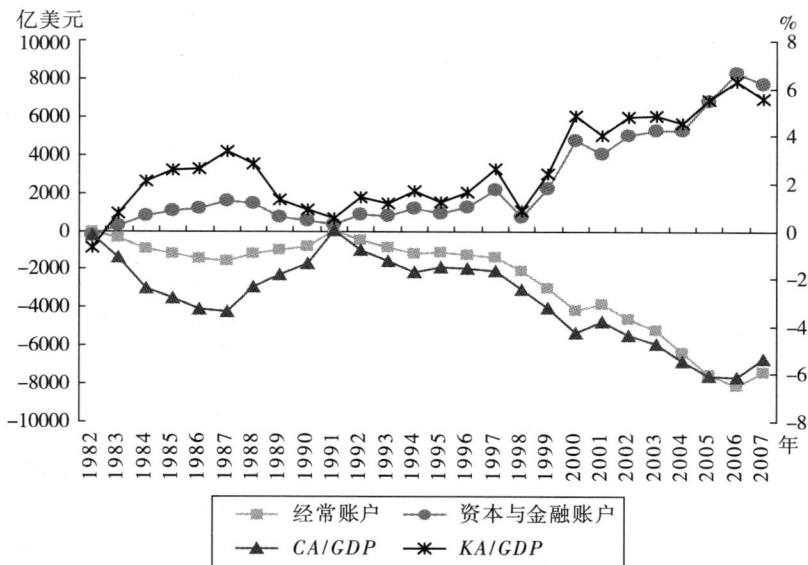

资料来源：世界经济展望（WEO）数据库，2008 年 4 月版；IMF – IFS 及作者的计算。

图 3 – 9　美国国际收支两大核心账户数据（1982—2007 年）

从表 3 – 9 和图 3 – 9 中我们发现：1982—2007 年，美国经常账户余额除

1991 年出现 28.95 亿美元的小幅顺差外，其余年份均是逆差。1982—1990 年，美国经常账户余额逆差基本呈倒 U 形变化，即先增加，1987 年达到该时间段逆差峰值，为逆差 1606.61 亿美元，占同期 GDP 的 3.39%，然后逆差减少，直至 1991 年转为轻微的顺差。从 1992 年开始，美国经常账户的逆差幅度虽有所波动，但总体上呈不断扩大趋势。2004 年，逆差高达 6401.57 亿美元，历史上首次突破国际公认的 5% 的警戒线，逆差占到当年美国国内生产总值的 5.48%。随后，美国经常账户逆差规模进一步放大，2005 年、2006 年连续突破占同期美国 GDP 的 6%，2006 年的逆差更是高达 8114.83 亿美元，占当年美国 GDP 的 6.15%。尽管 2007 年，美国经常账户逆差规模有所减少，但仍高达 7386.36 亿美元，占 2007 年美国 GDP 的 5.34%。与美国经常账户表现为长期且整体上规模越来越大逆差形成鲜明对比的是美国另一国际收支核心账户资本金融账户却长期保持对应的顺差状态。除 1982 年，美国资本金融账户有逆差，即资本净流出 223.67 亿美元外，其余年份该核心账户全部表现为顺差，且顺差规模伴随经常账户逆差规模的扩大也相应放大，二者几乎呈反向对称变动关系，这一点也可由图 3-9 明显看出。这告诉我们，美国的资本金融账户发挥着为美国经常账户逆差进行融资的重要功能。这符合传统的国际收支两大账户的互补关系。这样看来，美国国际收支总体上还是能够维持一个基本平衡的状态。但通过观察美国经常账户时间序列和资本金融账户时间序列和分析计算二者的统计指标后，我们发现美国资本金融账户的波动程度要高于经常账户时序，因为前者的标准误差要大于后者。

事实上，美国的资本市场相对于其他国家或地区更加发达、完善，从而更有广度，也更有深度，再加上美元是世界最重要的本位货币，无论是国际贸易的结算还是各种国际金融交易活动大多以美元计价，这些都使得美国资本市场相对更有吸引力，能够吸引较大规模的资本流入。尤其引人注意的是，近些年来东亚贸易顺差国相当比例的"顺差美元"和石油生产输出国的"石油美元"流入美国（主要是购买美国的国债），在美国资本市场上扮演着越来越重要的角色。这也在很大程度上支撑着美国的巨额贸易赤字。即便如此，因为美国资本金融账户的波动程度要高于经常账户，这暗示着美国巨额经常账户逆差靠资本金融账户的大规模顺差融资，是存在较大的风险性的。

另外，在 1982—2007 年间，特殊的国际收支结构在美国仅出现过两次。一次是 1982 年经常账户和资本与金融账户的双逆差，一次是 1991 年的双顺差。这充分表明非互补的特殊国际收支结构在美国出现是极为偶然的现象。

（二）日本国际收支两大核心账户历史数据（1982—2007 年）

我们用表 3 - 10 和对应图 3 - 10 给出日本国际收支经常账户和资本与金融账户历史数据。

表 3 - 10　　日本国际收支两大基本账户数据（1982—2007 年）

年份 \ 账户	CA（亿美元）	CA/GDP（%）	KA（亿美元）	KA/GDP（%）
1982	68.47	0.63	-162.00	-1.48
1983	208.04	1.75	-213.20	-1.79
1984	350.09	2.76	-365.70	-2.88
1985	511.50	3.74	-556.17	-4.07
1986	861.18	4.26	-733.77	-3.63
1987	845.47	3.46	-421.30	-1.72
1988	792.69	2.68	-653.73	-2.21
1989	632.36	2.13	-546.98	-1.84
1990	439.43	1.44	-317.72	-1.04
1991	683.76	1.97	-688.65	-1.98
1992	1123.33	2.96	-1015.77	-2.67
1993	1319.82	3.02	-1036.66	-2.37
1994	1305.52	2.74	-869.60	-1.82
1995	1113.96	2.11	-662.08	-1.25
1996	657.39	1.42	-313.04	-0.67
1997	965.53	2.26	-1245.58	-2.92
1998	1190.65	3.08	-1292.70	-3.34
1999	1145.26	2.61	-553.13	-1.26
2000	1196.05	2.56	-875.71	-1.88
2001	877.94	2.14	-510.29	-1.25
2002	1126.07	2.87	-667.02	-1.70
2003	1362.38	3.22	679.27	1.60
2004	1720.70	3.73	177.13	0.38
2005	1656.90	3.63	-1275.60	-2.80
2006	1704.37	3.89	-1071.00	-2.45
2007	2128.15	4.86	-1911.25	-4.36

资料来源：国际货币基金组织（IMF）、世界经济展望（WEO）数据库，2008 年 4 月版；IMF - IFS 及作者的计算。

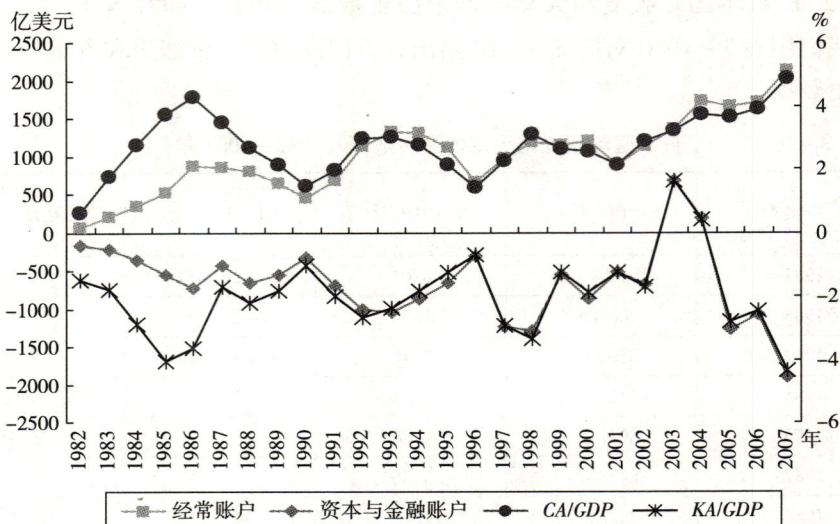

资料来源：国际货币基金组织（IMF）、世界经济展望（WEO）数据库，2008 年 4 月版；IMF - IFS 及作者的计算。

图 3 - 10　日本国际收支两大核心账户数据（1982—2007 年）

根据表 3 - 10 和对应的图 3 - 10，我们可知：在 1982—2007 年，长达 26 年里，日本国际收支经常账户保持着连续的顺差。这种顺差态势是在波动中上升的，观察图 3 - 10，整个观察期还形成了几个较明显的上升下降的周期（倒 U 形）。比如，1982—1990 年、1991—1996 年、1997—2001 年。日本国际收支经常账户顺差，在我们的考察期间出现的历史峰值是在 2007 年，达到 2128.15 亿美元，占日本同期 GDP 的 4.86%。日本曾长期保持着全球经常账户收支顺差的冠军头衔，但在 2006 年中国国际收支经常账户顺差无论绝对规模，还是相对规模，都超越日本，成为全球最大的经常账户顺差国。2007 年，中国的这一领先优势更进一步加强。但与中国形成鲜明对照的是，日本国际收支资本金融账户却保持着长期的逆差态势，即日本长期存在净资本的流出。仅在 2003 年和 2004 年分别出现 679.27 亿美元、177.13 亿美元的顺差，占同期日本 GDP 的 1.6% 和 0.38%。而且在许多年份，资本金融账户的逆差与对应年份的经常账户顺差规模很接近，同样表现出两大账户间比较明显的互补关系。在 1982—2007 年的 26 年间，比较特殊的国际收支双顺差现象实际上在日本仅出现过两年，就是 2003 年、2004 年连续两年。表明在中国长期持续出现的双顺差国际收支结构对于日本来说仅是偶然发生的较短期的暂时现象。

（三）德国国际收支两大核心账户历史数据（1982—2007 年）

我们用表 3 – 11 和图 3 – 11 给出德国国际收支经常账户和资本与金融账户历史数据。

表 3 – 11　　　　德国际收支两大基本账户数据（1982—2007 年）

年份 \ 账户	CA（亿美元）	CA/GDP（%）	KA（亿美元）	KA/GDP（%）
1982	45.50	0.68	20.96	0.31
1983	40.80	0.61	− 77.36	− 1.15
1984	92.84	1.47	− 126.01	− 2.00
1985	169.60	2.65	− 182.87	− 2.86
1986	384.99	4.21	− 345.52	− 3.78
1987	438.19	3.85	− 263.76	− 2.32
1988	508.47	4.15	− 675.87	− 5.51
1989	554.41	4.56	− 469.16	− 3.86
1990	453.07	2.93	− 584.42	− 3.78
1991	− 242.53	− 1.34	− 18.78	− 0.10
1992	− 227.43	− 1.10	370.67	1.79
1993	− 190.34	− 0.95	96.61	0.48
1994	− 305.20	− 1.42	306.68	1.43
1995	− 295.87	− 1.17	364.74	1.44
1996	− 140.19	− 0.58	119.55	0.49
1997	− 100.08	− 0.46	8.02	0.04
1998	− 163.30	− 0.75	207.26	0.95
1999	− 268.58	− 1.25	− 270.30	− 1.26
2000	− 325.57	− 1.71	351.70	1.85
2001	3.80	0.02	− 164.49	− 0.87
2002	405.88	2.01	− 409.74	− 2.02
2003	462.86	1.89	− 712.50	− 2.91
2004	1179.88	4.29	− 1524.69	− 5.55
2005	1283.79	4.59	− 1675.69	− 5.99
2006	1471.34	5.05	− 1928.23	− 6.61
2007	1850.33	5.57	− 3012.28	− 9.07

资料来源：国际货币基金组织（IMF）、世界经济展望（IMF – WEO）数据库，2008 年 4 月版；IMF – IFS 及作者的计算。

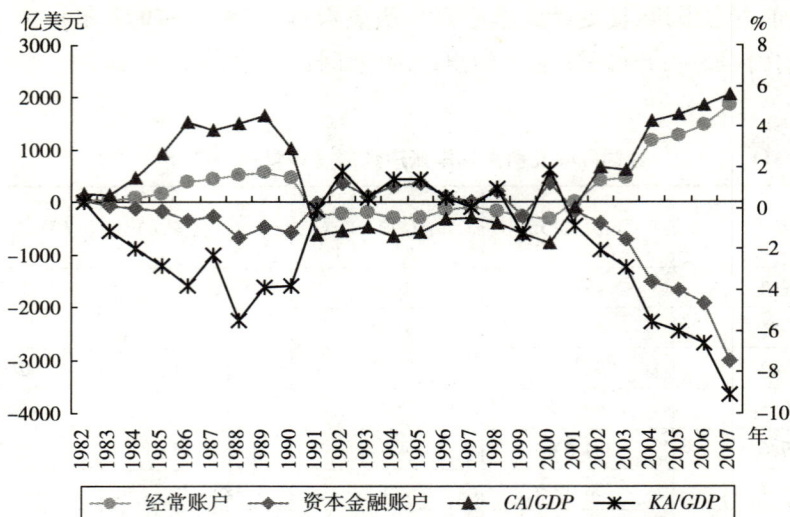

资料来源：国际货币基金组织（IMF）、世界经济展望（IMF - WEO）数据库，2008 年 4 月版；IMF - IFS 及作者的计算。

图 3 - 11　德国国际收支两大核心账户数据（1982—2007 年）

由表 3 - 11 和图 3 - 11 我们了解到德国国际收支两大核心账户的基本情况是：在 1982—1990 年德国国际收支经常账户持续出现顺差，但随后 1991—2000 年逆转为连续出现 10 年的逆差，接着 2001—2007 年，德国经常账户再次逆转为顺差，且顺差规模逐年递增，2007 年德国国际收支经常账户顺差规模高达 1850.33 亿美元，占当年德国 GDP 的 5.57%。德国国际收支资本金融账户在总体上同样比较明显地表现出和经常账户的互补关系，这一点由图 3 - 11 很容易看出来。但德国资本金融账户的一个显著特点是，进入 21 世纪以来德国资本金融账户的逆差较对应时期的经常账户顺差无论是绝对规模还是相对规模都有着更为迅速的增加。2007 年德国资本金融账户逆差高达 3012.28 亿美元，占当年德国 GDP 的 9.07%，致使 2007 年德国国际收支整体上表现为比较明显的逆差。但比较特殊的国际收支账户搭配结构在德国 1982—2007 年也只出现过 3 次，分别是 1982 年的国际收支经常账户和资本及金融账户的双顺差，1991 年和 1999 年的双逆差。

三、国际货币基金组织国际收支平衡表核算框架下，中国、美国、日本、德国国际收支对比研究

在这里，需要引起我们特别注意的是，我们对上述三个中国最重要贸易伙

伴国际收支资本金融账户的核算是未包括储备资产净值项的（Net Reseve Assets）。即我们是利用国际货币基金组织的国际金融统计数据库（IMF – IFS），把上述三国国际收支资本账户净值和金融账户净值相加得到对应的各国国际收支资本金融账户净额。我们这样处理完全是为了在一个统一的核算框架下来和中国国际收支的资本金融账户作对比研究。因为中国国际收支平衡表的核算是把储备资产项作为一个单独的账户拿出，并未包含在金融账户下。但在国际货币基金组织对外公开发布的各国历年国际收支平衡表中，却把储备资产项作为金融账户的一个子账户而列于其下。因为中国储备资产净值每年变化较大，在这种核算框架下，就会对中国金融账户造成非常大的影响，甚至会改变原逆差或顺差的方向。

　　表3 – 12中列出IMF – BOP表给出的中国、美国、日本和德国的国际收支资本与金融账户数据，为和以前数据对比，我们同时列出之前未包括储备资产净值项的资本与金融账户数据。

表3 – 12　　　　　金融账户包括储备资产项的资本与金融账户：
中国、美国、日本、德国比较（1982—2007年）　　单位：亿美元

国家 年份	中国		美国		日本		德国	
	KA（BOP）	KA	KA（BOP）	KA	KA（BOP）	KA	KA（BOP）	KA
1982	– 59.67	3.38	– 273.46	– 223.67	– 114.95	– 162.00	– 13.46	20.96
1983	– 43.68	– 2.26	260.77	272.73	– 228.70	– 213.20	– 58.21	– 77.36
1984	– 11.41	– 10.03	802.30	833.56	– 386.90	– 365.70	– 121.06	– 126.01
1985	114.11	89.72	1048.43	1086.78	– 556.17	– 556.17	– 205.07	– 182.87
1986	79.92	59.44	1168.97	1165.87	– 733.77	– 733.77	– 399.99	– 345.52
1987	12.18	60.02	1681.66	1590.19	– 421.30	– 421.30	– 478.03	– 263.76
1988	47.59	71.32	1387.57	1426.72	– 653.73	– 653.73	– 519.91	– 675.87
1989	42.02	37.24	477.35	730.23	– 546.98	– 546.98	– 497.76	– 469.16
1990	– 87.92	32.55	514.19	536.52	– 317.72	– 317.72	– 656.95	– 584.42
1991	– 65.05	80.32	393.22	335.63	– 604.76	– 688.65	43.07	– 18.78
1992	18.10	– 2.51	934.00	894.73	– 1021.96	– 1015.77	– 1.08	370.67
1993	217.05	234.74	779.56	793.33	– 1311.39	– 1036.66	238.58	96.61
1994	21.92	326.44	1225.28	1171.79	– 1122.25	– 869.60	327.04	306.68
1995	162.05	386.75	818.88	916.35	– 1248.20	– 662.08	292.49	364.74
1996	82.61	399.67	1337.71	1271.05	– 664.45	– 313.04	131.52	119.55
1997	– 148.41	210.15	2179.09	2189.21	– 1311.25	– 1245.58	45.59	8.02
1998	– 125.70	– 63.21	662.40	729.71	– 1231.06	– 1292.70	167.11	207.26
1999	– 34.74	51.79	2331.90	2244.63	– 1315.69	– 553.13	– 129.15	– 270.30

续表

国家\年份	中国		美国		日本		德国	
	KA (BOP)	KA	KA (BOP)	KA	KA (BOP)	KA	KA (BOP)	KA
2000	−87.70	19.22	4766.86	4769.81	−1365.26	−875.71	403.92	351.70
2001	−126.69	347.75	3989.65	4038.92	−915.16	−510.29	−109.83	−164.49
2002	−429.26	322.91	4990.35	5027.27	−1128.36	−667.02	−389.96	−409.74
2003	−638.60	527.26	5294.05	5278.75	−1192.27	679.27	−705.67	−712.50
2004	−954.93	1106.6	5299.62	5271.58	−1431.41	177.13	−1506.62	−1524.69
2005	−1443.78	629.64	6966.86	6825.86	−1498.85	−1275.60	−1649.68	−1675.69
2006	−2401.93	66.62	8352.12	8328.19	−1390.81	−1071.00	−1891.71	−1928.23
2007	−3881.82	735.09	7724.99	7726.24	−2276.49	−1911.25	−3024.62	−3012.28

注：（1）每个国家中，前一个 KA 表示包含储备资产净额的资本金融账户，后一个 KA 表示未包括储备资产余额。

（2）表 3 – 12 中，加下画线的黑体数据表示包括储备资产的资本金融账户（KA）BOP 表和未包括储备资产的资本金融账户 IFS 表中二者的顺差或逆差方向发生了根本性的转变。

资料来源：IMF – BOP；IMF – IFS 和作者的计算。

根据表 3 – 12 所显示的数据，经对比分析后，我们发现：中国资本金融账户如果包括储备资产余额项后，在 1982—2007 年的 26 年间居然累计有 14 年该账户的顺差或逆差状况发生了根本性的逆转。具体分别是 1982 年、1990—1992 年、1997 年和 1999—2007 年。特别是 1999—2007 年，由之前的全部顺差转变为全部逆差。由此，中国国际收支双顺差这一特殊的国际收支结构就锐减了许多年份。实际上就只有 1987 年、1992 年、1994—1996 年，累计 5 年。而不是先前的累计 17 年（分别是 1982 年、1987 年、1990 年、1991 年、1994—1997 年、1999—2007 年）。而美国包括储备资产的资本金融账户和之前未包括储备资产的资本金融账户相比，除具体数值大小有些许轻微变化外，该账户余额的方向（顺差或逆差）没有发生任一年份的改变。按照上述比较标准，日本仅有 2003 年、2004 年资本金融账户的方向发生了转变。之前，在我们的考察期中，日本国际收支仅出现两次双顺差现象的 2003 年和 2004 年，如果资本金融账户包括储备资产也就不存在了。德国分别是在 1982 年、1991 年和 1992 年包括与未包括储备资产的资本金融账户的方向发生了改变。这样看来，德国原 1982 年那次双顺差就不存在了，但原 1991 年那次双逆差转变为正常的账户间互补搭配结构，而原 1992 年正常的账户间互补搭配结构却转变为双逆差。

综上所述，中国国际收支金融账户如果包括储备资产净额，就会引起中国资本与金融账户原顺差或逆差状态的重大转变，从而从根本上改变中国多年来持续出现的国际收支双顺差这一特殊的国际收支经常账户和资本与金融账户的搭配结构。尽管和中国最重要的贸易伙伴大国，美国、日本、德国相比中国仍然出现了累计几年的双顺差现象，但整体上中国国际收支两大账户间呈现出比较明显的互补性搭配结构，显得"正常"起来。发生这种变化的最主要原因，在于在储备资产账户包含的四个具体项目：货币黄金（Monetary Gold）、特别提款权（Special Drawing Rights，SDR$_S$）、在基金组织的储备头寸（Reserve Position in the Fund）、外汇储备（Foreign Exchange）中，外汇储备的变化一直占据中国储备资产账户余额的绝对主导地位。中国靠经常账户顺差获取的外汇和每年金融账户获取的资本净流入外汇（FDI 的净流入）都会累积形成中国规模越来越大的外汇储备存量。并且近些年来，因为人民币一直存在升值趋势，谋求汇率利差的投机性资本外汇流入较多，再加上最近几年中国经常账户顺差的规模也越来越大，这都导致近些年来中国外汇储备每年都有较大幅度的净增额。这些外汇储备的绝大部分是存放在国外的银行或购买了国外的金融资产，这相当于资本的净流出。当然，这种资本的净流出和主动对外投资相比表现出明显的被动性。但不管怎样，当它流出规模越来越大时就会扭转中国资本与金融账户，由原顺差转为逆差状态。实际上，储备资产在这种情况下就是国际收支经常账户和资本与金融账户间的平衡项，它必然会使经常账户和资本与金融账户间在总体上表现出某种互补性。

为了用更直观的方式全面展现中国国际收支两大核心账户：经常账户和资本与金融账户间的关系，我们以资本与金融账户中的金融账户，分未包含储备资产项和包含该项的不同条件下，画出中国国际收支两大账户间的对应图（见图 3 - 12）。

观察图 3 - 12，我们可以明显地看到中国国际收支经常账户和包含储备资产净额的资本与金融账户间存在的那种互补对称性特征。

四、中国、美国、日本、德国国际收支货物与服务贸易的对比研究

在各国国际收支中，主要反映实体经济层面对外交易的经常账户收支是整个国际收支账户的核心，因此也是各国国际收支分析的重点。在一国经常账户包含的四个二级子账户中，货物贸易账户和服务贸易账户又是经常账户收支分析的重点。它们每个时期的出口（贷方）额、进口（借方）额、进出口总额和净额大小以及占同期一国 GDP 的比例等都是研究者分析研究这类问题的过程中

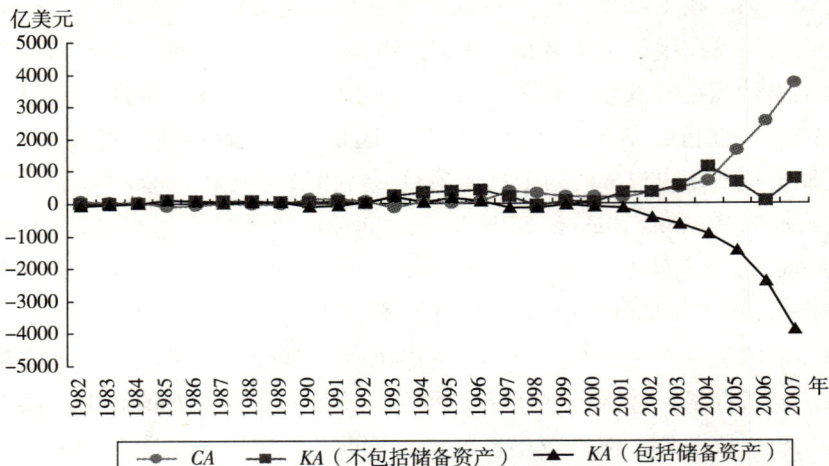

资料来源：IMF – BOP；IMF – IFS 和作者的计算。

图 3 – 12　中国国际收支经常账户和不同核算
标准下的资本与金融账户间关系（1982—2007 年）

所密切关注的，因为上述指标尤其是比例指标能够切实反映一国对外贸易实际规模的大小和方向（顺差或逆差）。下面，我们列出中国、美国、日本、德国四国1982—2007 年国际收支经常账户中货物贸易和服务贸易进出口总额、净额占同期上述四国 GDP 的比例。具体数据见表 3 – 13 和表 3 – 14，对应图形见图 3 – 13 和图3 – 14。

表 3 – 13　　　　　　　　中国、美国、日本、德国货物
贸易相对规模比较（1982—2007 年）　　　　　　　单位：%

国家	中国		美国		日本		德国	
货物贸易 年份	$(X-M)/$ GDP	$(X+M)/$ GDP	$(X-M)/$ GDP	$(X+M)/$ GDP	$(X-M)/$ GDP	$(X+M)/$ GDP	$(X-M)/$ GDP	$(X+M)/$ GDP
1982	1.51	13.51	-1.12	14.10	1.66	23.66	3.59	48.79
1983	0.66	13.06	-1.90	13.31	2.66	21.94	2.90	47.44
1984	0	15.38	-2.86	14.04	3.51	23.21	3.38	50.76
1985	-4.27	20.63	-2.90	13.13	4.08	21.79	4.45	52.92
1986	-3.07	20.38	-3.24	13.28	4.54	16.02	6.00	46.84
1987	-0.51	21.96	-3.36	13.95	3.77	14.81	5.96	45.17
1988	-1.32	21.63	-2.48	15.06	3.14	14.60	6.23	46.35
1989	-1.25	20.40	-2.13	15.31	2.72	15.67	6.16	49.75
1990	2.35	24.05	-1.90	15.30	2.29	16.34	4.43	48.73

续表

国家	中国		美国		日本		德国	
货物贸易 年份	$(X-M)/$ GDP	$(X+M)/$ GDP	$(X-M)/$ GDP	$(X+M)/$ GDP	$(X-M)/$ GDP	$(X+M)/$ GDP	$(X-M)/$ GDP	$(X+M)/$ GDP
1991	2.14	26.66	-1.26	15.13	2.78	15.06	1.07	43.46
1992	1.06	27.44	-1.50	15.43	3.31	14.33	1.36	40.32
1993	-1.74	26.41	-1.96	15.75	3.21	13.05	2.05	35.81
1994	1.30	35.38	-2.32	16.59	3.02	13.16	2.37	37.33
1995	2.48	32.72	-2.33	17.93	2.50	13.75	2.54	38.66
1996	2.28	33.02	-2.42	18.13	1.80	15.46	2.85	39.79
1997	4.85	33.50	-2.37	18.75	2.38	16.81	3.23	43.71
1998	4.57	31.43	-2.82	18.19	3.16	16.16	3.44	45.76
1999	3.32	32.63	-3.73	18.54	2.81	15.60	3.20	46.96
2000	2.88	38.70	-4.60	20.39	2.50	17.18	2.91	54.26
2001	2.57	37.60	-4.21	18.46	1.71	17.01	4.62	55.18
2002	3.04	41.76	-4.60	17.70	2.39	17.77	6.21	54.24
2003	2.72	50.70	-5.00	18.07	2.51	18.70	5.92	55.17
2004	3.05	58.39	-5.70	19.58	2.87	20.53	6.77	59.28
2005	6.00	62.21	-6.31	20.77	2.06	22.83	6.95	63.40
2006	8.19	64.78	-6.33	21.92	1.86	26.28	6.89	71.03
2007	9.61	64.77	-5.90	22.60	2.39	28.56	8.39	73.16

注：X、M 表示货物的出口和进口；X - M、X + M 表示货物净出口和货物进出口贸易总额；（X + M）/GDP 又称为一国贸易依存度或开放度（Openness）指标。

资料来源：IMF - WEO；IMF - IFS 和作者的计算。

由表 3 - 13 和图 3 - 13 可知，一国国际收支经常账户相对规模和变动方向可以通过该国货物贸易的同等指标大体反映出来。比如，中国在 1982—2007 年货物贸易净额大多数年份都是顺差，尤其是进入 20 世纪 90 年代以来，除 1993 年那次货物贸易逆差外，其余年份皆呈现一边倒的顺差态势。中国货物贸易余额变化的方向和中国同期经常账户的顺差、逆差几乎完全一致，仅在早期的 1987 年，货物贸易出现占同期 GDP 的 0.51 个百分点的较小逆差，而同年中国经常账户却表现为出现 3 亿美元的轻微顺差。同样，美国、日本货物贸易收支的方向也几乎或完全和它们经常账户变化方向一致。美国货物贸易账户在我们的考察期内均表现为逆差，但其经常账户在 1991 年出现过极轻微的占 GDP 的 0.05 个百分点的顺差。日本货物贸易在考察期内全部表现为顺差，这一点和美国正好完全相反。日本货物贸易的方向和经常账户保持着完全的一致，但在进入 2000

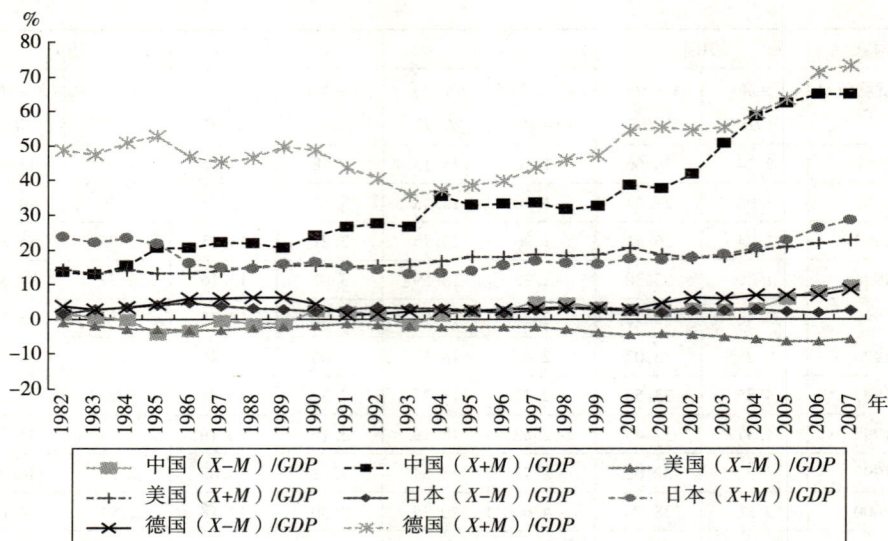

资料来源：IMF - WEO；IMF - IFS 和作者的计算。

图 3 - 13　中国、美国、日本、德国四国货物贸易相对规模大小比较

年后日本货物贸易顺差一改之前大于经常账户顺差的特征，转为低于经常账户的顺差规模。这很可能与日本大量对外直接投资进而收益账户出现大量顺差有关。德国货物贸易在我们的考察期内表现为全部是顺差，这一点与其经常账户的表现存在较大的出入。因为德国经常账户在 1991—2000 年出现过持续逆差现象。这可能反映出德国在此期间服务贸易账户出现了较大规模的逆差。

　　进出口贸易总额占 GDP 的比例又被经常称为贸易依存度或开放度指标。在我们上述考察期内，中国和德国的该指标在进入 20 世纪 90 年代以来表现比较类似，都总体呈现出递增的较高的贸易依存度，远高于同期的美国和日本。其实德国的表现更加突出，因为德国的贸易依存度一直较高，在图 3 - 13 中可清楚看到，在考察期内任意年份都比对应的中国该指标高，尤其是在 20 世纪 90 年代之前，德国的优势表现得非常明显。这充分说明，德国是一个传统的外向型的贸易大国，中国只在最近一二十年来，随着出口导向政策的不断强化，且抓住了国际产业梯度转移的时机，中国才慢慢赶上，成为一个新兴的贸易大国。不过这也隐含着中国经济的发展过度依赖外需，很可能会加大中国经济遭受外部不利冲击影响的风险。美国和日本的贸易依存度表现较类似，总体低于中国和德国。2007 年，美国、日本贸易依存度仅分别为 22.6% 和 28.56%，而中国、德国分别高达 64.77% 和 73.16%。这也可能折射出美国、日本以内需为主的经

济发展路径。在当前，中国内需严重不足，经济结构内外失衡，世界经济大环境动荡不定，我们所倚重的外需严重受阻，这些是很值得中国反思与深思的。

表 3 - 14　　　　中国、美国、日本、德国服务易相对规模比较　　　单位:%

国家	中国		美国		日本		德国	
服务贸易 年份	$(SX-SM)/$ GDP	$(SX+SM)/$ GDP	$(SX-SM)/$ GDP	$(SX+SM)/$ GDP	$(SX-SM)/$ GDP	$(SX+SM)/$ GDP	$(SX-SM)/$ GDP	$(SX+SM)/$ GDP
1982	0.17	1.61	0.40	3.53	-1.05	5.20	-1.29	10.72
1983	0.16	1.48	0.28	3.35	-1.02	4.71	-1.21	10.22
1984	-0.01	1.82	0.11	3.51	-0.94	4.62	-1.00	10.16
1985	0.17	1.82	0.03	3.44	-0.71	3.90	-0.86	10.37
1986	0.52	2.05	0.14	3.71	-0.65	2.96	-0.90	9.46
1987	0.60	2.14	0.16	3.97	-0.84	3.23	-1.06	9.19
1988	0.31	2.09	0.23	4.08	-1.03	3.43	-1.28	9.00
1989	0.15	1.89	0.44	4.15	-1.25	3.98	-1.20	9.38
1990	0.39	2.62	0.51	4.54	-1.41	4.15	-1.40	9.48
1991	0.70	2.71	0.74	4.68	-1.21	3.81	-1.38	8.42
1992	-0.04	3.83	0.88	4.66	-1.17	3.77	-1.72	8.30
1993	-0.14	3.79	0.90	4.62	-0.99	3.45	-1.86	8.17
1994	0.06	5.89	0.92	4.69	-1.01	3.45	-2.11	8.19
1995	-0.84	6.09	1.03	4.85	-1.09	3.56	-2.02	8.34
1996	-0.23	5.05	1.09	4.99	-1.34	4.26	-2.01	8.84
1997	-0.36	5.51	1.06	5.06	-1.27	4.52	-2.10	9.68
1998	-0.27	4.96	0.92	5.05	-1.28	4.50	-2.23	9.90
1999	-0.49	5.34	0.87	5.17	-1.24	4.02	-2.53	10.29
2000	-0.47	5.55	0.74	5.29	-1.02	3.99	-2.69	11.32
2001	-0.45	5.48	0.61	4.98	-1.07	4.22	-2.68	11.95
2002	-0.47	5.93	0.55	4.97	-1.08	4.42	-1.96	12.06
2003	-0.52	6.22	0.46	5.03	-0.80	4.47	-1.90	11.92
2004	-0.50	6.97	0.50	5.48	-0.82	5.06	-1.70	12.23
2005	-0.42	7.08	0.58	5.63	-0.53	5.36	-1.50	13.08
2006	-0.33	7.26	0.62	5.91	-0.42	5.78	-1.15	13.88
2007	-0.24	7.69	0.83	6.31	-0.48	6.38	-1.18	14.13

注：SX、SM 表示服务的出口（贷）和进口（借）；$SX-SM$、$SX+SM$ 表示服务贸易净出口和服务贸易进出口总额。

资料来源：IMF - WEO；IMF - IFS 和作者的计算。

通过表 3 - 14 的数据和观察图 3 - 14，我们会发现，在中国、美国、日本、德四国服务贸易净额中仅有美国在 1982—2007 年表现为全部是顺差。日本和德国与美国正好相反，表现为全部是逆差。中国在 1991 年之前几乎全部是顺差，

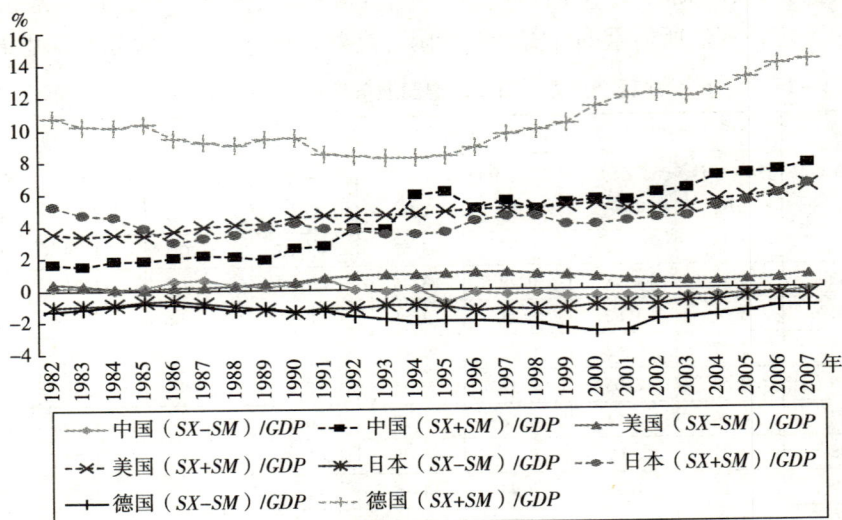

资料来源：IMF - WEO；IMF - IFS 和作者的计算。

图 3 - 14　中国、美国、日本、德国服务贸易相对规模大小比较

1992 年及之后除 1994 年外，服务贸易余额也全部是逆差。但无论中国服务贸易余额是顺差还是逆差，其占中国 GDP 的比例较低，从未超过正负 1%，且大多数年份都不到正负 0.5%。日本服务贸易逆差额相较中国而言许多年份要大得多，其占 GDP 的平均值是 - 0.989%。德国服务贸易逆差占 GDP 的比值是上述出现逆差的国家中最大的，绝大多数年份都超过了 1%，甚至有些年份还超过了 2%，样本期的平均值为 - 1.65%。服务贸易总额占 GDP 的比例，中国、美国、日本三国差别不大，但中国该指标 20 世纪 90 年代之前较美国、日本有些偏低，之后总体上呈较快增长之势。该指标三国的平均值分别为 4.34%、4.68% 和 4.28%。但该指标德国的表现要比中国、美国、日本高许多，图 3 - 14 可清楚看到德国那条高高在上的标示线。德国服务贸易总额占 GDP 之比，样本期所有年份都超过 8%，峰值出现在 2007 年，达到 14.13%，样本平均值为 10.33%。

　　综上，中国服务贸易总额和其货物贸易比较起来显得偏低，中国 2005—2007 年无论出口、进口，还是进出口总额都显著增长，但服务贸易总额和德国比较差距明显。当今世界经济转型、升级的一个显著特点就是越来越去实体化而趋服务化。因为在世界产业价值链的重构中，低端往往是制造、加工环节，而研发、设计、营销等服务环节成为获取丰厚利润回报的高端环节。一国服务业及服务贸易的"质"和"量"成为该国在国际产业分工中身居位置高低的关键。因此，为了减缓中国货物贸易的大幅顺差对中国内外经济造成的不利影响，中国应该开放或扩大开放国内更多的服务部门，可以适当进一步扩大服务贸易的逆差规模，因为该指标中国比日本尤其是德国低很多。我们不应该太讳忌服务贸易的逆差规模，因为无论经济规模还是经济发展水平都比中国先进的经济大国日本、德国在服务贸易领域也都出现了持续逆差。

第四节　中国国际收支双顺差成因研究

在本章前三节，我们对中国改革开放以来 1982—2007 年的国际收支数据进行了较为深入细致的分析研究。我们研究分析的思路是：先从中国国际收支最核心两大账户——经常账户和资本与金融账户入手，然后进一步拆分，分析研究其构成的各级主要子账户的收支变动，接着研究延伸到中国国际收支与中国相关宏观经济变量的关系，最后列举出几个中国最重要贸易伙伴，且属大国经济体国家与中国同一样本期的国际收支概况，以对比研究中国的国际收支。这一节，在上述数据分析的基础上，我们开始进一步探究、思考，中国国际收支多年来表现为双顺差的现象，这一大国罕有的特殊的国际收支搭配结构的成因到底是什么？我们对这一问题的研究遵循历史唯物主义和辩证唯物主义的方法论，采取了更加全面的视角：从中国经济发展及对外经济交往所面对的国际经济环境的转换，到中国内部经济结构的演变，经济发展政策的得失等各个层面对中国国际收支双顺差各种可能的成因展开分析，并得出我们的研究结论。

一、国际货币体系安排与中国国际收支经常账户顺差

在第二次世界大战即将结束之际，1944 年 7 月在美国新罕布尔什州的布雷顿森林城（Bretton Woods）召开了由 44 个国家与会代表参加的国际金融会议，商讨重建国际货币体系的工作。在这次会议上确立了战后新的国际货币金融体系——布雷顿森林体系。布雷顿森林体系的核心内容是建立以美元为中心，美元与黄金直接挂钩，其他国家货币都与美元挂钩，紧紧钉住美元的所谓"双挂钩"的国际货币体系。这种国际货币安排实际上属于金汇兑本位制①（Gold Exchange Standard System）。在布雷顿森林体系下，美元成为一种关键货币，它既

---

① 美国耶鲁大学教授罗伯特·特里芬（Robert Triffin）于 20 世纪 50 年代首先提出该命题。其含义是指，为了满足世界各国经济发展的需要，美元供给必须不断增长，但美元供给的不断增加会使美元同黄金当初承诺的兑换比例愈发难以维持，这两个要求是互相矛盾的。

是美国本国的货币，同时又因为它是世界各国的储备货币和国际清偿力的主要来源而成为世界货币。布雷顿森林体系自成立以来，对世界经济的恢复与增长，对维护全球经济的稳定发挥了一定的积极作用。但由于其内在的特里芬两难（Triffin Dilemma）式的根本性缺陷，致使其美元危机[①]频发。最终，当 1973 年 2 月西方外汇市场再度爆发美元危机时，布雷顿森林体系便彻底崩溃了。

布雷顿森林体系崩溃后，国际金融秩序重归无序，动荡不安。于是，1976 年初在牙买加重开国际货币金融体系安排会议，随后又经过一系列修订，确立了一直延续至今的新的国际货币体系——牙买加体系（Jamaica System）。尽管牙买加体系彻底抛弃了布雷顿体系的标志——货币"双挂钩"安排，实行了汇率制度选择的多元化，黄金非货币化等一系列新的制度安排，但因为美元的相对强势和路径依赖，美元作为当今世界关键货币，甚至在某种程度上实际上仍然是世界唯一的本位货币的地位并没有发生根本性的改变。例如，美元作为世界各国的外汇储备占世界总体外汇储备的份额在 20 世纪 70 年代高达 80% 左右，然后一路下滑，20 世纪 90 年代初下降到仅占 50% 左右。但从 20 世纪 90 年代中后期开始美元所占份额又持续回升（程恩富、王中保，2008）。根据国际货币基金组织的官方外汇储备的币种构成（COFER）统计数据，经笔者计算，1995—1999 年，全世界外汇储备中美元储备平均要占到 65.3%，英镑占 2.6%，德国马克占 14.7%，日元占 6.4%。其中，工业化国家美元外汇储备平均占到其外汇总储备的 61.7%；发展中国家美元外汇储备平均占到其外汇总储备的 70.5%。2000—2007 年，全世界外汇储备中美元储备平均要占到 67.2%，上升了近 2 个百分点，英镑占 3.4%，欧元（从 1999 年算起）占 22.7%，日元占 4.1%。其中，该时期工业化国家美元外汇储备平均占到其外汇总储备的 70.9%，大幅上升了 9.2 个百分点；发展中国家美元外汇储备平均占到其外汇总储备的 64.2%，下降了 6.3 个百分点[②]。总之，进入 21 世纪后，美元作为关键储备货币的相对强势地位得到了进一步强化。再例如，当今世界大约九成的国际金融交易都是通过美元媒介的，美元在世界大多数国家的对外经济交易中被用做计价、结算和支付工具。因此，当前事实上的国际美元本位制实际起到了降低交易成本，促进国际金融交易效率，极大提升国际经济交易容量的规模经济效应。当然，美元这一特殊地位的获取是和美国超强的综合国力，尤其是和 20 世纪 90 年代起

---

① 美元危机是指美元按承诺的固定比价与黄金保持兑换性的危机。即人们怀疑美元的这种兑换性承诺而引发的大规模抛售美元买入黄金或其他货币币值上升国家货币的一种对美元的信心危机。

② 资料来源：IMF Statistics Department COFER database and International Financial Statistics（IFS）。

美国持续10年以上高增长、低通胀的"新经济"现象使得美国经济实力显著回升密不可分的。另外一个重要原因在于，国际本位货币确立以后，除非国际本位货币发行国经济实力严重衰落，否则都有一种自我强化的路径依赖效应，这有点类似自然垄断行为。

尽管世界选择一种货币作为国际经济交易过程中唯一的本位币或最主要的本位货币有降低交易成本，扩大交易容量的好处，但这不可避免地会面临一个"n-1问题"。即在有n个国家组成的，资本可以自由流动的固定汇率区中，有一个国家的货币可以自由地决定自己的对内、对外价值，实施完全独立的货币政策，或者说汇率可以实现真正的自由浮动，其余n-1个国家的货币被迫以公开或非公开的方式钉住这一关键国货币，从而丧失了制定自己国家独立货币政策的权力。这一关键货币国又被称为"中心国家"，其余n-1个国家称为"外围国家"。在当前国际货币体系下，美国就是那个"中心国家"。广大发展中国家和许多新兴市场经济国家，包括中国，实际上执行的汇率制度都是不同程度的盯住美元的固定汇率或准固定汇率制。尤其是1997年亚洲金融危机后，许多国家纷纷选择将自己的货币重新钉住美元。并且，危机使亚洲国家更加清醒地认识到本国货币无法进行国际借贷，甚至也不能完全用于国内长期借款，这种币种和期限的"双重错配"比较容易遭受投机资本的攻击，进而引发货币金融危机。经历这次危机的深刻教训后，许多亚洲国家，包括中国都把拥有外汇储备，特别是美元储备的多少作为维护本币币值稳定和防范国际投资资本攻击的一个重要手段。目前，以中国为主的东亚国家的美元外汇储备已占到世界美元外汇储备的三分之二左右，国际货币体系以美元为中心运转的趋势更加凸显。因此，Dooley、Folkerts-Landau和Garber（2003）把当前以美元为核心的国际货币体系称为"复活的布雷顿森林体系"。

无论是原布雷顿森林体系，还是所谓复活的布雷顿森林体系或新布雷顿森林体系，其核心都是美元是世界唯一或最关键的本位货币，美国作为中心国家的位置一直没变，所不同的仅在于主要的外围国家在不同的时期有所不同。20世纪五六十年代主要的外围国家是西欧，七八十年代是日本，90年代和进入21世纪以来是以中国为代表的东亚国家。只要美元的国际本位货币地位没发生实质性改变，美国国际收支经常账户的逆差和外部世界的顺差就几乎不可避免。因为美元是关键的世界本位货币，美国的国内货币政策获得了国际主导权，拥有向美国之外的其他国家输出货币的特权，从而可以把汇率和经济调整的责任转移到其他国家。并且在复活的布雷顿体系下，美国在这一问题上获得了更大的自由权。因为在原布雷顿森林体系下，美元是和黄金挂钩的，其他国家可以用贸易顺差获得的美元按照美国规定的汇兑比例兑换美国的黄金，这对美国的对外美元输出施加了一个比较严格的限制性条件。但在当前复活的布雷顿森林体系下，美元与黄金已经脱钩，这意味着美国可以不受限制地根据本国经济发展的需要发行货币，通过财政政策、货币政策保持美国经济的内部平衡，而把外部失衡调节的压力丢给以美元作为主要外汇储备的国家或地区。美联储前主席格林斯潘就曾经说过，美联储为刺激美国经济发展，在注入美元问题上不存在任何界限。实际上美国也正是这么做的。美国国内，一方面，政府财政收支长期存在大量赤字；另一方面，美国越来越需要从中国等外围国家大量进口廉价的劳动密集型产品和技术相对落后的工业制成品，以维持美国国内较低的物价，降低其生产成本，结果导致美国规模庞大的经常账户赤字的产生。中国等国家面对美国强劲的外需，为了自己国内经济发展和经济安全也鼓励大量出口自己有比较优势的产品，且在上述以美元为本位币的国际货币体系下，也只好选择美元作为出口换汇的主要货币，于是积累起越来越庞大的美元顺差。这些巨额美元顺差的绝大部分又主要以证券资产（其中又以低固定收益的美国债券为主）的形式重新回流美国，以平衡美国巨额的经常账户逆差。当然，美国也可以通过对外直接投资或股权投资的方式获取更高的投资回报，然后把利润全部或部分汇回美国，用以部分平衡美国的贸易逆差，但实践证明，这是远远不够的。以中国为主的广大外围国家巨额美元顺差之所以重新回流美国，其主要原因，一方面在于这些贸易账户顺差国国内金融体系资源配置功能扭曲，缺乏效率，阻滞了储蓄向投资的顺利转化；另一方面在于美元世界本位货币的特权地位和美国资本市场相对更富有效率：资本市场具有较强的广度和深度、资本流动性强、投资收益稳定，产权保护严格，因而资产更安全（Richard Cooper，2007）。于是，美国消费、开支无度导致的巨额经常账户赤字反而凭借着美国资本市场的相对优势和当今世界货币体系下的美元特权地位获取了大量的、源源不断的低成本资金流入而得以弥补。实际上，美国才是真正的受益者和最终的赢家。在某种程度上，所谓复活的布雷顿森林体系其实相当于资本账户巨额顺差的中心国家——美国和以中国为代表的存在较大贸易顺差的东亚国家和石油出口国等外围国家间签订了一份隐性合约。双方都在这份心照不宣的合约中获取了各自的利益，并最终陷入一种相互锁定的状态。我们以图3-15来简单示意，在当前美元本位货币体系下，中心国家与外围国家之间的商品、资本互相对应的输出、输入平衡关系。

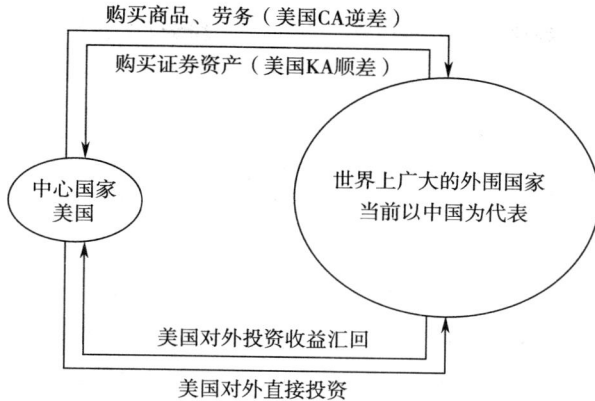

图 3-15　国际货币美元本位下中心—外围国家国际收支的关系

二、中美国际贸易统计规则的不同与中国国际收支经常账户顺差

中国近些年来持续高涨的经常账户顺差的很大部分是对美贸易顺差。比如，据商务部统计数据，2005—2007 年，中国贸易顺差分别为 1018. 8 亿美元、2622 亿美元、1774. 8 亿美元，而同期中国对美贸易顺差分别为 1141. 7 亿美元、1442. 2 亿美元、1633. 3 亿美元。2005 年美国是中国贸易顺差的最大来源国，2006 年和 2007 年美国是除中国香港外，中国贸易顺差的第二大来源国。2005—2007 年，中国对美贸易顺差分别占到中国同年整体贸易顺差的 112%、55%、92%。2005—2007 年，中国经常账户顺差分别为 1608. 18 亿美元、2532. 68 亿美元和 3718. 33 亿美元，该时期中国对美贸易顺差要分别占到同期中国经常账户顺差的 71%、57% 和 44%。对中国来说，无论以哪种角度衡量，中国对美国都存在长期、持续（从 1993 年开始中国对美国一直是贸易顺差）且规模很大的贸易顺差。就美国方面而言，根据美国统计局（U. S. Census Bureau）公布的数据，从进入新世纪的 2000 年开始，中国就取代日本成为美国最大的贸易逆差来源国。美国统计数据表明，美国对中国自 1985 年开始就一直存在贸易逆差，尤其是从 2001 年起，美国对中国的贸易赤字无论规模还是增速都很大。2005—2007 年，美方统计的美国对中国贸易逆差分别为 2015. 4 亿美元、2325. 9 亿美元、2562. 1 亿美元。同期，美国总体贸易逆差额分别为 7674. 77 亿美元、8173. 04 亿美元、7944. 83 亿美元。该时期美国对中国贸易逆差占美国全部对外贸易逆差的比重分别为 26. 3%、28. 4%、32. 2%。2005—2007 年，美国国际收支经常账户

逆差分别为 7548.52 亿美元、8114.83 亿美元、7386.36 亿美元，美国对中国的贸易逆差要分别占到该时期美国经常账户赤字的 26.7%、28.7%、34.7%。

通过对中美两国最近几年双边贸易数据的简单对比，我们不难发现两国统计数据间存在着巨大的差异。美方统计的美对中贸易逆差额在 2005—2007 年间竟然分别是中方统计的中对美贸易顺差额的 1.76 倍、1.61 倍、1.57 倍。中美之间存在着巨大的贸易不平衡这是毋庸置疑的事实，这也是自 2003 年以来美国一直以此为借口要求人民币大幅升值和对中国频频发出贸易制裁威胁的重要原因。但美方统计数据是否严重夸大了中国对美国贸易盈余的规模和幅度这是很值得探讨的。根据 Chaodong Huang 和 Broadbent（2001）、Jialin Zhang（2000）、Fung 和 Lau（1998，2003）、USCBC①（美中贸易全国委员会，2004）、孙华好和许亦平（2006）、张文才和秦月星（2007）、沈国兵（2007）等人及机构的研究都一致认为中美两国贸易统计方法上的差异是造成中美贸易巨大不平衡的一个不可忽视的原因。

美国使用原产地原则把经由中国香港转口到美国的中国产品都统计为美国从中国的进口，而中国使用目的地原则，把中国对美国出口中扣除掉那些先出口到香港，然后再转口到美国的商品。在看待香港的转口问题上，美国还一贯奉行美国式的"双重原则"。即一方面把中国经由香港转口到美国的中国商品都统计为美国从中国的进口，另一方面却又不把经香港转口到中国的美国商品认定为对中国的出口。这势必会严重低估美国对中国的出口，高估中国对美国的出口，严重夸大了中国对美国的贸易顺差额。因为中国香港在中美双边贸易中的转口地位很重要，据香港工商局前局长周德熙指出，20 世纪末，中国与美国、欧盟、日本、韩国等重要贸易伙伴国之间的贸易额中分别有 60%、49%、29% 和 20% 是经过香港转口的。香港作为一个转口港具有的比较优势在于它货柜码头的规模、频密的航班次数以及香港提供的与转口货物有关的高效率的服务②。另外，根据 Fung 和 Lau（2003）的研究测算，中国货物经由香港转口后出口到目的国和美国货物经香港转口后出口到目的国都会产生一个新的增加值。1995—2003 年这一增加值前者平均为 26.7%，后者也达到了 8.5%。考虑到这一因素及它们之间的差距，中国对美国的贸易顺差也会虚增不少。Fung 和 Lau（2003）考虑了中美之间的转口贸易、转口毛利及其他一些统计上的差异后，经

---

① 资料来源：http://www.uschina.org/。

② 资料来源：香港转口贸易仍具优势［N］．人民日报·华南新闻，2000 – 06 – 15．网址：人民网 http://www.people.com.cn/GB/paper49/798/103500.html。

过测算，认为 2002 年美国对中国的逆差可能高估了四分之一左右。国内学者沈国兵（2007）详细研究了近些年来中美之间的贸易不平衡问题，就两国贸易统计方面的差异造成的不平衡，他总结为五种情况：贸易计价差异、运输时滞、香港转口、转口毛利和服务贸易。其中的关键仍在经香港转口。不过，他研究认为，因为上述统计方面的五点原因，中美双方统计的双边贸易数据都存在偏误。在充分考虑到上述中美双边贸易统计过程中的五点差异，并经逐一计算估值后，他发现：1995—2003 年，美国统计的美国对中国贸易逆差额年平均高估程度在 65% 以上，中国统计的中国对美国贸易顺差额年平均低估在 33% 以上。二者相抵后，美国对中国的逆差在该期间仍年平均高估 32% 左右。

三、国际产业转移、对外直接投资、加工贸易与中国国际收支双顺差

从各国产业结构的演进规律来看，存在着在国家、地区，以及一国内部不同地区之间产业按梯度转移的现象。各国生产技术水平上的差距是形成国与国之间产业结构梯度落差的根本原因。在一国经济发展过程中变得相对落后或不再具备比较优势的产业可以转移到其他低产业梯度的国家或地区，以便集中资源发展自己的优势产业，获取更大的经济利益。自 20 世纪下半叶开始，到 20 世纪 90 年代之前，世界已经经历了三次大规模国际产业转移的浪潮。第一次发生在 20 世纪 50 年代，主要表现为美国向西欧和日本进行劳动密集型产业的转移。第二次发生于 20 世纪六七十年代。在科技革命迅猛发展，生产国际化程度显著提高的有利条件下，发达国家为应对能源危机和国际市场上矿产品等初级产品价格上涨，前期是把轻纺等劳动密集型产业，后期是把部分重化工业等高能耗、高污染产业向具有一定工业基础的新兴工业化国家转移。第三次开始于 20 世纪 80 年代出现的国际产业转移的新一轮高潮。其标志是，美国、日本等发达国家，亚洲"四小龙"纷纷向中国、东盟等经济欠发达国家转移劳动密集型、部分资本密集型或低技术密集型产业。

进入 20 世纪 90 年代以后，世界第四次产业转移的浪潮已经并正在发生着。这次世界性产业转移的最大特征在于它的"模块化"。即将产业链中的每一道工序分别按照具有一定相对独立性的"模块"进行调整、分割，最后又按照一个统一的标准组合成一件合格的产品。这实际上是国际分工进一步深化的结果。国际分工先后经历了产业间分工，产业内分工和产品内分工阶段。"模块化"即为产品内分工阶段。按照卢峰（2006）对产品内分工（Intra –

product Specialization）的定义："产品内分工是指产品生产过程中包含的不同工序或区段分布到不同的国家或经济体进行，使特定产品生产过程中不同工序或区段通过空间分散化展开形成跨区或跨国性的生产链条或体系，从而有越来越多的国家的企业参与特定产品的生产或供应活动。"这就使得拥有丰富劳动力资源的广大发展中国家能够参与资本、技术密集型产品生产过程中的某些劳动密集型环节的生产。但产品内分工本质上仍然是一种垂直分工模式。因为在这种分工模式下，虽然表面上发展中国家参与了高端产品的生产制造，但是参与的环节一般仅限于高端产品生产制造金字塔的最底层。具体表现为投入了大量劳动，但利润微薄。

在这次新的全球化产业转移过程中，中国以加工贸易（Processing Trade）的方式承接了大量发达国家或地区资本、技术密集型产业产品制造过程中的劳动密集型生产环节。按照外经贸部（现在的商务部）（1999）给出的定义，"加工贸易是指从境外保税进口全部或部分原辅材料、零部件、元器件、包装物料（进口料件），经境内企业加工或装配之后，将制成品复出口的经营活动，包括来料加工和进料加工"[①]。加工贸易源于20世纪五六十年代，20世纪90年代以来的这次国际产业转移的最大特征就是现代加工贸易的大规模展开。首先，跨国公司需要利用加工贸易来推进其全球战略。现代加工贸易业务已经直接、间接地进入到跨国公司的整个生产体系之中，致使跨国公司内部之间的贸易额越来越高。其次，跨国公司采取现代加工贸易的主要方式是各种外包业务（International Business Outsourcing，IBO）。即跨国公司把非核心的生产、服务等业务发包给成本更低的发展中国家的企业或专业化公司来完成。这既有利于跨国公司节省固定成本的投入，又可以达成在全球范围内最大利用资源的目的（沈玉良等，2007）。最后，跨国公司的对外直接投资（FDI）成为国际产业转移的具体实现形式。其中，加工贸易又是外商投资的重点产业。

中国加工贸易的发展壮大是产业全球化、贸易自由化、投资便利化和中国在不同时期对加工贸易采取不同的，但总体上是鼓励、优惠政策共同作用的结果。也是中国劳动力资源充裕、人工成本相对低廉，基础设施相对完善，毗邻中国香港、澳门、台湾地区以日本、韩国的区位和文化优势，中国紧紧抓住了国际产业转移调整的有利时机的结果。中国加工贸易的核心是保税（Bond）政策，即只要加工贸易的货品不进入内地销售而是用来复出口就可以免交海关关

---

① 对外经济贸易合作部（1999）：《加工贸易审批管理暂行办法（1999）》，外经贸管发第314号文件。

税。这使得整个加工贸易形成了一个相对独立的贸易体系。中国的加工贸易实际上是吸收海外 FDI 的产物。因为流入中国的大量 FDI 有许多就是投资于加工贸易行业的。在这一过程中，中国政府不仅给予外资企业各种优惠政策，而且地方政府对于 FDI 的偏好和竞争也纷纷出台各种土地、税收等方面的优惠政策，从而在很大程度上低估和扭曲了生产要素投入成本（沈玉良等，2007）。自 1978年广东承接第一份来料加工贸易合同至今，中国加工贸易已走过三十载春秋。其发展过程大致可分为四个阶段：第一阶段：1978—1985 年。该阶段是中国加工贸易的起步期，政策上由试行到鼓励，加工贸易的方式主要以来料加工（Processing Supplied Materials）为主。例如，1985 年，来料加工贸易额 52.81 亿美元，占加工贸易总额的 70%[①]。第二阶段：1986—1992 年。该阶段是中国加工贸易的快速稳定发展期。政策上是把发展加工贸易作为中国发展外向型经济战略的重要组成部分。该阶段中国加工贸易的方式由来料加工为主转为以进料加工（Processing Imported Materials）为主。从 1989 年开始进料加工贸易额占整个加工贸易额的比重超过 50%，1992 年进料加工贸易额占加工贸易总额的 61%[②]。第三阶段：1993—1999 年。属于中国加工贸易的结构调整与转换时期。1993 年中国进入全面经济开放阶段，除亚洲"四小龙"继续向我国转移劳动密集型产业外，美国、欧盟、日本等发达国家的跨国公司开始将成熟技术和制造工序带入我国，使我国加工贸易结构发生了许多根本性的变化。中国的加工贸易因此获得了空前的大发展。第四阶段：2000 年至今。该阶段中国加工贸易工业已经成为全球制造业链条中不可或缺的重要一环和节点，中国的加工贸易也从追求数量扩张向谋求质量提升转移。在对待加工贸易的政策上，也由过去一味鼓励向"有促有限"的进一步优化中国加工贸易结构转变。

我们上文多次提到中国加工贸易的发展和中国对外吸引外商直接投资是密不可分的。经济理论界把中国吸收 FDI 的历程一般划分为三个阶段：第一阶段：1979—1985 年。这一阶段是吸收 FDI 的起步期。因为该阶段实际利用的外资以对外借款为主。对外借款占该阶段中国实际利用外资总额的 67.7%，FDI 占实际利用外资总额的 26.4%。第二阶段：1986—1991 年。属中国利用 FDI 的稳步增长阶段。该时期，虽然我国合同或实际利用 FDI 的数量有了较大提升，但对

---

① 资料来源：《新中国五十五年统计资料汇编：1949—2004》和历年《中国统计年鉴》，经作者整理、计算。

② 资料来源：《新中国五十五年统计资料汇编：1949—2004》和历年《中国统计年鉴》，经作者整理、计算。

外借款仍然是我国利用外资的主要形式。该阶段对外借款占实际利用外资总额的 64%，FDI 占实际利用外资总额的 32.2%。第三阶段：1992 年至今。是我国利用 FDI 的高速增长时期。1992 年，邓小平发表南方谈话后，FDI 逐渐大举涌入中国。在该阶段合同或实际利用 FDI 在我国全部利用外资中已占有绝对优势，特别是 2001 年，我国暂停对外借债，这之后中国实际利用外资的绝大比例都是 FDI。1992—2007 年，中国实际利用外资累计总额 8734 亿美元，累计实际利用 FDI 为 7351.6 亿美元，FDI 占实际利用外资总额的比例高达 84.2%①。另外，通过阶段对比，其实我们也不难发现，中国加工贸易的大发展和中国大规模吸收 FDI 之间存在时间上和规模扩张上比较一致的契合。

中国改革开放以来，尤其是自中国吸引 FDI 的第二个阶段，即 1986 年以来，中国对外贸易无论出口、进口还是进出口总额，外资参与的比重越来越大。根据中国海关统计数据，1986—2007 年，外商直接投资企业（主要包括中外合资、合作和外商独资）的进出口商品总额、进口额、出口额占全国同类指标的比重分别由 1986 年的 4.04%、5.6%、1.88%，提升到 2007 年的 57.73%、58.53%、57.1%。实际上从 2000 年开始，上述三个指标就已经非常接近或超过了 50%②。这充分说明，由外商直接投资推动的国际贸易近些年来已稳稳占据中国对外贸易的半壁江山。在 1992 年之后，中国外商直接投资的很大比例是投在加工贸易行业。薛伟贤、董维维（2008）研究认为，外商投资企业一直是中国加工贸易的主体，当前有近 3/4 的加工贸易企业是由外商投资设立的。另据中国海关数据统计，2003 年中国加工贸易出口企业性质分布如下：外商投资企业加工贸易出口占 2003 年中国加工贸易出口总额的 79%（其中，外商独资占 65.8%，中外合资企业占 29.1%，中外合作企业占 5.1%）、国有企业企业占 16%、集体企业占 3%。加工贸易的进出口商品总额、进口额、出口额占全部相应贸易额的比重也分别由 1986 年的 17%、16%、18%，提升到 2007 年的 45.5%、38.5%、50.7%③。

据商务部外资司统计，截至 2007 年外商直接投资的产业结构按合同外资金额计第一产业仅占 1.88%，第二产业占 65.87%，第三产业占 32.25%。其中，第二产业中的制造业又占整个合同金额的 62.28%。外商直接投资在中国的地区分布按实际利用外资计是东部地区占 83.91%，中部地区占 8.31%，西部地区仅

---

① 以上原始数据来源于历年《中国统计年鉴》，经作者整理、计算。
② 资料来源：中国投资指南网站 http：//www.fdi.gov.cn/pub/FDI/wztj/default.htm。
③ 数据来自表 3 - 2b。

占 4.27%[①]。同样，中国加工贸易的地区分布也大多集中在东部沿海的广东、福建、江苏、上海、山东、天津等省市。由于中国实际利用的外资大部分都投在了制造行业，外资带来的先进技术和管理使中国制造业整体水平大幅提升。比如，改革开放初期的 1980 年，中国出口产品中初级产品占的比重为 50.3%，工业制成品为 49.7%，到 2007 年，中国出口商品总额 12180.1 亿美元，其中初级产品出口 615.5 亿美元，初级产品出口在总出口中的比重急剧缩减为仅 5% 左右，工业制成品出口额 11564.7 亿美元，占总出口额的比重高达 95%[②]。对于外商投资企业的出口而言，2007 年，外商投资企业总出口 6958.98 亿美元，其中初级产品出口 224.78 亿美元，占总出口额的 3.23%，工业制成品出口 6734.2 亿美元，占总出口额的 96.77%[③]。外资出口中，又大多以加工贸易的方式实现。另据中国经济网相关数据，2007 年我国高新技术产品出口的 88%、机电产品出口的 74% 是由外资企业完成的[④]。总之，中国机电产品的出口，尤其是高新技术产品的出口近些年来主要以外商投资的加工贸易行业为主。廖涵（2003）通过对中国海关统计数据的分析、整理后发现，自 1993 年以来，外方投资重点呈现出比较明显的加工贸易行业倾向。外资企业加工贸易进口占外资企业总进口的比重，1993 年为 46.14%，2000 年增加到 58.45%；外资企业加工贸易出口占外资企业总出口的比重一直在八成以上；外资企业加工贸易进口占全国加工贸易进口份额的绝大比例（1993 年为 86%，2000 年达到 93%）。

正是因为中国抓住了世界新一轮产业转移的契机，1992 年后中国经济进入全面对外开放阶段，外资也越来越看重中国的市场和各种成本优势纷纷涌入中国，导致中国加工贸易在 1992 年之后的空前繁荣。中国当前加工贸易的主要特征是：（1）加工贸易的主体是外商投资企业；（2）加工贸易主要分布在中国东部沿海地区；（3）加工贸易的方式以进料加工为主；（4）加工贸易的产品结构以资本密集型和技术密集型产品为主；（5）中国加工贸易产品出口的很大比例是经由香港转口完成[⑤]。中国加工贸易的大发展对中国经济发展的速度提升和质

[①] 资料来源：中国投资指南网站 http：//www.fdi.gov.cn/pub/FDI/wztj/default.htm。

[②] 商务部网站：http：//zhs.mofcom.gov.cn/tongji.shtml，经作者计算、整理。原始数据来自中国海关统计。

[③] 资料来源：中国投资指南网站 http：//www.fdi.gov.cn/pub/FDI/wztj/default.htm。

[④] 郭彩萍.改革开放 30 年（一）：中国利用外资逾 8 千亿美元 5 大成就.中国经济网，2008 - 10 - 21。网址：http：//intl.ce.cn/specials/zxxx/200810/08/t20081008_17005406.shtml。

[⑤] 据《中国统计年鉴》（2008）有关香港的统计数据，2007 年，原产地是中国内地的加工贸易品经由香港输往世界其他地区的转口货物的估计比重高达 78.4%。

量提高起到了比较重要的促进作用。因为由出口带动的经济增长自改革开放以来一直是推动中国经济快速发展的引擎之一。并且，加工贸易也促进了中国制造业的产业升级，提高了资源配置效率，解决了大批劳动力就业。

综上，中国近些年来持续出现的国际收支双顺差的特殊现象是和全球新一轮产业转移，中国的资源禀赋、工业化发展阶段、跨国资本追求较高回报以及中国总体上比较明显的出口导向贸易政策倾向密切相关。其基本的逻辑关系可用图 3 - 16 简单示之。

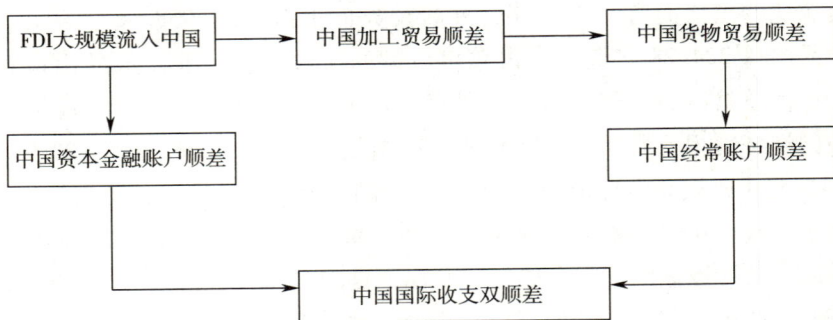

图 3 - 16　中国国际收支双顺差示意图

因此，我国的国际收支双顺差实际上是在内、外因交织作用下，我国经济处于工业化、城镇化、国际化进程中带有明显阶段性的一种国际收支的结构性不平衡现象。为了能够更清楚地说明图 3 - 16 的核心内容，以表3 - 15 和图 3 - 17 列出中国 1982—2007 年 FDI 流入、加工贸易差余额、经常账户余额和资本与金融账户余额的关系。

表3 - 15　　　　　　**FDI 流入、加工贸易与中国国际收支双顺差**　　　　单位：亿美元

年份 \ 账户	FDI 流入	加工贸易余额	经常账户余额	资本金融账户余额
1982	4.3	- 2.23	56.74	3.38
1983	6.36	- 3.28	42.40	- 2.26
1984	12.58	- 2.18	19.44	- 10.03
1985	19.56	- 9.58	- 114.17	89.72
1986	18.74	- 10.83	- 70.35	59.44
1987	23.14	- 11.97	3	60.02
1988	31.94	- 10.45	- 38.03	71.32
1989	33.92	26.21	- 43.17	37.24

续表

年份＼账户	FDI 流入	加工贸易余额	经常账户余额	资本金融账户余额
1990	34.87	66.6	119.97	32.55
1991	43.66	74	132.72	80.32
1992	110.07	80.8	64.01	-2.51
1993	275.15	78.8	-119.03	234.74
1994	337.67	94.1	76.58	326.44
1995	375.21	153.3	16.18	386.75
1996	417.25	220.6	72.42	399.67
1997	452.57	293.96	369.63	210.15
1998	454.63	358.55	314.71	-63.21
1999	403.19	373.04	211.14	51.79
2000	407.15	450.94	205.19	19.22
2001	468.78	534.59	174.05	347.75
2002	527.43	577.27	354.22	322.91
2003	535.05	789.47	458.75	527.26
2004	606.3	1062.76	686.59	1106.6
2005	603.25	1424.55	1608.18	629.64
2006	630.21	1888.83	2532.68	66.62
2007	747.68	2492.50	3718.33	735.09

注：FDI 流入指的是中国每年的实际利用外商直接投资额。

资料来源：国家外汇管理局网站，http：//www.safe.gov.cn；国研网，http：//www.drcnet.com.cn；Wind 资讯，http：//www.wind.com.cn/。

　　根据表 3 - 15 和图 3 - 17，我们发现自 20 世纪 90 年代以来，中国每年实际利用的 FDI 和中国加工贸易净额有着比较类似的变动趋势，二者都在增加，但 2002 年以后加工贸易顺差的增速明显快于 FDI 的增速。中国加工贸易余额和中国国际收支经常账户余额在进入 20 世纪 90 年代以来变动趋势日趋一致。实际 FDI 流入额虽然在规模上和中国国际收支资本与金融账户余额在很多年份比较接近，但因资本与金融账户在某些年份变化比较剧烈，二者还是出现了一定程度的背离。二者在许多年份比较接近的原因正如我们在本章第一节相关内容中所提到的，主导中国资本与金融账户变动的是金融账户，而金融账户中比较关键的正是直接投资子账户。虽然该子账户是以净余额的形式构成金融账户余额的组成部分，但因中国对外直接投资较国外对中国直接投资的规模小得多，故中国每年实际 FDI 流入额在许多年份的金融账户中其他子账户没有太大变化的情况下是可以近似代表资本金融账户变化的。

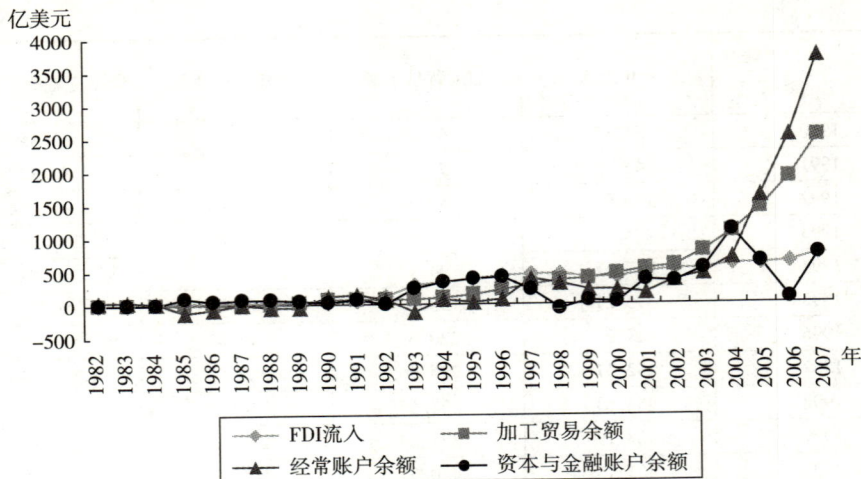

资料来源：国家外汇管理局网站，http：//www.safe.gov.cn；国研网，http：//www.drcnet. com.cn；Wind资讯，http：//www.wind.com.cn/。

图3－17　FDI流入、加工贸易与中国国际收支双顺差

我们计算了上述四个指标的相关系数。发现 FDI 和加工贸易余额的相关系数高达 0.806，加工贸易余额和经常账户余额间的相关度更是高达 0.962。由于资本与金融账户余额的波动程度较 FDI 大（资本与金融账户余额标准误是 280.13，FDI 流入标准误是 246.98），FDI 和资本与金融账户间的相关系数相对较低，但也达到了 0.684。

四、中国国内储蓄持续大于投资与中国国际收支经常账户顺差

我们在本章第二节就中国储蓄率、投资率和中国经常账户余额占中国 GDP 的比例关系进行了较为细致的研究。研究发现：在 1982—2007 年的考察样本期间，中国储蓄率与投资率之差与中国经常账户余额占中国 GDP 的比例之间的变动趋势几乎是完全一致的；二者的数值大小在考察期的许多年份也是非常接近的；二者的相关系数高达 0.9688，说明二者的变动是高度相关的。因此，中国国际收支经常账户与中国国内储蓄—投资关系基本符合经济理论所预期的那种相互对应关系。

接下来，我们就中国的储蓄—投资情况与美国、日本、德国的储蓄—投资情况进行对比研究。就中国为何拥有相对更高的储蓄率，从而导致中国长期存在较高的国际收支经常账户顺差问题给出我们的一些研究结论。

在对比研究中，为了保持数据来源的一致，对于中国、美国、日本、德国我们均使用世界银行的数据。分别是国内总储蓄占 GDP 的比例（总储蓄率）和

国内资本形成占 GDP 的比例（投资率）。需要说明的是，可能是上述指标核算的方法和数据来源的不同，世界银行的数据和我们本章第二节根据国民收入支出法计算的中国储蓄率、投资率并不一致，但差异不大，且变动趋势是完全一样的。我们以表 3 – 16 列出中国、美国、日本、德国的储蓄率和投资率、储蓄率减投资率和经常账户余额占 GDP 的比例数据。

表 3 – 16　　　　中国、美国、日本、德国的储蓄—投资和经常账户余额　　　单位：%

国家 年份	中国				美国				日本				德国			
	s	i	$s-i$	ca	s	i	$s-i$	ca	s	i	$s-i$	ca	s	i	$s-i$	ca
1982	35.9	33.7	2.2	1.2	18.1	18.7	-0.6	-0.2	31.1	30.4	0.7	0.6	18.9	21.6	-2.7	0.7
1983	35.4	34.4	1.0	0.9	17.2	18.7	-1.5	-1.1	30.1	28.4	1.7	1.8	19.2	22.3	-3.1	0.6
1984	35.0	35.1	0.0	0.4	18.7	21.4	-2.6	-2.4	30.9	28.2	2.7	2.8	19.2	22.1	-2.9	1.5
1985	34.4	38.6	-4.1	-3.7	17.5	20.3	-2.8	-2.8	32.2	28.7	3.4	3.7	19.5	21.6	-2.1	2.7
1986	35.8	38.6	-2.9	-2.4	16.7	19.7	-3.0	-3.3	32.4	28.5	4.0	4.3	21.3	21.6	-0.3	4.2
1987	37.3	37.3	0.0	0.1	16.3	19.4	-3.1	-3.4	32.0	29.0	3.0	3.5	20.8	21.0	-0.2	3.9
1988	36.8	38.2	-1.4	-0.9	16.5	18.7	-2.2	-2.4	33.4	31.2	2.2	2.7	21.5	21.7	-0.2	4.2
1989	36.4	37.5	-1.0	-1.0	17.1	18.7	-1.6	-1.8	33.9	32.3	1.5	2.1	22.1	22.6	-0.5	4.6
1990	39.9	36.4	3.5	3.1	16.3	17.7	-1.4	-1.4	34.1	33.0	0.9	1.4	23.1	23.2	-0.1	2.9
1991	40.0	36.4	3.6	3.2	15.8	16.3	-0.5	0.0	34.4	32.7	1.6	2.0	23.6	24.0	-0.4	-1.3
1992	39.6	37.9	1.8	1.3	15.9	16.4	-0.5	-0.8	33.2	31.0	2.2	3.0	22.9	23.4	-0.5	-1.1
1993	42.4	44.5	-2.1	-1.9	16.0	17.0	-1.0	-1.3	31.8	29.6	2.2	3.0	22.1	22.2	0	-1.0
1994	44.0	42.2	1.8	1.4	16.8	18.1	-1.3	-1.7	30.4	28.4	2.0	2.7	22.6	22.5	0.2	-1.4
1995	44.1	41.9	2.2	0.2	16.9	18.2	-1.3	-1.5	29.8	28.4	1.4	2.1	22.7	22.2	0.5	-1.2
1996	42.5	40.4	2.1	0.8	17.3	18.6	-1.2	-1.6	29.4	28.9	0.5	1.4	22.0	21.1	0.9	-0.6
1997	42.4	38.0	4.5	3.9	18.2	19.5	-1.2	-1.7	29.5	28.4	1.1	2.3	22.4	21.1	1.3	-0.5
1998	41.4	37.1	4.3	3.1	18.1	20.0	-1.8	-2.4	28.1	26.3	1.9	3.1	23.0	21.6	1.4	-0.8
1999	39.6	36.7	2.8	2.0	17.5	20.3	-2.8	-3.2	26.4	24.9	1.6	2.6	22.4	21.5	0.9	-1.3
2000	37.5	35.1	2.4	1.7	16.6	20.5	-3.9	-4.3	26.9	25.4	1.5	2.6	22.1	21.8	0.3	-1.7
2001	38.4	36.3	2.1	1.3	15.2	18.9	-3.7	-3.8	25.4	24.8	0.6	2.1	21.5	19.5	2.0	0.0
2002	40.4	37.9	2.6	2.4	14.0	18.1	-4.1	-4.4	24.4	23.1	1.3	2.9	21.8	17.3	4.6	2.0
2003	43.4	41.2	2.6	1.9	13.5	18.1	-4.6	-4.8	24.5	22.9	1.6	3.2	21.4	17.4	4.0	1.9
2004	45.8	43.3	2.6	3.6	13.7	18.9	-5.3	-5.5	25.0	23.0	1.9	3.7	22.2	17.1	5.0	4.3
2005	49.4	43.9	5.6	7.2	13.5	19.3	-5.8	-6.1	24.8	23.4	1.4	3.6	22.3	17.2	5.2	4.6
2006	52.5	44.6	7.9	9.5	—	—	—	—	—	—	—	—	23.2	17.8	5.4	5.1

注：世界银行的数据转引自国研网，ca 表示经常账户余额和本国 GDP 的比值。

资料来源：世界银行（WB）、国际货币基金组织（IMF）、世界经济展望（WEO）数据库，2008 年 4 月版；IMF – IFS 及作者的计算。

根据表 3 – 16 中的数据可知，在任何一个年份，中国的储蓄率都是四国当中最高的，其次是日本，储蓄率最低的是美国。在1982—2006年，中国的平均储蓄率是40.4%，德国的平均储蓄率是21.7%，比中国低18.7个百分点。在1982—2005年，中国、美国、日本和德国的平均储蓄率分别为39.9%、16.4%、29.7%和21.7%。美国、日本、德国在该时期的平均储蓄率分别比中国低23.5个百分点、10.2个百分点和18.2个百分点。因为在上述样本期，美国的储蓄率一直低于其投资率，故美国的储蓄投资差值始终为负，且该差值与美国经常账户逆差占GDP的比值在大多数年份都表现得很接近。日本的情况是，在样本期间其国际收支经常账户一直表现为顺差，相应日本储蓄率减投资率之差也一直为正，但$s-i$和ca自1995年开始，前者比较明显的向下偏离后者。德国的情况比较特殊，因为在1982—2006年的大多数年份，德国的储蓄率和投资率之差与德国经常账户占GDP的比例间没有出现如理论预期的那种对应关系，甚至没有出现同向变动关系，只是在最近几年才开始恢复"原貌"。

中国在如上大国经济体中，相对来说储蓄率过高[①]，并对应形成中国国际收支经常账户的高顺差，其原因何在呢？下面我们试着从不同角度对这一问题作出解答。

一般来说，一国国内总储蓄的内部结构可划分为三块：家庭储蓄、企业储蓄和政府储蓄。Kuijs（2005，2006）通过对中国资金流量表FOF（实物交易）的仔细分析，并经计算后发现：进入2000年以来中国家庭储蓄率实际较20世纪90年代有了比较明显的下降。相反，企业和政府的储蓄率却有比较明显的上升。根据他提供的数据，我们计算了中国20世纪90年代平均的家庭、企业、政府储蓄率分别是20%、14%、5.8%。2000年，中国家庭、企业、政府的储蓄率分别是16.4%、15.5%、6.3%，然后直至2005年，家庭储蓄率基本维持在16%左右，2005年企业储蓄率上升到20%，政府储蓄率保持在6%左右。特别是，企业储蓄率自2001年就超过家庭储蓄率，成为国内总储蓄的最大来源。而按照Anderson（2006）的估算，2005年中国企业的储蓄率甚至高达30.2%，家庭储蓄率为16.8%，政府储蓄率为2.5%。再者，根据表3-6的数据我们发现中国国内总储蓄率自2000年开始到2007年持续增加，年平均增长率达到4.4个百分点。这样看来，在整个储蓄结构里，企业和政府储蓄率，特别是企业储蓄率较家庭储蓄率的下降有更大幅度的上升应该是当前中国在大国经济体中总储蓄率相对高企的主要原因。

---

①　不单就如上大国而言，中国的储蓄率一般也远高于世界平均水平。据世界银行数据，2005年世界平均储蓄率为20.84%。

一般认为决定短期储蓄率高低的一个重要因素是利率，但根据跨国经验和我国自己的实践都表明储蓄的利率弹性可能很低①。因此，决定储蓄及其变化的应该是一些长期的结构性因素。Loayza、Schmidt－Hebbel 和 Serven（2000）以及 Edwards（1995）等人通过对世界不同发展程度的国家深入研究后发现，一国的储蓄一般受下列因素影响：（1）以人均收入表示的社会经济发展水平；（2）经济增长；（3）一国的财政政策；（4）社会保障制度；（5）金融自由化；（6）人口结构；（7）文化传统。

在上述众多研究储蓄率文献的基础上，再具体结合考虑中国国情，我们对中国高储蓄率之谜得到如下思考结果。

第一，我们认为中国特殊的人口政策是导致中国国内储蓄率一直居高不下的一个重要原因。自中国 1979 年推行计划生育政策以来，未成年人口的扶养比②（人口依存率）在快速地下降，而与此同时老年人口扶养比相对来说上升比较缓慢。我们根据世界银行的相关数据经计算发现，1979 年，中国人口扶养比总和高达 70%，到 2006 年下降为 41%，降幅达 29 个百分点。其中，未成年人口扶养比从 1979 年的 62% 迅速下降到 2006 年的 29.6%，降幅达 32.4 个百分点之多；老年人口扶养比从 1979 年的 7.9% 增加到 2006 年的 10.9%，增幅只有 3 个百分点③。尽管有研究认为老年人口扶养比的上升对储蓄率的负向冲击相对未成年人口扶养比上升要大④。但即便这种情况成立，因为中国未成年人口扶养比的下降幅度是老年人口扶养比的上升幅度的 10.8 倍，故致使中国的总和人口扶养比降幅较大，从而中国国内总储蓄率在总体上看是不断增加的。

第二，我们认为社会保障制度不完善是中国家庭储蓄率较高的一个很重要的原因。在中国 20 世纪 90 年代中后期开始的一系列向市场经济转轨改革的进程中，养老、住房、医疗、教育等改革都融入了越来越多的市场成分。这种不恰当的泛市场化做法，对中国居民消费行为的负面冲击是显而易见的。中国的经济在高速增长，居民的收入也在增加，这是事实，但转移过来的由居民承担的

---

① 我国自 1996 年以来，央行多次降息，但对储蓄的负面影响微乎其微，甚至是不相关的（卜永祥、秦宛顺，2006；谢平，2004）。

② 人口依存率分为未成年人人口依存率和老年人口依存率。分别是指 0 ~ 14 岁的未成年人口和 65 岁及以上的老年人口占 15 ~ 64 岁劳动人口的比例。

③ 相关数据来自世界银行世界发展指数数据库（WDI Datadase），数据获取自国研网 http：//www. drcnet. com. cn/DRCNet. OLAP. Web/NewSelect/WorldEconomy_WorldBank. aspx。

④ Loayza、Schmidt－Hebbel 和 Serven（2000）等人研究发现，老年人口依存率对私人部门储蓄率的负向冲击是未成年人人口依存率对私人部门储蓄率负向冲击的两倍多。

生活成本增长得更快、更多。再加上许多老百姓对自己未来收入增长的预期看淡，支出增加的预期看强，于是居民预防性储蓄的快速增加就成了理性选择。施建淮、朱海婷（2004）研究认为，中国城镇居民储蓄行为中存在比较明显的预防性储蓄动机。周建（2005）研究发现，在中国农村居民的储蓄行为中也存在显著的预防性动机。

第三，1995—2005年中国的贫富差距在迅速拉大。如果以国际公认的基尼系数来衡量社会贫富差距，2005年中国的基尼系数为0.463，在亚洲仅次于菲律宾，并超过了所有的欧洲国家，在世界银行2005年发展报告中列出的120个国家和地区中，中国的基尼系数之高列第85位，已经接近某些社会分化严重、经济增长停滞的拉美和非洲国家的水平。而在改革开放初期的1981年，世界银行估计的中国基尼系数仅为0.29①。据联合国有关组织规定，基尼系数若低于0.2表示收入绝对平均；0.2~0.3表示比较平均；0.3~0.4表示相对合理；0.4~0.5表示收入差距较大；0.6以上表示收入差距悬殊。基尼系数可看做是一套预警机制，0.4是它的警戒线。中国的基尼系数早在1994年就超过了警戒线，因此，中国的基尼系数已超过正常指标范围，贫富差距已进入到不合理的状态。在发达国家，贫富差别一般在5倍至6倍之间，而根据国家统计局城市社会经济调查总队2005年对中国城镇家庭的一项抽样调查发现，中国高低收入组的收入差距有所扩大。最高10%收入组人均可支配收入的8880元，同比增长15.7%；最低10%收入组人均可支配收入755元，同比仅增长7.6%，收入上的贫富差距高达11.8倍②。由于贫富差距拉大，居民整体上的消费增长缓慢。尽管在1995—2005年，中国GDP的增长率年均为9.3%，但整体居民消费的年均增长率比GDP增长率低了2个到3个百分点③。因此，中国贫富差距拉大，广大中低收入者收入增长缓慢应该是当前中国内需严重不足的一个重要原因。又因富人的边际消费倾向比穷人低，故中国居民的总体储蓄率就会很高。

第四，在中国市场化改革的进程中，金融体系的改革相对来说是滞后的。金融市场总体不发达，垄断性强，金融抑制严重，居民可供选择的信贷、投资工具不多，这些都增强了对居民的流动性约束，限制了消费，也抑制了储蓄向

---

① 高辉清．"好字优先，正当其时"［J］．上海证券报，2007 – 12 – 07。网址：http：//www.cnstock.com/paper_new/html/2007 – 12/07/content_59947862.htm。

② 新华网"统计显示：我国10%居民占有45%城市财富"，2005 – 06 – 17。网址：http：//news.163.com/05/0617/12/1METI6H50001124T.html。

③ 作者根据《中国统计年鉴》相关数据，其中居民消费的年均增长率是用城镇和农村人口占当年总人口的比重，作为各自收入增长的权数，加权计算。

投资的转化。这方面的许多经典文献①都验证了流动性约束与发展中国家居民储蓄一般存在正相关关系。

第五，中国的企业进入 21 世纪以来已经成为中国国内总储蓄率高企的主要来源。主要是因为资本密集型工业所创造的增加值占 GDP 的份额越来越大，因此资本的盈利能力渐强，利润增加（Kuijs，2006）。有数据表明（何帆、张明，2007）中国工业企业利润占其增加值的比率 1995 年是 10.6%，2000 年上升到17.3%，2005 年又进一步增加到 21.6%。又因企业储蓄的主要来源就是企业的未分配利润，而中国的上市公司和民营企业向股东支付的股利总体上低于其他国家的水平。在中国，国有企业又是整个企业储蓄的核心，但自从 1994 年税制改革后，国有企业就没有向其最大的股东——国家支付红利。中国的企业留利增多，储蓄能力自然增强。

第六，中国近些年较高的政府储蓄率是和中国十分看重以政府投资拉动经济增长的宏观调控政策有密切关系。政府最主要的宏观调控政策是财政政策和货币政策。这两项政策，尤其是财政政策的有效实施，是以政府拥有雄厚的财力作后盾的。根据国家统计局的数据，自 1995 年开始，中国各级政府财政收入占同期GDP 的比重持续增加。1995 年，这一指标是 10.27%，2007 年达到 20.56%，年度增长率平均每年有 6 个百分点②。在政府支出中，又以投资性支出为主，消费性支出的比重偏低。Kuijs（2005）研究发现，中国政府的投资主要采取向国有企业进行资本转移的方式来实现，这一比例高达 75% ~ 85%。我们知道，政府储蓄是政府可支配收入与政府消费性支出的差额。由于以上原因，中国政府储蓄占其可支配收入的比重就比较高。何帆、张明（2007）的一项研究表明，2003 年中国政府储蓄占其可支配收入高达 42.7%，而同期发达国家该指标大多为负值。例如，美国为 – 16%，日本为 – 16.4%，法国为 – 3.4%，德国为 – 7.2%，瑞典为 9.2%。这实际隐含着中国政府财政支出向公共财政转移的任务已经刻不容缓。

综上，中国国内储蓄持续大于投资，内需相对不足，是中国国际收支经常账户持续形成顺差的中国经济的内部原因。中国储蓄率长期表现偏高是和中国人口结构的变迁、中国储蓄率的内部结构发生重大转变有着直接的关系，也和中国在由计划经济向着市场经济转轨过程中，存在某些认识上的误区及执行中

---

① Schmidt – Hebbel，et al. Household Saving in Developing Countries：First Cross Country Evidence. World Bank Economic Review，Vol. 6，September 1992.

② 作者根据国研网 http：//www. drcnet. com. cn/DRCNet. OLAP. Web/NewSelect/SelectMacro. aspx 的数据整理计算。

的偏误不无关系。这些都折射出中国经济内部结构的某种失衡和中国政府公共职能的严重缺位。

第五节　本章小结

在这一章中，我们对中国国际收支账户展开全面的数据描述与分析。我们的研究思路遵循由表及里、层层推进、逐步细化分析的逻辑路线。

第一节，我们先是对中国国际收支两大基本核心账户——经常账户、资本与金融账户，以及二者分别包含的主要二级子账户在 1982—2007 年的历史数据进行整理分析，通过数据图表和图形研究它们的变化情况，判断它们的变动趋势，分析它们之间可能存在的逻辑关系。

第二节，我们就中国国际收支经常账户与中国国内宏观经济变量——国内储蓄—投资、中国净国际投资头寸（NIIP）间的关系展开研究。通过数据对理论的实证检验表明，中国经常账户余额与中国储蓄—投资缺口间比较吻合理论上所预期的那种一一对应的镜像关系。

第三节，为了对中国国际收支的结构、特征有一个更深刻的认识，这一节我们列举了中国最重要的三个大国贸易伙伴——美国、日本、德国在 1982—2007 年间的国际收支案例，以此与中国作对比研究。为了增强这种对比研究的全面性，我们又在国际货币基金组织颁布的《国际收支手册》（第五版）的账户分类框架下（主要是把储备资产项包括在金融账户中），对中国、美国、日本、德国的国际收支两大账户进行比较研究，以便进一步确认中国国际收支的特征。这一节，我们还对中国、美国、日本、德国的货物贸易与服务贸易情况进行了研究比较。

第四节，我们对中国国际收支双顺差现象的成因进行了较为全面、深入地分析研究。对这一问题，我们从多个角度展开分析。中国外部的因素有不合理的国际货币体系、贸易统计规则的差异。内外交织的因素有国际产业转移，FDI涌入中国和中国加工贸易的快速发展。中国内部因素有中国国内总储蓄率长期在高位运行。对此，我们从中国的人口政策、人口年龄结构、中国总储蓄的内部结构及其变迁等多方面、多角度展开分析。

总之，我们认为，我国的国际收支双顺差实际上是在内、外因交织作用下、带有明显阶段性的一种国际收支的结构性不平衡。这与中国在由计划经济向着市场经济转轨过程中存在某些认识上的误区及执行中的政策偏误不无关系。这折射出了中国经济内部结构的某种失衡和中国政府公共职能的严重缺位。

第四章　中国国际收支账户实证研究

在这一章中，我们开始对中国国际收支账户展开实证计量分析。我们分析的重点是中国国际收支的经常账户。因为反映实体经济资源流动的经常账户在任何一国国际收支账户体系中都居于核心支配地位。相比较而言，国际收支的另一大基本账户，资本金融账户在本质上是为经常账户融资的，它虽然有自己某种独特的运行规律，但其仍以经常账户为基础，不能偏离经常账户太久、太远。在这一章中，我们还需研究中国经常账户收支的可维持性（Sustainability）或敛散性（Covergence or Diffusion）问题，以期判断当前中国国际收支经常账户在长期的变动趋势。本章另一个要研究的重要问题是中国国际收支经常账户和资本与金融账户之间以及各自细分账户间的动态关系，加入相关宏观经济变量之后的动态冲击响应关系，以便我们了解各账户之间是如何相互影响、相互作用的，为我们采取相应的调节政策提供理论指导。

第一节　中国国际收支经常账户中长期变动影响因素研究

在本节，我们通过参考借鉴国内外相关论题的比较重要的研究文献，以经济理论为基础，以储蓄—投资为分析研究问题的视角，同时考虑到中国一些具体的实际情况和数据的可获得性问题后，我们构建了一个反映中国国际收支经常账户中长期变动影响因素的可用于实证计量的结构模型。实证研究结果表明，在影响中国国际收支经常账户中长期变动的宏观经济基本面因素中，按相对重要性的大小依次为：开放度指标、滞后的净外国资产头寸、中国人均实际 GDP 数额、贸易条件指数和中国实际有效汇率指数。本节最后，我们提出了一些相关的政策建议。

一、需针对研究的中国国际收支问题（之一）

中国国际收支经常账户自 20 世纪 90 年代以来，除 1993 年全年整体是逆差外，其余年份都是顺差，特别是自 2004 年开始，经常账户顺差接连大幅攀升。比如，2004 年至 2007 年中国经常账户年度顺差分别达到 686.59 亿美元、1608.18 亿美元、2532.68 亿美元和 3718.33 亿美元，分别占当年中国 GDP 的3.6%、7.2%、9.5%、11.3%，增幅分别高达 134%、57.5% 和 46.8%[①]。2008年对中国经济来说是非常困难的一年，这一年中国宏观经济面临着来自国内外多重不利冲击：国内，重大自然灾害频发；国际上，源于美国的次债危机进一步蔓延、深化，最终演变为全球性的金融危机。因此，中国经济运行的不确定因素在加大，再加上人民币汇率 2008 年继续保持升值态势，中国政府调整出口退税政策，许多商品的出口退税率大幅下调甚至取消。在此国内外经济大背景下，2008 年对中国对外贸易部门来说也是非常困难的一年。据海关的初步统计，2008 年 1—9 月全国进出口总值为 19671.3 亿美元，同比增长 25.2%。其中，出口 10740.6 亿美元，增长 22.3%；进口 8930.7 亿美元，增长 29%，贸易顺差1809.9 亿美元，同比下降 2.7 个百分点[②]。由此看来，2008 年中国外贸顺差仍在高位运行，尽管增速有所回落。近些年来中国进出口贸易账户余额占整个经常账户余额量的八成左右，国际货币基金组织（IMF）对中国 2008 年经常账户顺差额度的预测值为 3993.25 亿美元，占中国 GDP 的 9.46%[③]。中国外贸顺差的持续积累相应导致中国政府外汇储备持有量的大幅攀升，2007 年末中国外汇储备高达 15282 亿美元，2008 年前三个季度中国外汇储备又增加到 19056 亿美元，继续稳居世界第一位。

中国国际收支长期存在大量贸易顺差的事实，在近几年越来越引起国内外无论是政界、商界还是学界的广泛关注。由此触发的以美国、欧盟、日本为主导的不断要求迫使人民币升值的压力集团也一直困扰着中国政府相关决策层，如果不能积极应对或处理不当很可能会恶化中国改革开放的外部环境。面对这种现实的需求，因此在理论上我们就很有必要剖析是哪些关键的宏观基本面因素在支配着中国国际收支的经常账户余额，特别是其长期的变动规律。理论是行动的先导，只有在析清、识别出能够确切影响中国经常账户收支变动的宏观经济变量的各种关系的基础上，我们才有可能获取对这一问题比较准确的认知，从而提出具有针对性的政策建议。

---

① 作者根据国家外汇管理局网站提供的历年中国国际收支平衡表数据整理、计算。
② 作者根据商务部网站商务统计栏目数据整理。
③ 国际货币基金组织、世界经济展望（IMF － WEO），2008 － 04。

二、相关重要文献回顾

Menzie Chinn 和 Eswar S. Prasad（2000）利用截面和面板回归等计量方法，分类或合并研究了 18 个工业化国家和 71 个发展中国家，1971—1995 年的国际收支数据的跨国、跨期变动规律，以期探究影响、决定各国经常账户收支中期和长期变动的经济变量。他们认为如下八个实体经济指标对一国国际收支经常账户相对规模（CA/GDP 作为因变量）变动发挥着重要的影响作用：政府预算/GDP；相对人均收入；人口依存率；平均实际 GDP 增长率；贸易条件波动程度；净外国资产头寸，NFA/GDP；开放度，（X + M）/GDP；金融深化，M_2/GDP。另外，他们在计量方程中还进一步引入了资本控制虚拟变量（CA、KA 如果存在严格控制取 1，否则，取 0），用以验证制度自由化指标对国际收支的影响。

Joseph W. Gruber 和 Steven B. Kamin（2007）借鉴了 Chinn 和 Prasad 的数据处理、计量方法，研究了全球 61 个国家 1982—2003 年 CA/GDP 的变化情况。除了包含如同 Chinn 和 Prasad 研究中所采纳的解释变量外，作者还增加了金融危机虚拟变量（出现在和开放度的交互项中）、石油收支项、政府机构的分级指标等新的变量。另外，NFA/GDP 采取的是滞后值，而不是当期值。金融发展水平指标的采取同 Chinn 和 Ito（2005）的处理方法，用私人信贷占 GDP 的比率代理。Gruber 和 Kamin 得出的重要研究结果有：（1）亚洲国家的经常账户顺差除了标准的解释变量外，在加入了金融危机解释变量后能够得到更好的说明。（2）一般来说较大经常账户顺差是和下面一些宏观经济变量相联系的：①较高的人均收入水平；②较低的 GDP 增长率；③较少的预算赤字；④较多的金融危机；⑤较高的 NFA/GDP；⑥较低的人口依存率；⑦较高的经济开放度。（3）特别是对于中国和印度尼西亚，制度变量一般和 CA 正相关。这意味着制度环境越不好，越易诱发资本外逃，于是造成 CA 盈余。

Dominick Salvatore（2006）利用 1973—2005 年 G−7 国家有关数据，检验了几个重要的解释变量和经常账户的关系。其计量方程如下：$C_t = b_0 + b_1 B_t + b_2 G_t + b_3 GR_t + b_4 C_{t-1} + \varepsilon_t$。其中，$C_t$ 表示第 t 期的 CA/GDP；B_t 表示第 t 期的政府预算余额/GDP；G_t 表示第 t 期的一国实际 GDP 的增长率；GR_t 表示第 t 期的除本国外世界 GDP 的增长率。根据经验，一般认为 CA 和政府预算的当期及滞后期有很大关系，为了防止回归方程中各期政府预算的滞后值之间出现共线性问题，作者采用滞后一期的 CA/GDP 即 C_{t-1} 来代替政府预算的各期滞后。为了克服随机误差项的序列相关问题，用 GLS（广义最小二乘法）估计方程。

Amelia Santos – Paulino 和 A. P. Thirlwall（2004）以自 20 世纪 70 年代中期先后实行贸易自由化政策的 22 个发展中国家为样本，利用动态面板（基于固定效应分析和广义矩方法 GMM）和时间序列/横截面等计量分析技术，研究估计贸易自由化对进出口增长、贸易收支及国际收支的影响。其主要研究结论：（1）贸易自由化独立于关税减让，且对进口有更大的影响。更多的贸易自由化相对于出口增加，进口增加的更多。贸易自由化使商品出口增加大约小于 2%，而使进口增长却超过 6%。（2）贸易自由化的净效应（非交互项）使贸易余额恶化超过 2%（占 GDP），但对经常账户的负向冲击要小些，平均来说使 CA 恶化大约 0.8%。（3）一国开始贸易自由化的初始条件不同，即高度保护还是有相对低的贸易保护，会使得贸易自由化后的冲击效应有很大的不同。初始条件有更多贸易保护的国家，贸易自由化后对 CA 的负向冲击效应会更大。

谢建国、陈漓高（2002）利用 1978—2000 年的时间序列数据，包括中国进出口值、中国 GDP、人民币实际汇率 RER、外国收入，通过协整和方差分解的计量手段，研究了中国贸易收支和人民币汇率之间的关系。结论是：人民币汇率贬值对改善中国的贸易收支并无明显影响，中国贸易收支短期主要取决于国内需求，长期主要取决于国内供给。

张茵、万广华（2005）对外国学者提出的模型进行了拓展研究，构造了一个 SVAR（结构向量自回归）模型，利用 1985—2000 年的季度数据来研究影响中国贸易收支的因素。文章检验了国外供给冲击、国内供给冲击、相对需求冲击及名义冲击四类因素对中国贸易收支的冲击效应，且区分了结构性（长期）和短期性因素。研究表明：（1）实际冲击（国外供给冲击、国内供给冲击、相对需求冲击）是影响中国贸易收支的主要因素；（2）人民币汇率虽然存在一定程度的低估，但汇率变动对贸易账户影响不大。因此，货币性手段不足以解决中国的贸易顺差问题。

上述文献大多针对国际收支中的经常账户或贸易账户的决定因素进行分析和实证检验，这对于我们分析中国的经常账户收支问题，即哪些因素影响、主导着中国的经常账户？中国经常账户较大顺差主要是由哪个或哪些因素导致的？这些问题是极富有借鉴研究价值的。尤其是贸易自由化对一国经常账户收支影响的研究成果，对于中国当前如何既能够更好地解决巨额贸易顺差，又能够以更积极的姿态参与经济全球化，最终达到内、外经济均衡发展的长远目标，具有十分重要的指导意义。

三、中国国际收支经常账户基本决定因素实证分析

（一）数据来源及说明与计量方程的设定

1. 变量选择、数据来源及说明

通过对上述国内外研究文献的深入分析，结合中国的实际，同时考虑到数据的可获得性，我们决定选取下列时间序列经济变量作为决定中国国际收支经常账户中长期变动的基本面因素。它们分别是政府预算收支差额占 GDP 的比例、中国 GDP 的实际增长率、除中国外世界 GDP 的增长率、金融深化的代理变量、M_2/GDP、净国外资产占 GDP 的比例（NFA/GDP）、开放度或贸易依存度指标、贸易条件 TOT、实际人均 GDP、实际人均 GDP 的平方、贸易自由化虚拟变量、经常账户控制虚拟变量。

上述变量的选取及下面计量方程的设定是基于结构的方法，在一国经济对外开放的背景下，一般来说经济理论和研究文献都把上述宏观变量作为决定一国储蓄 S 和投资 I 进而经常账户 CA 中长期变动的基本面因素。但从已有的国外重要的研究文献来看，其计量方程的设定都采取面板数据（Panel Data）模型形式，因此尽管是年度时间序列数据，但样本容量仍可以做到足够大，以便尽可能保证回归结果的准确和可靠。而我们的研究仅针对中国经常账户问题，截面成员仅有一个，为了尽可能获取一个较大的样本，我们决定用季度时间序列数据。因为中国从 1992 年才开始统计 GDP 的季度数据，因此我们选取的时间序列是从 1992 年第一季度至 2008 年第三季度。另外，对于有明显季节性的时序，我们还需要用"X12"的方法做季节调整。变量的形式、数据来源和必要的说明我们以表格和注释的形式给出（见表 4 - 1）。

表 4 - 1　　　　　　　变量选取、表示形式、数据来源及说明

变量形式	数据来源	变量说明
CAGDPSA	Wind 资讯；IMF - IFS	CA/GDP 经过季节调整，SA
GBGDPSA	Wind 资讯	GB/GDP 季度政府预算收支差额比同期 GDP，经过季节调整，SA
GDPG	Wind 资讯	中国 GDP 的实际季度增长率
WGDPG	OECD	除中国外世界 GDP 的实际季度增长率，主要以 OECD 国家代理
M2GDPSA	Wind 资讯；IMF - IFS	广义货币余额或货币加准货币，M_2，与同期 GDP 比值，经过季节调整，SA

续表

变量形式	数据来源	变量说明
NFAGDPSA（−4）	Wind 资讯；IMF－IFS	净外国资产与同期 GDP 之比，经过季节调整，且滞后 4 期（1 年）
LNREER	IMF－IFS；BIS	实际有效汇率的自然对数，2000 年为 100
OPENSA	Wind 资讯；IMF－IFS	开放度或贸易依存度，即进出口总额（X＋M）/GDP,%，经过季节调整
LNTOTSA	Wind 资讯；IMF－IFS	贸易条件的对数值，经过季节调整
LNRPCGDPSA	Wind 资讯；UN；ADB	实际人均 GDP 的自然对数，经过季节调整
LNRPCGDPSAQ	Wind 资讯；UN；ADB	实际人均 GDP 自然对数的平方，经过季节调整
CAGDPSA（−4）	Wind 资讯；IMF－IFS	CA/GDP,%，经过季节调整，且滞后 4 期
DUMY01Q3		时期虚拟变量，2001 年 12 月 11 日中国正式加入世贸组织，故 2001 年第三季度及之前取 0，之后取 1
DUMYCA		时期虚拟变量，1996 年 12 月始中国 CA 账户基本可兑换，故 1996 年第四季度及之前取 1，之后取 0

注：（1）CA/GDP 在我们实际操作中因为数据的可获得性方面的原因是用净出口，即商品出口 X 减去商品进口 M 比上同期季度 GDP 来代理。因为之前我们多次提到，商品净出口，进而贸易账户余额 TB，是构成中国经常账户 CA 的主体（八成左右），故这种代替虽有误差但应该说很小。季节调整的过程是对出口和进口分别作季节调整然后相减再除以同期经过季节调整的 GDP 值，不能对净出口直接作季节调整（乘法模型），因为存在负值。

（2）GDPG，中国季度 GDP 实际增长率，是同比增长率，季度 GDP 值是累加的。WGDPG，因为数据的可获取性原因，除中国外世界 GDP 的增长率，1992 年第一季度至 1995 年第四季度，以前 OECD 共 25 个国家代理，1996 年第一季度至 2008 第三季度，以当前全部 30 个 OECD 国家代理。因为 OECD 国家占世界 GDP 的比例一直保持在 2/3 左右，且其中许多国家一直是中国最重要的贸易伙伴，故用它们 GDP 增长率作为除中国外世界 GDP 的增长率，以代表对中国产品的外部需求应该说是合适的。为保持和 GDPG 的可比性也选用同比增长率。

（3）NFAGDPSA（−4），此处采纳 Joseph W. Gruber 和 Steven B. Kamin（2007）对变量 NFA 的处理方法，因为 NFA 实际上是过去经常账户余额的累积，用其滞后值是为了尽量避免和因变量相关的可能性。但原文献是年度时序，且滞后一期，我们这里用的是季度时序，故滞后四期。

（4）LNTOTSA，贸易条件的定义是出口商品单位价格指数与进口商品单位价格指数之比。但到目前为止还没有连续、公开的中国进出口商品单位价格指数数据，故这里我们采纳张晓朴（1999）的处理方法，用出口额比上进口额来代理贸易条件指数。

（5）LNRPCGDPSA，因为没有人口数据的季度值，该变量的处理我们是用季度 GDP 与对应的年度总人口之比获得。因为 1992—2008 年中国人口的年增长率在1.2% ~0.5%波动，这种处理虽有误差，但应该很小。

（6）LNRPCGDPSAQ，该解释变量是为了检验经常账户收支和实际人均收入之间的非线性 U 形关系。即检验第二章第四节经常账户收支的发展阶段假说。

（7）CAGDPSA（−4），对该变量的处理采纳 Dominick Salvatore（2006）和 Amelia Santos－Paulino 和 A. P. Thirlwall（2004）的方法。但原文献是年度时序，且滞后一期，我们这里用的是季度时序，故滞后四期。

2. 计量方程的设定及变量的单位根检验

我们拟设定的中国国际收支经常账户 1992 年第一季度至 2008 年第三季度时间序列计量方程如下：

$$CAGDPSA = a_0 + a_1\, GBGDPSA + a_2\, GDPG + a_3\, WGDPG + a_4\, M2GDPSA + a_5\, NFAG\text{-}DPSA\,(-4) + a_6\, LNREER + a_7\, OPENSA + a_8\, LNTOTSA + a_9\, LNRPCGDPSA + a_{10}\, LNR\text{-}PCGDPSAQ + a_{11}\, CAGDPSA\,(-4) + a_{12}\, DUMY01Q3 + a_{13}\, DUMYCA + a_{14}\,(DUMY01Q3 \times OPENSA) + u_t \tag{4-1}$$

为了避免上述计量方程的虚假回归问题，且我们想检验该方程是否是一个变量间具有长期关系的协整方程，于是，我们首先对所有的时序做单位根检验，检验的结果如表 4-2 所示。

表 4-2　　　　　　　　　　时序的单位根检验结果

时序变量	检验类型	ADF 统计量	1%临界值	5%临界值	10%临界值
CAGDPSA	(c, t, 0)	-2.94	-4.10	-3.48	-3.17
DCAGDPSA	(c, 0, 0)	-9.38***	-3.53	-2.91	-2.59
GBGDPSA	(c, t, 5)	-1.10	-4.11	-3.48	-3.17
DGBGDPSA	(0, 0, 4)	-4.48***	-2.60	-1.95	-1.61
GDPG	(c, t, 3)	-1.60	-4.11	-3.48	-3.17
DGDPG	(0, 0, 4)	-2.85***	-2.60	-1.95	-1.61
WGDPG	(c, t, 5)	-3.06	-4.11	-3.48	-3.17
DWGDPG	(0, 0, 4)	-3.68***	-2.60	-1.95	-1.61
M2GDPSA	(c, t, 2)	-0.80	-4.11	-3.48	-3.17
DM2GDPSA	(c, t, 1)	-4.67***	-4.11	-3.48	-3.17
NFAGDPSA (-4)	(c, t, 0)	1.22	-4.11	-3.48	-3.17
DNFAGDPSA (-4)	(c, 0, 1)	-2.89*	-3.54	-2.91	-2.59
LNREER	(c, t, 5)	-2.23	-4.11	-3.48	-3.17
DLNREER	(0, 0, 0)	-8.38***	-2.60	-1.94	-1.61
OPENSA	(c, t, 3)	-2.26	-4.11	-3.48	-3.17
DOPENSA	(0, 0, 1)	-4.71***	-2.60	-1.94	-1.61
LNTOTSA	(0, 0, 1)	-1.29	-2.60	-1.94	-1.61

续表

时序变量	检验类型	ADF 统计量	1%临界值	5%临界值	10%临界值
DLNTOTSA	$(0, 0, 0)$	-10.13 ***	-2.60	-1.94	-1.61
LNRPCGDPSA	$(c, 0, 10)$	-0.18	-3.55	-2.91	-2.59
DLNRPCGDPSA	$(c, 0, 1)$	-4.31 ***	-3.54	-2.91	-2.59
LNRPCGDPSAQ	$(c, 0, 2)$	-0.27	-3.54	-2.91	-2.59
DLNRPCGDPSAQ	$(c, 0, 1)$	-4.01 ***	-3.54	-2.91	-2.59
CAGDPSA (-4)	$(c, t, 0)$	-2.68	-4.11	-3.48	-3.17
DCAGDPSA (-4)	$(0, 0, 0)$	-9.28 ***	-2.60	-1.95	-1.61

注：（1）ADF 统计量数字上面的 *、**、*** 分别表示在 10%、5%、1% 的显著水平下拒绝 H_0：有一个单位根。

（2）(c, t, k) 分别表示常数项（截距）、时间趋势、滞后阶数，这里滞后阶数由 EViews5.0 软件按 AIC 规则自动选取。

对上述时序的单位根检验后发现，原序列都是不平稳的一阶单整序列，即 I（1）序列。一阶差分后所有时序除 DNFAGDPSA（-4）在 10% 的显著水平下平稳外，其余差分序列均在 1% 的显著水平下平稳。这样根据 E - G（Engle 和 Granger，1987）两步法，时序间满足协整（Intergration）检验的前提条件。

（二）实证检验的结果及分析

1. 计量检验的结果

因为因变量的滞后项 CAGDPSA（-4）同时作为解释变量出现在方程的右边，这样，为了避免残差项的序列相关问题，我们引入残差的 AR（1）、AR（2）自回归项来修正，即

$$u_t = \theta_1 u_{t-1} + \theta_2 u_{t-2} + \varepsilon_t \qquad (4-2)$$

另外，在存在异方差的情况下，为了仍然能够得到基于 OLS 估计的合理的统计推断，对回归系数的标准差我们用 White 异方差一致协方差进行了计算[①]。综合以上情况后，式（4-1）OLS 的回归结果见表 4-3。

---

① 这种考虑是在预先进行回归，发现存在异方差后作出的。

表 4 - 3　　　　　中国国际收支经常账户决定因素多元方程 OLS 回归结果

因变量（被解释变量）：CAGDPSA

样本（调整后）：1993Q3 2008Q3

观察值：61 个

怀特异方差一致标准误和协方差

解释变量	回归系数	标准误	t 统计量	概率
C	76. 33326	44. 05994	1. 732487	0. 0902
GBGDPSA	− 0. 034080	0. 048189	− 0. 707216	0. 4832
GDPG	− 0. 026940	0. 076248	− 0. 353316	0. 7255
WGDPG	0. 074164	0. 109297	0. 678553	0. 5010
M2GDPSA	− 0. 004172	0. 003689	− 1. 130893	0. 2642
NFAGDPSA（−4）	− 0. 023346	0. 011547	− 2. 021806	0. 0493
LNREER	3. 639768	1. 123010	3. 241083	0. 0023
OPENSA	0. 094840	0. 038253	2. 479272	0. 0171
LNTOTSA	18. 49993	0. 782658	23. 63730	0. 0000
LNRPCGDPSA	− 28. 37677	12. 14671	− 2. 336168	0. 0241
DUMY01Q3	1. 828188	1. 479540	1. 235647	0. 2231
DUMY01Q3 * OPENSA	− 0. 049870	0. 039223	− 1. 271459	0. 2102
LNRPCGDPSAQ	2. 126492	0. 826577	2. 572649	0. 0135
CAGDPSA（−4）	− 0. 002735	0. 032856	− 0. 083247	0. 9340
DUMYCA	0. 513540	0. 179574	2. 859776	0. 0065
AR（1）	0. 988949	0. 154470	6. 402210	0. 0000
AR（2）	− 0. 309725	0. 146179	− 2. 118805	0. 0398
拟合优度 R²	0. 989729	D. W. 值		1. 949226
调整的拟合优度 R²	0. 985995	F 值（概率）		0. 000000

注：一些参数不显著，可能是因样本容量造成的。不过对我们所选用的变量季度时序，应该说是研究中国上述问题到目前为止较长的了。为此，在下文对不显著的变量我们一般也会给出分析说明。

接着我们对回归的残差作高阶序列相关的 LM 检验，结果见表 4 - 4：

表 4 - 4　　　　　　　多元方程回归后残差序列相关的拉格朗日乘子

（LM）检验（滞后阶数 p = 4）

Breusch – Godfrey Serial Correlation LM Test：

F – statistic	1. 233816	概率	0. 311992
Obs * R – squared	6. 699662	概率	0. 152637

通过表 4 - 4 的结果，再加上原回归结果中检验残差一阶自相关的 D. W. 值为 1. 95，我们认为自相关问题得到解决。另外，我们还对上述回归结果的残差进行了 Jarque - Bera 正态性检验和 ARCH - LM 检验，结果表明该回归残差满足正态分布，也不存在 ARCH 效应。

最后我们对上述 OLS 回归结果的残差水平序列作单位根检验，也就是进行 E - G 两步法的第二步。单位根检验的类型是（0，0，0），ADF 统计量是 - 7. 76，1% 显著水平下的临界值是 - 2. 60，故检验结果在 1% 显著水平下拒绝有一个单位根的零假设，即残差序列是平稳的。综上，式（4 - 1）实际上是一个变量间具有长期均衡关系的协整方程，协整检验的 E - G 两步法比较准确可靠，其 OLS 回归结果不是谬误回归。

2. 对回归结果的分析

许多相关研究文献发现，政府预算收支和一国国际收支经常账户变动一般呈同向关系，即更多的政府预算盈余一般会导致更多的经常账户顺差。但我们回归的结果表明 $GBGDPSA$ 前的系数很不显著，且二者呈反向变动关系。这种现象 Mann（1986）曾经提出，称为倒转的 J 曲线效应。对此的可能解释：因为 $C + I + G + (X - M) = Y = C + S_P + T$，如果不考虑本国居民自国外获得的净要素收入，即令 $NFP = 0$，则经常项目余额 $CA = TB + NFP = X - M = S_P - I + (T - G)$。如果政府预算是赤字，即 $T - G < 0$，但只要 $S_P - I > 0$，且总体上 $S_P - I + (T - G) > 0$，就可保证 $CA > 0$，这或许反映出在整体上中国有更高的私人储蓄率（包括居民和企业储蓄率）。

有些研究文献发现，一国 GDP 的实际增长率 $GDPG$ 能够反映出该国劳动生产率的变化。劳动生产率越高预示着资本收益可能越高，于是诱发更多投资。同时，如果行为主体预期可获取未来潜在的更高收益，就会导致其储蓄率的下滑，这样会使 $GDPG$ 和 CA 产生负相关关系。但另有一些研究文献却认为二者关系不明确。我们的回归结果虽然表明中国 GDP 的增长率在统计上表现出高度的不显著性，但其回归系数为 - 0. 027 似乎证明了它与中国 CA 之间可能存在轻微的负相关关系。

除中国外世界 GDP 的增长率 $WGDPG$，在我们的分析样本中也是很不显著的。但符号和经典理论及大多数相关实证文献结果相同，即符号为正，表现出和中国经常账户余额的同向关系。也就是说如果能以除中国外世界其他国家或地区的经济增长率代表它们中国产品的外部需求，那么中国外部世界的经济增长得越快，中国的经常账户顺差规模就越大。

许多文献都以 M_2/GDP 作为一国金融深化指标的代理变量，它与一国经常账户的关系一般来说是不明确的。在我们的回归结果中，$M2GDPSA$ 变量是不显著的，其回归系数表现出和中国的经常账户存在极轻微的负相关关系。这可能是因为近些年来中国的资本市场无论广度或深度都有了一定程度的发展，银行等金融机构的市场化改革取得初步成效，造成在总体上居民面临的流动性约束有了某种程度的缓解，于是居民储蓄率相对减少，对经常账户盈余产生负向冲击。

回归结果中，$NFAGDPSA$（−4）变量在 5% 的显著水平下显著，回归系数的符号为负。也就是说中国净外国资产经过累计一年的滞后会对当期（季度）的中国经常账户顺差产生负向影响：NFA 占 GDP 的存量每增加 1%，经过一年后会使 CA 顺差减少 0.023%。这可能表明，一方面中国净外部资产头寸虽然近些年来一直在增加，但其净收益很低，甚至为负，这实际上拉低了中国 CA 顺差增加的幅度；另一方面，这或许反映出近些年来中国政府越来越重视对自己日益庞大的净外部财富的有效利用，缓解过高的贸易顺差对中国经济造成的内外压力。因为从缓冲存量储蓄视角看，一国拥有更多的 NFA，使得该国更有能力降低经常账户盈余。

人民币实际有效汇率变量在我们回归的结果中是很显著的（1% 的显著水平下），且符号为正，人民币实际有效汇率每上升 1%，会使中国 CA 盈余增加 0.036 个百分点。这和经典理论或其他许多研究结论相悖，但却符合中国的现实。因为自 2005 年 7 月 21 日汇改以来，人民币名义汇率一直处于升值态势，人民币实际有效汇率总体上也不断走高（$REER$ 数值变大，表示升值，见图 4−1），但中国贸易顺差反而在持续放大。在该问题上我们认同 Michael B. Devereux 和 Hans Genberg（2007）的观点。因为中国的进出口贸易中有一半以上是采取加工贸易的形式，加工贸易是"两头在外"的贸易，它一般会产生一个正的增加值，即外贸顺差。近些年来中国贸易盈余持续大幅攀升主要是由加工贸易顺差引起。这样在贸易弹性不是很大，人民币升值产生的支出转换效应就可能会较小，但如果因升值减少了中间品的支付价格而产生的实际收入效应又很明显的话，那么中国 CA 顺差就有可能进一步放大。

中国对外贸易的开放度指标 $OPEN$ 在我们的回归结果中是较显著的（5% 的显著水平下），回归系数约为 0.095，即中国对外贸易开放度或依存度每提高一个百分点，就会使中国经常账户顺差增加近 0.095 个百分点。这在某种程度上反映出中国对外贸易的出口导向特征，即相对于进口额的增加，出口往往增加

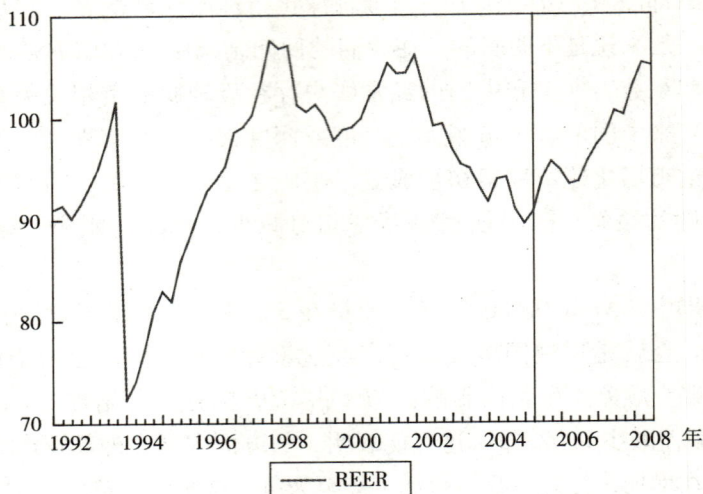

资料来源：IMF – IFS、BIS。

图 4 – 1　人民币实际有效汇率走势（1992 年第一季度至 2008 年第三季度）

得更多。

　　中国贸易条件指数，在回归结果中是高度显著的，且表现出和 CA 账户之间较强的正向关系：中国贸易条件指数每上升 1%，会使 CA 账户盈余增加 0.185%。

　　根据第二章第四节的国际收支成长阶段假说，一国的实际人均收入由低收入到中等发达国家人均收入水平是典型的净资本输入国，此阶段国际收支一般表现为资本账户 KA 顺差，经常账户 CA 逆差。等到实际人均收入达到一个更高的阶段，国际收支就会呈现出 CA 顺差的特征，用以弥补累积的外债余额，并向相对不发达的国家输出资本，本国 KA 账户出现逆差。为了检验该假说对中国国际收支经常账户发展阶段的适用性，我们在计量方程中引入了中国人均实际收入及其平方项。在回归结果中，二者均在 5% 的显著水平下显著。并且，人均实际收入项的系数为负，人均实际收入的平方项的系数为正（U 形曲线）。这预示着随着中国人均实际收入的增加，中国经常账户顺差的规模可能会下降。根据国际货币基金组织统计，2007 年中国人均国内生产总值为 2483 美元（现价），在 181 个国家和地区中位居第 106 位，中国仍属于中下收入国家行列。因此，上述计量回归的结果实际上也验证了杨柳勇（2002）对当前中国中国国际收支结构超越中国经济发展水平的认定。他认为中国国际收支结构已提前进入萨缪尔森总结的国际收支成长阶段假说的第三阶段，即新兴的债权国阶段。

以正式加入世贸组织来彰显中国对外贸易自由化决心的虚拟变量 *DUMY*01*Q*3 在我们的回归结果中是不显著的，但回归系数符号为正，符合中国的实际经验。表明中国在加入世贸组织后由于面临的贸易壁垒大大减少（例如，加入世贸组织之前，美国几乎年年动用特别法案对中国的贸易最惠国地位进行审核），更加有利于中国扩大对外出口。但这有悖于 Amelia Santos – Paulino 和 A. P. Thirlwall（2004）的研究结论。另外，我们在计量方程中还加入了贸易自由化虚拟变量和开放度的交互项，以检验二者的联合效应。但回归结果也不显著，符号为负，和二者各自的"纯粹"效应符号相反。这表明中国的贸易自由化联合上更高的开放度指标可能会降低中国经常账户顺差的程度。

中国经常账户自由兑换虚拟变量 *DUMYCA*，在 1% 的显著水平下显著，且回归系数为正，这充分表明中国开放经常账户下的货币自由兑换有助于中国经常账户顺差的形成和放大。

为了反映政府预算收支差额的各期滞后值对国际收支经常账户的动态影响，但又要消除它们之间可能存在的高度相关性，我们采纳 Dominick Salvatore（2006）的处理方法，用滞后一年也就是滞后 4 个季度的 *CAGDPSA*（−4）来代理政府预算收支差额的各期滞后。该变量在回归结果中表现为高度的不显著性，且系数为负，这和许多实证结论符号相反。其可能的原因同对回归结果中 *GBGDPSA* 项的解释类似。

3. 回归结果核心解释变量相对重要性分析

我们把在 5% 的显著水平下，回归显著的解释变量：*NFAGDPSA*（−4）、*LNREER*、*OPENSA*、*LNTOTSA*、*LNRPCGDPSA*[①]，作为影响中国经常账户中长期变动的核心经济变量。一般来说，我们不能直接用回归方程中回归系数的大小（绝对值）来判断每个解释变量的相对重要性。在这里我们按照伍德里奇（2003）所给出的方法对原回归系数进行修正，以便得到可以用于直接比较的标准化的 β 系数[②]。

具体的计算公式：$\hat{b}_j = (\hat{\sigma}_j / \hat{\sigma}_y) \hat{\beta}_j, j = 1, \cdots, k$ （4 − 3）

在式（4 − 3）中，$\hat{b}_j$ 为标准化的 β 系数；$\hat{\sigma}_j$ 为解释变量样本的标准差；$\hat{\sigma}_y$ 为因变量样本的标准差；$\hat{\beta}_j$ 为原回归系数。具体的计算结果见表 4 − 5。

---

① *LNRPCGDPSAQ* 虽然在我们的回归结果中表现出较强的显著性，但我们用该实际人均收入平方项的目的是检验中国国际收支的成长阶段（U 形）假说，其本身并没有经济含义，故这里不列出。

② 资料来源：伍德里奇. 计量经济学导论：现代观点 [M]. 北京：中国人民大学出版社，2003：174 – 175.

表 4 - 5　　　　　　　　　回归显著的解释变量系数的标准化

解释变量	原 β 系数	$\hat{\sigma}_j$	$\hat{\sigma}_y$	标准化 β 系数（绝对值）
NFAGDPSA（-4）	-0.023	50.04269	2.627244	0.438
LNREER	0.0364	0.083803	2.627244	0.00116
OPENSA	0.095	13.27022	2.627244	0.48
LNTOTSA	0.185	0.109917	2.627244	0.00774
LNRPCGDPSA	-0.284	0.641004	2.627244	0.0693

注：对于方程 $y = \beta_0 + \beta_1 \ln x$ 形式，x 增加 1% 时，y 的变动幅度为 $\beta_1/100$ 个单位。故 LNREER、LN-TOTSA 和 LNRPCGDPSA 的原回归系数都要除以 100。

根据表 4 - 5 计算的结果，在影响中国国际收支经常账户中长期变动的宏观基本面经济因素中，按相对重要性的大小依次为：开放度指标（OPENSA）、滞后的净外国资产头寸 [NFAGDPSA（-4）]、中国人均实际 GDP 数额（LNRPCGDPSA）、贸易条件指数（LNTOTSA）和中国实际有效汇率指数（LNREER）。这样，当我们在对中国国际收支经常账户作出中长期战略政策调整以期更符合国际、国内客观环境时，我们就有了充分的理论根据找准政策调整的着力点。

四、结论及相关政策调整建议

在本书中，我们通过参考、借鉴国内外相关论题的比较重要的研究文献，以经济理论为基础，以储蓄—投资为分析研究问题的视角，同时考虑到中国一些具体的实际情况和数据的可获得性，我们构建了一个反映中国国际收支经常账户中长期变动影响因素的能用于实证计量的结构模型。这个模型的中长期特点是由我们所采纳的 E - G 两步法的协整分析来体现的。根据经济理论，对一国总储蓄有重要影响的人口因素，（可细分为未成年人口依存率或抚养比和老年人口依存率两个指标）因该变量季度数据无法获取而没有纳入到我们的分析模型中。除此之外，其他能够影响到中国国际收支经常账户变动的宏观基本面因素应该说我们都比较充分地考虑到了。根据我们模型的回归结果，在 5% 的显著水平下，通过对回归系数的标准化，我们得到对中国国际收支经常账户中长期变动的影响因素按照影响力大小的排序依次为开放度指标、滞后的净外国资产头寸、中国人均实际 GDP 数额、贸易条件指数和中国实际有效汇率指数。

中国国际收支经常账户顺差近些年来持续、迅速增加，虽然是中国经济快速发展，整体竞争力提升的结果，但实际上也折射出我们的经济结构存在某种程度的扭曲和失衡。这又以中国内、外经济的各种矛盾和摩擦体现出来。当前，中国政府也充分认识到了外贸顺差过大问题的紧迫性、严重性，陆续出台了一些相关的、强有力的经济调整政策。我们认为经济调整政策应该充分考虑到以下几点：

第一，中国对外贸易开放度或贸易依存度指标在我们的计量回归中表现出对中国经常账户余额的最大影响力，且二者是正相关关系，因此，为了使过度的对外贸易顺差有所降低，我国势必要降低对外贸易的依存度，特别是出口依存度。因为中国的经常项目顺差主要源于加工贸易的高额顺差，近期出台的一些提升外贸结构，限制低附加值或资源类等加工贸易出口的政策，应该说是缓解该问题的有益尝试。

第二，对中国经常账户变动影响力居第二位的是净外国资产的滞后变量，且二者存在轻微的负相关关系。一国不同时期经常账户余额累计起来就形成了一国在外的各种资产或负债，中国在海外的净资产的增加也正是中国经常账户顺差不断累积的结果。但中国海外净资产经过一年的滞后反而对当前中国的经常账户余额产生削减作用，这似乎是向我们揭示出中国海外净资产的相对低收益性，或存在某种程度的净损失。对此，近几年中国政府也越来越重视对中国庞大的外汇储备资产的管理。因为根据中国国际投资头寸表数据，外汇储备资产占到 2007 年中国对外金融资产的近 67%。2007 年 9 月属于主权财富基金（SWFs）[1] 性质的中国投资有限公司（简称中投公司，CIC）正式挂牌成立，其目的是谋求外汇储备投资的多元化，以便尽量降低投资风险和获取较高的投资收益。这无疑是应对该问题的有益尝试。

第三，中国实际人均 GDP 增长率在我们的实证回归中表现出较明显的对中国经常账户余额的负向影响。标准化的回归系数显示，中国实际人均 GDP 每增加 1%，就会使中国经常账户盈余减少近 0.07 个百分点。中央政府已经把中国走科学发展、和谐社会的道路作为中国经济进一步发展的基本国策，反复强调中国改革开放、经济增长的成果要能为所有中国人民分享，在收入分配上要适当向中低收入群体倾斜，因此，当前我们所要做的就是加大该政策执行贯彻的力度，以期出现多赢的局面：较快的经济增长；合理收入差距下与经济增长相适的人均收入的较快增长；适度的经常账户顺差规模。

---

[1]　主权财富基金（Sovereign Wealth Funds）源于一国中央银行的外汇储备。是一种国家所有，对外汇储备进行管理、投资的基金。Simon Johnson、Geroge Magnus 等（2007）认为一些国家国际收支经常账户长期保持大额顺差，致使外汇储备累积过多，超过应急需要，于是政府希望通过设立主权财富基金，拿出一部分外汇储备来进行投资，以赚取高额的投资回报。

第四，贸易条件变量在我们标准化的回归系数里，表现出和经常账户收支间很微弱的正相关关系。这提醒我们，中国出口产品的质高价优比依靠出口产品的低质低价所获取的大量账面上的贸易顺差，更有利于国内资源的合理利用，同时也较不容易引发贸易冲突和摩擦。因此，旨在提升产品结构，增强自主研发和获取自主知识产权的能力，从而提高出口产品的附加值，应该是这方面政策调整的方向和重点。

第五，标准化回归系数的结果显示，人民币实际有效汇率在上述五个核心解释变量中对中国国际收支经常账户变动的影响力度最小，但其影响的方向却表现为正向关系。这提醒我们，单靠人民币名义汇率升值的方式根本不足以减少中国的外贸顺差。因为实际汇率的升值还和中国国内以及中国贸易伙伴国的物价水平相关，名义汇率的升值不一定必然导致实际汇率的升值。即便人民币名义汇率升值能够导致人民币实际汇率的升值，但根据我们的实证分析结果，这反而会造成中国外贸顺差的增加。这也从侧面证明，中国的经常账户顺差应该是结构性顺差，而非汇率等货币性因素引起。故为了把中国经常账户顺差控制在合理的规模内，我们应该调整中国的经济结构，特别是对外贸易的进出口结构。

第二节 中国国际收支经常账户可维持性研究

这一节，我们对中国国际收支经常账户的长期可维持性（Sustainability）问题展开实证研究。中国的对外贸易顺差乃至经常账户顺差近些年来持续高涨，那么我们势必会问这种高顺差现象是对长期趋势的短暂偏离还是一种在长期根本就不可以维持的发散行为。对此问题的研究，我们以中国 1995 年 1 月至 2008 年 9 月的月度进出口贸易数据为样本，依据理论模型的推导，采用较简洁的 Engle—Granger 协整关系方法论，对全样本和以 2001 年 12 月为界的两个子样本（1995 年 1 月至 2001 年 11 月与 2001 年 12 月至 2008 年 9 月）分别进行了协整检验。并对两个子样本，在协整回归的基础上建立了误差修正模型（ECM）。我们得出如下结论：无论对于全样本还是两个子样本，我们发现中国月度出口和进口之间的协整关系都是存在的。中国的贸易盈余并没有失控，经常账户的跨期预算约束并没有被违反。

一、需针对研究的中国国际收支问题（之二）

当前，国际收支失衡已经成为各主要贸易国家或地区普遍关注的热点问题。

国际收支账户里，主要反映实体经济层面贸易往来的经常账户失衡问题又成为研究、讨论的焦点。美国持续攀升的庞大的经常账户赤字（2007年底美国经常账户赤字达到7386.36亿美元，占其GDP的5.34%）和以中国为代表的东亚国家持续大量的贸易盈余，以及伴随盈余积累起来的巨额外汇储备成为这一问题的显著标志。自20世纪90年代始，中国仅在1993年出现过经常账户约119亿美元赤字外，其余年份都是顺差。特别是在2001年中国加入世贸组织后贸易顺差持续大幅攀升。中国2007年经常账户盈余达到3718.33亿美元，比2006年又增长了46.8%，占当年中国GDP的11.3%，同比增加了1.77个百分点。外汇储备2007年底达到15282亿美元，同比净增4619亿美元，继续稳居世界第一①。2008年面对美国次债危机引发的全球金融危机的不利冲击，中国对外贸易面临的困难和不确定性都在加大。但据海关初步统计，2008年1月至9月全国进出口总值为19671.3亿美元，同比增长25.2%，增幅比上年同期提高1.7个百分点。其中，出口10740.6亿美元，增长22.3%，增幅同比下降4.8个百分点；进口8930.7亿美元，增长29%，增幅同比大幅增加了近10个百分点；1月至9月累计贸易顺差达1809.9亿美元，同比下降2.7%②。尽管如此，当时国际货币基金组织对中国2008年的经常账户余额顺差的预测值仍高达3993.25亿美元，预计占2008年中国GDP的9.46%。

乍看起来，中国的贸易盈余似脱缰的野马，持续高涨，难以遏制，那么它是否已经失控了呢？即中国的贸易收支在长期是可维持的吗？当前持续的大额贸易顺差是否是一种对中国长期贸易收支平衡趋势的短期偏离现象？对此类问题的回答我们不能根据表面现象妄加猜测与定论。任何有意义的、有参考价值的结论都要建立在有较大样本数据量的实证计量模型的基础上。

二、相关文献述评

20世纪80年代，一国经济外部平衡标准被重新定位，再次回到强调经常账户平衡的目标上来。经常账户通常被政策制定者和投资者看做一个国家经济绩效的"晴雨表"。因为自那时的实践表明，即使一国国际收支总体上是平衡的，如果经常账户不平衡，尤其是不能持续，那么其国际收支也是不稳定的，如遇重大的外部经济冲击，很容易发生逆转。这样外部平衡被定义为"与一国宏观

---

① 作者根据国家外汇管理局网站提供的历年中国国际收支平衡表和中国历年外汇储备数据整理、计算。

② 作者根据商务部网站商务统计栏目数据整理。网址：http://zhs.mofcom.gov.cn/tongji.shtml。

经济相适应的合理的经常账户余额。"（姜波克，1999）这一"合理"主要体现在它的经济理性和可持续性方面。

另外，随着跨期或动态最优化方法（Obstfeld 和 Rogoff，1994；Razin，1995；Helmut Reisen 等，1998）的引入，这一定义也得到相应拓展，也就是更加强调经常账户的可持续性方面。跨期动态最优化方法认定，在一个没有资本控制的开放经济中，当前经常账户的赤字或盈余都是由前瞻性的经济主体作出的储蓄和投资最优决策的结果，只要在长期经常账户能够达到总体平衡即可。这样，一国有可能在一段时期内出现贸易顺差，而在另一时期内出现贸易逆差，甚至出现长期的贸易逆差或顺差，但如果在某个有限期界 n 内，有 $CA_1 + CA_2 + CA_3 + \cdots + CA_n = 0$，则该国的经常账户就是可维持的。

任永菊（2003）根据我国1980—2001年的数据，在建立 VAR 模型的基础上，检验了我国出口和进口之间的协整关系。并且，在建立格兰杰因果关系模型的基础上检验了二者间的因果关系。结果表明，二者间不仅存在协整关系（我国进出口之间在长期会存在比较稳定的协同变动关系，也就是说贸易平衡在长期是可以达到的，当前无论是贸易顺差或是逆差都是短期现象，存在短期向长期均衡的调整、复归运动），而且在滞后期1~2年时，进口是出口的格兰杰原因，反之，不成立。

栾惠德、张晓峒（2007）通过对中国1950—2004年进出口贸易的年度时间序列数据的考察，利用 Ben – David 和 Papell（1997）采用的检验内生结构突变的方法和他们自己计算的 Monte Carlo 模拟临界值，找到了一个中国进出口贸易的内生结构突变点。但在整个样本期发现，中国出口值的对数减进口值的对数是趋势平稳的，这意味着我国进出口之间存在稳定的长期关系。他们认为即便是1994年人民币汇率并轨，1997年亚洲金融危机都没有使我国对外贸易平稳增长的趋势产生根本性偏离。

Ahmad Zubaidi Baharumshah 、Evan Lau 和 Stilianos Fountas（2003）在一个跨期预算模型的框架下，检验了四个东亚新兴工业化国家（印度尼西亚、马来西亚、菲律宾、泰国）1961—1999年经常账户失衡（赤字）的可维持性问题，该研究是基于各种单位根和协整检验方法，同时考虑了经济结构断点。

Augustine C. Arize（2002）以世界50个国家（包括 OECD 国家和发展中国家），1973年第二季度至1998年第一季度的进出口季度数据为样本，在 Husted（1992）经常账户跨期理论模型的基础上，构造了一个易于计量检验的进出口关系协整模型。考虑到协整向量在较长时期内可能会因结构断点而发生改变，作者采用检验内生结构断点的超级 F（SupF）检验技术。通过 Johansen 协整方法，作者发现在 50 个国家中有 35 个国家进出口之间存在协整关系。

Manuchehr Irandoust 和 Boo Sjöö（2000）以瑞典为案例，研究了瑞典在 1980 年第一季度至 1995 年第四季度的贸易收支和经常账户收支问题，使用的计量方法是 Johansen 协整检验和 VECM（向量误差修正模型）。其目的是检验国际收支的跨期方法所认定的基本事实：如果一个经济系统满足它的跨期预算约束条件，决定经常账户的非平稳变量在长期一定存在协整（收敛）关系，即经常账户无论在目前是赤字还是盈余，在长期都应该平衡。如果不存在协整关系，意味着经济系统遭受了持久的生产率冲击或该国存在长期的政策扭曲，从而导致国际收支的不平衡。对瑞典的实证检验，基本证实了上述跨期方法认定的事实。

我们此处的研究也是基于跨期的方法，拟通过检验中国进出口时间序列是否存在协整关系，来判断二者之间的长期趋势是走向收敛还是发散，从而确定中国经常账户的敛散性。但本书和已有文献，尤其是国内相关研究一个很大不同点在于，我们使用的是最近十几年来中国贸易账户呈现单方向顺差变动的显著特征，且是频度较高的月度进出口数据。这样，通过实证分析我们就可以更好地集中回答我们所提出的问题。和国内此类研究的另一个显著不同在于，我们拟通过经验事实引入一个外生的结构断点，从而把整个样本分成两个子样本，然后对子样本分别作协整检验。如果存在协整关系，在此基础上分别对子样本作误差修正模型，然后根据误差修正模型的反向修正系数大小，判断经济结构断点前后，经济系统本身对其短期波动偏离长期均衡路径的修复力度。这样，对当前正在实施的或将来可能实行的中国国际收支调节政策的效果，我们就会有更清晰的认知，从而做到政策调节的有的放矢。

三、模型与数据

（一）理论模型

为了得到一个在理论模型的基础上便于进行计量分析的实证模型，我们的经常账户动态（跨期）分析的理论框架主要遵循 Hakkio 和 Rush（1991）以及 Husted（1992）的分析方法。给定一个只生产和出口单一组合商品的小型、开放经济体，假定没有政府，代表性消费者在其预算约束下谋求终生效用的最大化，他可以在国际金融市场上面对给定的世界利率，以一期金融工具自由借贷，其预算方程可表示为

$$C_0 = Y_0 + B_0 - I_0 - (1 + ir_0)B_{-1} \qquad (4-4)$$

式中，C_0 为当期消费；Y_0 为当期产出；I_0 为当期投资；ir_0 为世界利率；B_0 为国际借（正值）贷（负值）；$(1+ir_0)B_{-1}$ 为初始债务，对应于该国的外债。把上述不同时期代表性消费者的预算约束加总（方程向前迭代）就得到整个国家或地区的跨期预算约束方程：

$$B_0 = \sum_{t=1}^{\infty} \delta_t \times TB_t + \lim_{n \to \infty} \delta_n \times B_n \qquad (4-5)$$

式中，TB_t 为第 t 期的贸易账户收支，$TB_t = EX_t - IM_t = Y_t - C_t - I_t$；$EX_t$ 和 IM_t 分别表示第 t 期的商品出口和进口额；δ_t 为贴现因子，$\delta_t = \prod_{s=1}^{t} \beta_s$，且 $\beta_s = \dfrac{1}{1+ir_s}$。

如果式（4-5）中极限项为零，即横截性条件得到满足，则一国在国际市场上当期的借贷值就等于该国未来贸易账户收支的贴现值；如果极限项不为零，即违反了横截性条件，在 $B_0 > 0$ 情况下，该国对其外债实际上是采取"泡沫"融资的方式，在 $B_0 < 0$ 情况下，该国的决策是非帕累托最优的（Husted，1992）。假定世界利率是平稳的无条件均值 ir，结合 $TB_t = EX_t - IM_t = Y_t - C_t - I_t$，那么式（4-4）可改写为

$$M_t + (1+ir)B_{t-1} = EX_t + B_t \qquad (4-6)$$

式中，$M_t = IM_t + (ir_t - ir)B_{t-1}$，式（4-6）的前向解（向前迭代）得

$$IM_t + ir_t B_{t-1} = EX_t + \sum_{j=0}^{\infty} \phi^{j-1} + (\Delta EX_{t+j} - \Delta M_{t+j}) + \lim_{j \to \infty} \phi^{t+j} B_{t+j} \qquad (4-7)$$

式中，$\phi = 1/(1+ir)$，Δ 表示一阶差分算子。在式（4-7）两边减去 EX_t，然后两边都乘上 -1，此时，方程左边即为一国的经常账户。如果我们假定式（4-7）的极限项为零，即跨期预算约束的横截性条件得到满足，那么式（4-7）就可以变换为一个易于实证计量的标准回归方程，即

$$EX_t = \alpha + \beta \times IM_t^* + e_t \qquad (4-8)$$

式中，$IM_t^* = IM_t + ir_t \times B_{t-1}$ 表示商品、服务进口加净转移支付[①]。

如果一国的经济满足经常账户的跨期预算约束，那么将会有 $\beta = 1$，且随机扰动项 e_t 是一个平稳随机过程，即 $e_t \sim I(0)$。这就表明，非平稳时间序列 EX_t、IM_t^* 如果存在协整关系，且协整向量为 $b = (1, -1)$，那么就可以认定一国的经常账户在长期是满足跨期预算约束的，也就是说进出口时间序列二者或许会在短期出现一定程度（甚至较大程度）的偏离，但在长期二者一定会收敛，即

---

① 由于中国进出口贸易中的服务和净转移支付一直以来占整个进出口贸易的比重很小，故我们在下面经常账户的计量分析中仅检验货物贸易的进出口。

在长期经常账户是可以维持的。

（二）数据及说明

我们选取中国进出口货物贸易 1995 年 1 月到 2008 年 9 月的月度数据，数据取自 Wind 资讯。因为使用的是月度数据，为了排除不同月份对数据平稳性的异常影响，我们首先用"X12"的数据处理方法对月度数据作了季节调整。接着，为了尽可能避免回归方程中随机扰动项或残差项出现异方差现象，我们对经过季节调整后的进出口的月度贸易数据取自然对数。对进出口贸易数据取自然对数的另一个好处在于：因为 $TB_t = EX_t - IM_t$，这样 $TB_t^* = \ln EX_t - \ln IM_t = \ln (EX_t / IM_t)$，该比值既可以表示实际贸易收支也可以表示名义贸易收支，故我们无须再找出一个基期月份对数据做价格调整。

四、计量分析与检验

（一）时间序列的单位根检验

在全样本下，1995 年 1 月至 2008 年 9 月，我们对经过季节调整（乘法模型）的中国月度出口的对数时间序列 lnexportsa 和月度进口的对数时间序列 lnimportsa 作 ADF 单位根检验。通过观察 lnexportsa 和 lnimportsa 时间序列图，我们发现二者都带有截距和时间趋势项，于是我们选择带有截距与趋势项的单位根检验，我们使用的计量软件包是 EView5.0，上述单位根检验的滞后阶数根据 SIC 规制由该软件自动给出。单位根检验的 H_0：有一个单位根（非平稳），H_1：无单位根（数据平稳）。

ADF 检验的结果接受 H_0，即水平序列 lnexportsa 和 lnimportsa 均非平稳。然后，我们对一阶差分序列 dlnexportsa 和 dlnimportsa 做 ADF 单位根检验，但观察一阶差分序列 dlnexportsa 和 dlnimportsa 的序列图，发现二者均无明显的截距和趋势项，于是我们选择没有截距与趋势项的单位根检验。ADF 单位根检验的结果拒绝了原假设。因此，原水平序列 lnexportsa 和 lnimportsa 都是一阶单整的。

中国于 2001 年 12 月 11 日正式加入世贸组织，成为该组织的第 143 个成员国。随后中国的进出口贸易额有了一个较大幅度的持续增加，近几年无论单月还是年度贸易盈余都屡创新高，因此我们以 2001 年 12 月为界把整个样本划分为两个子样本[①]：1995 年 1 月至 2001 年 11 月和 2001 年 12 月至 2008 年 9 月。同样在每个子样本下，我们对 lnexportsa 和 lnimportsa 时间序列分别作 ADF 单位根检

---

① 对于为何这样划分，我们在下文会给出实证检验的证据。

验，其结果和全样本基本一致。也就是说，在两个子样本下，时间序 lnexportsa 和 lnimportsa 也都是一阶单整的，即 lnexportsa ~ I（1）和 lnimportsa ~ I（1）。

各变量单位根检验的具体结果由表 4 - 6 列出：

表 4 - 6　　　　　　　　在不同样本下各变量单位根检验结果

样本 ＼ 指标	变量	检验类型	ADF 统计量	1% 临界值	5% 临界值	10% 临界值
1995 年 1 月 至 2008 年 9 月	lnexportsa	$(c, t, 2)$	- 2.022058	- 4.0157	- 3.437801	- 3.143138
	dlnexportsa	$(0, 0, 5)$	- 2.938269 ***	- 2.57968	- 1.942856	- 1.615368
	lnimportsa	$(c, t, 3)$	- 1.935747	- 4.016064	- 3.437977	- 3.143241
	dlnimportsa	$(0, 0, 0)$	- 21.25333 ***	- 2.579226	- 1.942793	- 1.615408
1995 年 1 月 至 2001 年 11 月	lnexportsa	$(c, t, 1)$	- 2.975063	- 4.075340	- 3.466248	- 3.159780
	dlnexportsa	$(0, 0, 0)$	- 14.27866 ***	- 2.593824	- 1.944862	- 1.614145
	lnimportsa	$(c, t, 1)$	- 2.364655	- 4.075340	- 3.466248	- 3.159780
	dlnimportsa	$(0, 0, 1)$	- 10.2008 ***	- 2.594189	- 1.944915	- 1.614114
2001 年 12 月 至 2008 年 9 月	lnexportsa	$(c, t, 4)$	- 0.692776	- 4.073859	- 3.465548	- 3.159372
	dlnexportsa	$(0, 0, 6)$	- 0.701338	- 2.593468	- 1.944811	- 1.614175
	lnimportsa	$(c, t, 1)$	- 2.695416	- 4.073859	- 3.465548	- 3.159372
	dlnimportsa	$(0, 0, 0)$	- 13.86147 ***	- 2.593468	- 1.944811	- 1.614175

注：（1）ADF 统计量数字上面的 *、**、*** 分别表示在 10%、5%、1% 的显著水平下拒绝 H_0：有一个单位根；

（2）(c, t, k) 分别表示常数项（截距）、时间趋势、滞后阶数。

（3）尽管在样本期 2001 年 12 月至 2008 年 9 月期间，dlnexportsa 的 ADF 统计值不能拒绝有一个单位根的原假设，但 PP 单位根检验却拒绝了 H_0，调整的 t 统计值是 - 12.37012，p 值 = 0.0000；KPSS 单位根检验的结果也证明时序 dlnexportsa 是平稳的。故我们在这里接受 PP、KPSS 检验的结果。

（二）全样本协整检验

因为在全样本下，水平时间序列 lnexportsa 和 lnimportsa 都是一阶单整的，故满足协整检验的前提条件。为了便于我们对外生结构断点（Structural Break）的识别，我们对全样本采取基于回归残差的协整检验，即 E - G 方法论（Engle 和 Granger，1987）。首先建立如下回归方程：

$$\text{ln}exportsa_t = \alpha + \beta \times \text{ln}importsa_t + e_t \qquad (4 - 9)$$

LS（最小二乘）估计的结果如下：

$$\text{ln}exportsa_t = 0.148 + 0.9997\text{ln}importsa_t + \hat{e}_t \qquad (4 - 9a)$$

$$t = (2.673) \quad (101.47)$$

$$p = (0.0083) \quad (0.0000)$$

$$R^2 = 0.98 \quad D.W. = 0.58$$

　　然后，对上式回归的残差 $\hat{e}_t$ 作 ADF 单位根检验，检验类型（0，0，1），检验结果是：ADF 的检验统计量 -3.173764，相伴 p 值 0.0016，1% 临界值 -2.579226，故在 1% 的显著水平上拒绝 H_0：有一个单位根。即残差 $\hat{e}_t$ 是平稳序列，$\hat{e}_t \sim I(0)$。

　　上述结果表明：ln*exportsa* 和 ln*importsa* 之间存在协整关系，协整向量为（1，-0.9997）。上面的回归方程是可信的，不会产生虚假回归问题。虽然理论模型要求的协整向量是（1，-1），但实证检验要求系数 β 和 1 无显著差异即可[①]。因此我们用 Wald 系数检验，假设 H_0：$\beta = 1$，检验的结果见表 4-7：

表 4-7　　　　　　　　　　系数约束 $\beta = 1$ 的 Wald 检验

Wald Test：			
Test Statistic	Value	df	Probability
F - statistic	0.000860	(1, 163)	0.9766
Chi - square	0.000860	1	0.9766

　　根据表 4-7，很显然，接受 H_0：$\beta = 1$，即 -0.9997 和 -1 无显著差异。这样，中国的贸易账户收支并没有违反跨期预算约束，或许进出口之间在短期会发生偏离甚至较大的偏离（大量顺差或逆差），但在长期二者一定会收敛，会回到均衡路径上来，中国的贸易收支在长期应该能够平衡。

（三）结构断点检验

　　由于时间序列数据跨度较长，在此期间如遇重大经济事件的冲击，其内在的均衡关系可能会发生变化（迁移）。因此，我们设想中国正式加入世贸组织的 2001 年 12 月可能作为一个进出口结构发生较大改变的断点，利用计量方程（4-9a），用 Chow Tests 来识别。不同于栾惠德、张晓峒（2007）等对结构断点的内生性检验，这里，我们把断点看做是外生的。Chow Tests 检验（H_0：没有发生结构改变）结果见表 4-8：

表 4-8　　　　　　　　　　Chow 氏结构断点检验

Chow Breakpoint Test：2001M12			
F - statistic	30.86753	Probability	0.000000
Log likelihood ratio	53.55548	Probability	0.000000

---

　　①　假设 $\beta = 1$ 或和 1 无显著差异是对协整向量施加的一个很强的条件。对这一问题的许多研究文献表明（Hakkio 和 Rush，1991；Ahmad Zubaidi Baharumshah、Evan Lau 和 Stilianos Fountas 等，2003），即便不满足强条件，但只要进出口之间形成协整关系，那么经常账户可维持的弱形式（Weak Form Sustainability）就是存在的。

　　检验结果十分清楚地表明在 2001 年 12 月中国进出口贸易确实发生了结构性改变。为了增强这一结果的稳健性，我们引入阶段虚拟变量 D_{0112}，2001 年 12 月之前该变量取 0 值，2001 年 12 月及以后取 1 值。我们把 D_{0112} 引入式（4 – 9），方程设定形式为

$$\text{ln}exportsa_t = \alpha + \gamma \times D_{0112} + \beta \times \text{ln}importsa_t + \delta(D_{0112} \times \text{ln}importsa_t) + e_t$$

$$(4 – 10)$$

　　计量方程（4 – 10）LS 回归的结果如下：

$$\text{ln}exportsa_t = 1.1 - 1.652 \times D_{0112} + 0.807 \times \text{ln}importsa_t$$
$$+ 0.303(D_{0112} \times \text{ln}importsa_t) + \hat{e}_t \qquad (4 – 10a)$$

式中，$R^2 = 0.989$；D.W. $= 0.74$，且虚拟变量和交互项前面的系数都是高度显著的（1% 的显著水平下）。这说明在 2001 年 12 月及之后方程（4 – 10）的截距和斜率都发生了变化，这进一步印证了我们把 2001 年 12 月作为结构断点的正确性。

（四）子样本协整检验及 ECM 模型

1. 子样本：1995 年 1 月至 2001 年 11 月

　　该子样本下水平时间序列 $\text{ln}exportsa$ 和 $\text{ln}importsa$ 都是一阶单整的，故满足协整检验的前提条件协整检验，仍旧采取 E – G 方法论。该样本下的 LS 估计结果如下：

$$\text{ln}exportsa_t = 1.1 + 0.807\text{ln}importsa_t + \hat{e}_t \qquad (4 – 11)$$
$$t = (5.573) \quad (20.117)$$
$$p = (0.0000) \quad (0.0000)$$
$$R^2 = 0.833 \quad D.W. = 0.58$$

　　对式（4 – 11）回归的残差 $\hat{e}_t$ 作 ADF 单位根检验，检验类型（0，0，1），检验结果是：ADF 的检验统计量 – 2.133551，相伴 p 值 0.0324，5% 临界值 – 1.944862，故在 5% 的显著水平下拒绝 H_0：有一个单位根。即残差 $\hat{e}_t$ 是平稳序列，$\hat{e}_t \sim I(0)$。上述结果表明：在子样本 1995 年 1 月至 2001 年 11 月，$\text{ln}exportsa$ 和 $\text{ln}importsa$ 之间存在协整关系，协整向量为（1，– 0.807），但 Wald 系数检验的结果拒绝了 0.807 和 1 无显著差异的原假设。这表明在该子样本下经常账户的可维持性仅满足弱形式。

　　下面估计该子样本下的 ECM（误差修正模型），模型的设定形式为

$$\text{dln}exportsa_t = \alpha + \beta \times \hat{e}_{t-1} + \gamma \times \text{dln}importsa_t + \varepsilon_t \qquad (4 – 12)$$

　　LS 估计结果如下：

$$\text{dln}exportsa_t = 0.002 - 0.242 \times \hat{e}_{t-1} + 0.518 \times \text{dln}importsa_t + \hat{\varepsilon}_t$$

$$(4-12a)$$

$$t = (0.316)\ (-3.367)\quad (7.859)$$
$$p = (0.753)\ (0.0012)\quad (0.0000)$$
$$R^2 = 0.45 \quad D.W. = 2.54$$

在式（4-12a）表示的误差修正模型中，差分项反映了短期波动的影响。误差修正项前的系数 -0.242，在 1% 的显著水平下显著，且为负，符合反向修正机制，反映出 $\text{ln}exportsa_t$ 对偏离长期均衡的修正速度。即如果 $\text{ln}exportsa_t$ 在一个时期里偏离长期均衡 1%，那么在下一期会有 0.242% 的比例得到修正。从长期看，协整关系式（反映在误差修正项中）起到了引力线的作用，将短期的偏离拉回到长期均衡路径上来。

2. 子样本：2001 年 12 月至 2008 年 9 月

遵循上述同样思路，该子样本下的 LS 估计结果如下：

$$\text{ln}exportsa_t = -0.552 + 1.11\text{ln}importsa_t + \hat{e}_t \qquad (4-13)$$

$$t = (-5.148)\quad (64.74)$$
$$p = (0.0000)\quad (0.0000)$$
$$R^2 = 0.981 \quad D.W. = 0.984$$

同样，对式（4-13）回归的残差 $\hat{e}_t$ 作 ADF 单位根检验，检验类型（0，0，1），检验结果是：ADF 的检验统计量 -3.535268，相伴 p 值 0.0006，1% 临界值 -2.594189，故在 1% 的显著水平下拒绝 H_0：有一个单位根。即残差 $\hat{e}_t$ 是平稳序列，$\hat{e}_t \sim I(0)$。结果表明：在子样本 2001 年 12 月至 2008 年 9 月，$\text{ln}exportsa$ 和 $\text{ln}importsa$ 之间存在协整关系，协整向量为（1，-1.11），同样 Wald 系数检验的结果也拒绝了 1.11 和 1 无显著差异的原假设。这表明在该子样本下经常账户的可维持性仅满足弱形式。

最后，估计该子样本下的 ECM，模型的设定形式是

$$\text{dln}exportsa_t = \alpha + \beta \times \hat{e}_{t-1} + \gamma \times \text{dln}importsa_t + \varepsilon_t \qquad (4-14)$$

最小二乘 LS 估计结果如下：

$$\text{dln}exportsa_t = 0.0106 - 0.329 \times \hat{e}_{t-1} + 0.52 \times \text{dln}importsa_t + \hat{\varepsilon}_t$$

$$(4-14a)$$

$$t = (1.977)\ (-4.28)\quad (6.69)$$
$$p = (0.051)\ (0.0001)\ (0.0000)$$
$$R^2 = 0.39 \quad D.W. = 2.59$$

该误差修正项前的系数 −0.33，在1%的显著水平下显著，且为负，符合反向修正机制，反映出 $lnexportsa_t$ 对偏离长期均衡的修正速度。即如果 $lnexportsa_t$ 在一个时期里偏离长期均衡1%，那么在下一期会有0.33%的比例得到修正。

五、结论及现实意义

我们以中国1995年1月至2008年9月进出口贸易数据为样本，根据理论模型的推导，采用较简洁的由 Engle 和 Granger（1987）提出的基于回归残差的平稳性检验来判定时间序列间是否存在协整关系。对全样本和以2001年12月为界的两个子样本：1995年1月至2001年11月和2001年12月至2008年9月，分别进行了协整检验，并且对两个子样本在协整回归的基础上建立了误差修正模型（ECM）。综合实证检验的结果得出如下结论：

首先，无论对于全样本还是两个子样本，我们发现中国月度出口和进口之间的协整关系都是存在的。其中全样本满足经常账户可维持的强条件，两个子样本满足经常账户可维持的弱形式。这证明中国的贸易盈余尽管近几年持续攀升，当前仍在高位运行，但却没有失控，经常账户的跨期预算约束并没有被违反。这仅是一种短期失衡现象，也许失衡的幅度较大，但长期来看这种失衡会得到修正，存在短期失衡向长期均衡的复归或收敛。

其次，对于两个子样本的协整检验及 ECM 分析表明，子样本2001年12月至2008年9月的误差修正机制更有效。因为通过两个子样本误差修正项前的调整参数比较，有 $|-0.33| > |-0.24|$。这说明，尽管子样本2001年12月至2008年9月较之子样本1995年1月至2001年11月，进出口之间总体的失衡幅度更大些，但对于这种失衡的修复速度也更快。

最后，协整关系的出现，表明时间序列在长期存在某种均衡关系，它对随机冲击引起的失衡一般不具有记忆效应。这隐含着，短期相关政府部门可根据宏观经济形势相机抉择，趋利避害或制定长期的经济调整计划以期更快更好地达成所要调控的目标。具体到中国的对外贸易，中国政府已经充分认识到中国大量贸易顺差导致中国国际收支失衡问题的严重性。最近几年针对这一问题陆续出台了一些具体的调控措施，以期尽量减轻、化解这种外部失衡：（1）自2006年以来，经国务院批准，财政部先后三次以暂定税率的方式，对进出口关税进行了集中的调整。对出口退税作出清理、整顿，对某些商品设置出口调节税，有针对性地、较大幅度地削减了出口退税商品的范围，并接连下调了出口退税率，同时鼓励和扩大进口。姚枝仲（2008）认为，以"安全"和"发展"为目标的扩大进口战略应该是解决中国目前贸易账户过高顺差的一项较好选择。具体执行时，可采取"抓住两头，放开中间，促进平衡"的进口策略①。（2）国家对加工贸易也有了更严格的规范，更加注重加工贸易的技术含量和附加值。（3）规范、整顿引进外资的优惠政策。出台了将内资、外资企业所得税税率统一调整为 25% 的内外资企业所得税法案，该法案已于 2008 年 1 月 1 日起实施。

总之，这些举措对缓解中国当前过高的贸易顺差问题应该说起到了一定的积极效果。第二个子样本期的误差修正调整参数绝对值比第一个子样本期更大，似乎就是一个很好的佐证。

第三节　中国国际收支经常账户、资本与金融账户关系研究

在这一节我们针对中国国际收支多年来双顺差的事实，利用 1981—2007 年中国国际收支时序数据和我们认为与之相关最重要的两个宏观经济变量——中国的对外开放度指标和实际 GDP 的增长率数据，构建了多组向量自回归模型，通过格兰杰因果检验、脉冲响应函数和方差分解等计量方法，实证检验了中国国际收支经常账户 CA 及其子账户和资本与金融账户 KA 之间以及各账户与宏观经济变量之间的因果关系、动态冲击响应和变量间影响的相对重要性。

一、需针对研究的中国国际收支问题（之三）

1978 年末中共召开十一届三中全会，作出全面改革开放的重大战略决策，1979 年正式实施。中国走的是渐进式改革开放道路，事实证明这符合中国国情。因此，三十多年来我们取得了举世瞩目的伟大成就。中国对外经济开放的演进，取得的成就及存在的问题实际上可由中国历年国际收支平衡表集中反映出来。我国 1982 年开始正式对外公布中国国际收支表②，其间虽按照国际惯例（主要是 IMF 对国际收支账户记录的要求）对一些账户或项目作出过较大调整，但经常账户、资本与金融账户始终是国际收支表中最重要的两大基本账户。经常账户是指对实际资源在国际上流转交易进行记录的账户。它下面一般又分为四个二级子账户，其中比较重要的是货物（Goods）贸易和服务（Services）贸易这

---

① "抓住两头"指扩大资源类行业和高新技术类行业的进口；"放开中间"是指放松对劳动密集型和资本密集型产品的进口；"促进平衡"是指长期来看力求中国对外贸易的平衡。

② 我们的研究中，1981 年中国国际收支数据来自亚洲开发银行（ADB）。2008 年的中国国际收支平衡表国家外汇管理局一般要到 2009 年中公布，故我们选取的国际收支时间序列数据是 1981—2007 年。

两个账户。资本与金融账户是指对资产在国际上的所有权交易进行记录的账户。顾名思义，它分为资本账户、金融账户两大部分。其中，金融账户下面又包括比较重要的三个二级子账户：直接投资（Direct Investment）、证券投资（Portfolio Investment）、其他投资（Other Investment）。

1981 年中国国际收支下 CA 顺差 21.04 亿美元，KA 逆差 7.56 亿美元，分别占当年中国 GDP 的 0.74% 和 0.26%①。2007 年中国 CA 顺差高达 3718.33 亿美元，KA 顺差也有 735.09 亿美元，分别占当年中国 GDP 的 11.3% 和 2.23%。1981—2007 年的 27 年间中国国际收支下 CA 和 KA 两大账户累计都有 22 年是顺差，尤其是自 1994 年至 2007 年，除 1998 年主要受亚洲金融危机的冲击影响，KA 是逆差外，其余年份 CA 和 KA 都是顺差且顺差规模越来越大，使得中国国际收支呈现出独特的长期双顺差结构②。一国国际收支下的每项账户既反映着特定性质的经济行为，又表现出和其他账户之间的密切联系。因为在国际收支中，一笔贸易流通常对应着相应的一笔资金流，故经常账户记录的实际资源的流动与资本账户中记录的资本所有权的流转实质上是一枚硬币的两面。于是，KA 和 CA 之间常常具有融资关系③。因此，通过实证计量手段分析中国国际收支下 CA 与 KA 两大基本账户及其子账户之间，分析它们和与之有密切联系的中国一些宏观经济变量之间的因果关系、动态响应关系，对于我们更加深刻、准确理解中国国际收支各个账户的变动规律，甄别出影响各个账户变动的重要内生变量、影响的方向以及影响（冲击）的大小，从而为政策调节提供事实依据具有十分重大的理论与现实意义。

二、相关重要文献述评

Ho – don Yan（2007）使用格兰杰因果检验（Granger Causality Test）方法发现：对于发达国家，最普遍的实事是资本流动源于需求诱导，主要是为经常账户失衡融资，即 CA 是 KA 的格兰杰原因。但对于新兴市场经济国家，因果关系可能正好相反，KA 往往导致 CA 的失衡。尽管在短期，由于各个新兴市场经济国家对资本流动的政策响应不同，也可能使得 CA 和 KA 之间的因果

① 作者根据亚洲开发银行（ADB）数据整理、计算。网址：www. adb. org/statistics。
② 作者根据历年中国国际收支平衡表数据统计、整理、计算。参考网址：http：//www. safe. gov. cn/。
③ 最近二十年来，国际资本流动取得了飞速发展，其流量远超国际贸易流量，已从根本上摆脱了对贸易的依附关系，愈发表现出自己独特的规律。也就是说，KA 并非必然由 CA 决定，并为其提供融资服务。

关系不明确。此外，作者通过把 KA①分拆成三个二级子账户和引入实际 GDP 的增长率、实际汇率的变化率这两个很有可能对 CA、KA 产生重要影响的宏观经济变量，来进一步拓展其分析。研究表明，不同的二级子账户和 CA 间呈现出不同的因果关系，加入上述两个宏观经济变量后，账户之间的因果关系也会发生变化。

Wong 和 Carranza（1999）仔细研究了 4 个发展中国家：阿根廷、墨西哥、菲律宾、泰国的国际收支后发现，在 1989 年之前，当时这些国家的资本流动受到严格限制，有证据表明那时 CA 是 KA 的格兰杰原因。但资本流动自由化后的 1989—1994 年，似乎是 KA 导致了 CA 的变动。

Fry、Claessens、Burridge 和 Blanchet（1995）研究了 46 个发展中国家的 FDI 流入，以检验这些国家的 FDI 流入是自主（发）行为还是针对经常账户 CA 及其他资本流动的一种适应性调整。他们使用格兰杰因果检验方法，结果发现：资本账户和经常账户间的四种格兰杰因果关系都可能存在，即两种单向关系，一种双向关系，再加二者不存在因果关系。另外，他们使用 Probit 和 Logit 模型研究上述问题后发现：如果一国存在较高的对内、对外债务将会减少资本账户是经常账户的格兰杰原因的概率，增加二者之间不存在因果关系的概率；一国更高的经济增长率会增加经常账户是资本账户格兰杰原因的概率，减少二者不存在因果关系的概率。

刘伟、李传昭、许雄奇（2006）利用中国 1982—2004 年国际收支及相关变量宏观经济数据，首先研究中国资本账户对经常账户的影响机制，然后在此基础上使用格兰杰因果检验和脉冲响应函数等方法研究了中国经常账户、资本账户、中国名义 GDP（按购买力平价计算）、实际有效汇率 REER 四个变量之间的关系和冲击影响。研究结果表明，KA、REER、GDP 是中国经常账户的格兰杰原因；资本账户顺差的扩大和人民币实际汇率贬值会造成经常账户顺差增加；GDP 增加有助于减少中国经常账户顺差规模。

孟晓宏（2004）采用格兰杰因果检验和脉冲响应函数方法，对中国 1982—2002 年国际收支中的经常账户与资本账户的动态关系进行检验。结果发现：这两个账户之间存在双向的格兰杰因果关系；对经常账户和资本账户的正向冲击在较长时间内均会改善对方状况；我国国际收支特殊的双顺差结构很可能是特定历史时期的产物。

---

①　作者主要研究国际收支下的资本流动和 CA 间的关系，因此选用 KA 中占支配地位的金融账户进行分析。

姚枝仲、张亚斌（2001）分析了中国国际收支下资本与金融账户对经常账户产生影响的三种渠道后，建立了一个贸易账户净额与同期资本内流及其滞后一期的单方程计量模型。OLS 回归的结果表明，当期的资本账户顺差（资本净流入）会引致机器设备、原材料等商品进口的增加，从而会对当期的经常账户产生负向冲击；滞后一期的资本账户顺差却对当期的经常账户产生了正向影响，即经过一定时期的生产滞后，以出口为导向的外资企业发挥出了他们对中国扩大对外出口的积极推动作用。他们认为这或许是中国国际收支双顺差现象的一种可能解释。

在上述文献研究的基础上，我们拟打算在 VAR 系统里用格兰杰因果检验、脉冲响应函数和方差分解等时间序列计量技术，通过对中国 1981—2007 年国际收支平衡表数据和其他相关宏观经济变量数据的深入分析，来进一步拓展、深化中国国际收支下经常账户与资本账户之间的动态关系研究。我们的研究和上述文献研究的不同在于：首先，我们是在经常账户下开展对二级子账户的研究，而不是像 Ho–don Yan（2007）那样是通过对资本账户的分拆。我们之所以这样考虑，是因为自 1997 年亚洲金融危机后反映实体资源流动的经常账户在许多国家的国际收支中重新得到高度重视，我国近些年来国际收支顺差持续大幅攀升也主要体现在经常账户顺差方面。例如，1997—2007 年这 11 年经常账户累计顺差 10633.47 亿美元，CA 顺差占 GDP 的比率平均为 4.43%；资本账户累计顺差 4017.03 亿美元，KA 顺差占 GDP 的比率平均为 2.19%（KA 不包括 1998 年）[①]。再者，中国自 1996 年 12 月 1 日起接受《国际货币基金协定》第八条款的规定，履行相应的义务，这标志着自那时起中国经常账户下的交易已可以自由兑换。但时至今日，中国对资本账户下的某些交易还实行较严格的管制。因此，我们认为通过重点分析中国经常账户及其子账户和资本账户以及其他国内宏观经济变量的动态关系，会更加有助于理解中国国际收支顺差的本质。其次，我们研究的另一个特点在于除了经济增长率外，我们把经济开放度指标 OPEN，而不是实际有效汇率 REER 指标纳入到我们的 VAR 系统中。因为从理论上看，实际汇率应该是决定经常账户收支的一个很重要的解释变量，但具体到中国，无论是国际收支的现实情况还是众多的实证研究都表明，汇率对中国经常（贸易）账

---

① 作者根据历年中国国际收支平衡表数据整理、计算。参考网址：http://www.safe.gov.cn/。

户的影响可能很微弱①。和实际汇率比较，我们认为中国经济开放度或贸易依存度指标可能会对中国 CA、KA 产生更大影响。因为能够对中国国际收支产生冲击的国内贸易政策的调整，以及对外贸易和国际接轨的各种措施实际上都会反映在中国对外贸易的开放度指标上。

三、模型设定与实证分析

（一）各账户间的关系及说明

国际收支平衡表（BOP），是将国际收支根据复式记账原则和特定账户分类原则编制出来的会计报表。如果不考虑错误与遗漏账户，则按照会计恒等式有：$BOP = CA + KA + RA = (GA + SA) + KA + RA = 0$。这里，$CA$ 表示经常账户，它由四个二级子账户构成，分别是货物贸易（GA）、服务贸易（SA）、收入账户（IA）、经常转移（CT）。因为 CA 中最重要的是前两项（占 CA 余额的绝大比例），如果不考虑后两项，我们可简单认为 CA 由 GA 和 SA 两个二级子账户构成；KA 表示资本与金融账户；RA 表示储备资产（Reserve Assets）②。假定 RA 不变，如果想保持国际收支的平衡，CA 和 KA 之间必须是互补的。如果放弃 RA 不变的假定，RA 实际上可看做平衡国际收支的残差项。

（二）检验方法的设计、变量说明与来源

我们拟打算以非结构的方法在 VAR 系统里主要检验中国国际收支下 CA 及其二级子账户 GA、SA 与 KA 的格兰杰因果关系，并作有关变量的脉冲响应函数和方差分解。为了避免遗漏重要解释变量和增加结果的稳健性，我们选择了两个重要的宏观经济变量：中国实际 GDP 的增长率和对外开放度指标纳入我们分析的 VAR 系统里。这样，我们可构建四个 VAR 系统展开分析。即 Var1 = ［经常账户，资本金融账户］′；Var2 = ［经常账户，资本金融账户，实际 GDP 增长率，开放度］′；Var3 = ［货物账户，服务账户，资本金融账户］′；Var4 = ［货物账户，服务账户，资本金融账户，实际 GDP 增长率，开放度］′。当然，对中

---

① 这方面的研究可参见谢建国、陈漓高（2002），张茵、万广华（2005），Alicia Garcia - Herrero 和 Tuuli Koivu（2007），Michael B. Devereux 和 Hans Genberg（2007）等。本章第一节的研究也证实了这一点：在对中国经常账户有显著影响的五个解释变量中开放度指标列第一位，实际有效汇率指标影响力度排末位。

② 中国国际收支平衡表基本上是按照国际货币基金组织《国际收支手册》（第五版）的要求编制的，但储备资产这一项是被单独拿出来的，没有按原要求放于 KA 项下作为其一个二级子账户。为了保持和中国官方公布的国际收支平衡表一致，我们这里也把它作为单独的一项列出。

国国际收支可能产生影响的或许还有其他宏观经济指标①，但在小样本下为了避免自由度的太大消耗，我们仅选择了上述两个指标。为了控制住规模效应所有的变量都是和 GDP 的比值（%）。即 *CAGDPCN*、*GAGDPCN*、*SAGDPCN*、*KAGDPCN*、*RGDPGCN*、*OPENCN*，分别表示 *CA/GDP*、*GA/GDP*、*SA/GDP*、*KA/GDP*、实际 *GDP* 的增长率，*OPEN* =（*X* + *M*）/*GDP*，其中 *X* 表示货物出口额，*M* 表示货物进口额。后缀 CN 代表中国。上述所有变量的时间序列数据除 1981 年中国国际收支数据来自亚洲开发银行（ADB）外，其余数据均来自国际货币基金组织的国际金融统计（IFS）、国际收支统计、世界经济展望（WEO）数据库以及我们自己的计算。在收集 KA 数据时为了和 IMF 的数据对比我们也使用了国家外汇管理局的中国国际收支数据。

（三）变量的单位根检验及 VAR 方程的设定

1. 变量的单位根检验

一般来说在 VAR 系统下做格兰杰因果检验，需要时序变量是平稳的，因此我们首先对上述所有变量作 ADF 单位根检验，以判断时序变量的平稳性。ADF 单位根检验的零假设 H_0：序列存在一个单位根，即序列是不平稳的；备择假设 H_1：序列没有单位根，即序列是平稳的。

表 4-9 时序变量平稳性的 ADF 单位根检验

变量	检验类型	ADF 值	1% 临界值	5% 临界值	10% 临界值	结论
CAGDPCN	(*c*, *t*, 0)	-1.620	-4.356	-3.595	-3.233	原序列不平稳
dCAGDPCN	(*c*, 0, 0)	-4.691 ***	-3.724	-2.986	-2.633	一阶差分序列平稳
GAGDPCN	(*c*, *t*, 4)	-3.489 *	-4.468	-3.645	-3.261	原序列平稳
SAGDPCN	(*c*, *t*, 0)	-3.295 *	-4.356	-3.595	-3.233	原序列平稳
KAGDPCN	(*c*, *t*, 3)	-4.502 ***	-4.416	-3.622	-3.248	原序列平稳
RGDPGCN	(*c*, 0, 4)	-3.220 **	-3.769	-3.005	-2.642	原序列平稳
OPENCN	(*c*, *t*, 0)	-1.563	-4.356	-3.595	-3.233	原序列不平稳
dOPENCN	(*c*, 0, 0)	-5.647 ***	-3.724	-2.986	-2.633	一阶差分序列平稳

注：（1）检验类型（*c*, *t*, *k*）表明序列可能存在截距（常数项），序列有线性时间趋势，*k* 是滞后阶数。*k* 在我们所用的 EViews5.0 计量软件中根据 AIC 信息准则（选择最小的 ADF 值）自动给出。（2）ADF 值右上的 ***、**、* 分别表示在 1%、5%、10% 显著水平下拒绝有一个单位根的原（零）假设。

由表 4-9 可知，水平序列 *GAGDPCN*、*SAGDPCN*、*KAGDPCN*、*RGDPGCN*

在 10% 的显著水平下都是平稳序列，而 *CAGDPCN*、*OPENCN* 的一阶差分序列 d*CAGDPCN*、d*OPENCN* 在 1% 的显著水平下是平稳序列。

2. VAR（p）方程的设定

我们对平稳时间序列建立下面四组方程：

$$\text{d}CAGDPCN_t = \alpha_1 + \sum_{i=1}^{p} \beta_{1i}\text{d}CAGDPCN_{t-i} + \sum_{i=1}^{p} \gamma_{1i}KAGDPCN_{t-i} + u_{1t}$$

$$KAGDPCN_t = \alpha_2 + \sum_{i=1}^{p} \beta_{2i}\text{d}CAGDPCN_{t-i} + \sum_{i=1}^{p} \gamma_{2i}KAGDPCN_{t-i} + u_{2t} \qquad (4-15)$$

$$\text{d}CAGDPCN_t = \alpha_1 + \sum_{i=1}^{p} \beta_{1i}\text{d}CAGDPCN_{t-i} + \sum_{i=1}^{p} \gamma_{1i}KAGDPCN_{t-i}$$
$$+ \sum_{i=1}^{p} \lambda_{1i}RGDPGCN_{t-i} + \sum_{i=1}^{p} \delta_{1i}\text{d}OPENCN + u_{1t}$$

$$KAGDPCN_t = \alpha_2 + \sum_{i=1}^{p} \beta_{2i}\text{d}CAGDPCN_{t-i} + \sum_{i=1}^{p} \gamma_{2i}KAGDPCN_{t-i}$$
$$+ \sum_{i=1}^{p} \lambda_{2i}RGDPGCN_{t-i} + \sum_{i=1}^{p} \delta_{2i}\text{d}OPENCN + u_{2t} \qquad (4-16)$$

$$GAGDPCN_t = \alpha_1 + \sum_{i=1}^{p} \beta_{1i}GAGDPCN_{t-i} + \sum_{i=1}^{p} \gamma_{1i}SAGDPCN_{t-i}$$
$$+ \sum_{i=1}^{p} \lambda_{1i}KAGDPCN_{t-i} + u_{1t}$$

$$SAGDPCN_t = \alpha_2 + \sum_{i=1}^{p} \beta_{2i}GAGDPCN_{t-i} + \sum_{i=1}^{p} \gamma_{2i}SAGDPCN_{t-i}$$
$$+ \sum_{i=1}^{p} \lambda_{2i}KAGDPCN_{t-i} + u_{2t}$$

$$KAGDPCN_t = \alpha_3 + \sum_{i=1}^{p} \beta_{3i}GAGDPCN_{t-i} + \sum_{i=1}^{p} \gamma_{3i}SAGDPCN_{t-i}$$
$$+ \sum_{i=1}^{p} \lambda_{3i}KAGDPCN_{t-i} + u_{3t} \qquad (4-17)$$

$$GAGDPCN_t = \alpha_1 + \sum_{i=1}^{p} \beta_{1i}GAGDPCN_{t-i} + \sum_{i=1}^{p} \gamma_{1i}SAGDPCN_{t-i} + \sum_{i=1}^{p} \lambda_{1i}KAGDPCN_{t-i}$$
$$+ \sum_{i=1}^{p} \delta_{1i}RGDPGCN_{t-i} + \sum_{i=1}^{p} \varphi_{1i}\text{d}OPENCN_{t-i} + u_{1t}$$

$$SAGDPCN_t = \alpha_2 + \sum_{i=1}^{p} \beta_{2i}GAGDPCN_{t-i} + \sum_{i=1}^{p} \gamma_{2i}SAGDPCN_{t-i} + \sum_{i=1}^{p} \lambda_{2i}KAGDPCN_{t-i}$$

$$+ \sum_{i=1}^{p} \delta_{2i}RGDPGCN_{t-i} + \sum_{i=1}^{p} \varphi_{2i}\mathrm{d}OPENCN_{t-i} + u_{2t}$$

$$KAGDPCN_t = \alpha_3 + \sum_{i=1}^{p} \beta_{3i}GAGDPCN_{t-i} + \sum_{i=1}^{p} \gamma_{3i}SAGDPCN_{t-i} + \sum_{i=1}^{p} \lambda_{3i}KAGDPCN_{t-i}$$

$$+ \sum_{i=1}^{p} \delta_{3i}RGDPGCN_{t-i} + \sum_{i=1}^{p} \varphi_{3i}\mathrm{d}OPENCN_{t-i} + u_{3t} \qquad (4-18)$$

四组方程中，p 是滞后阶数，u_{qt} 表示随机扰动项，$q=1$，2，3，每组方程中的 u_{qt} 之间可以同期相关，但都不与自身滞后值及等式右边变量相关。格兰杰因果关系实际上是检验一个变量的滞后值是否可引入到其他变量的方程中并对其产生影响，如果存在解释变量的至少一个滞后值对因变量而言是显著的，那么我们就说该解释变量是因变量的格兰杰原因。否则，该解释变量外生于因变量。具体到上述四组方程，做格兰杰因果检验的原假设（无因果关系）H_0：$\beta_{qi}=0$，$\gamma_{qi}=0$，$\lambda_{qi}=0$，$\delta_{qi}=0$，$\Phi_{qi}=0$，$q=1$，2，3；备择假设（存在格兰杰因果关系）H_1：至少有一个 i 使得 $\beta_{qi}\neq0$，$\gamma_{qi}\neq0$，$\lambda_{qi}\neq0$，$\delta_{qi}\neq0$，$\Phi_{qi}\neq0$，$q=1$，2，3。

（四）格兰杰因果检验的结果及说明

对于式（4-15）VAR 方程，选择最优滞后阶数 p 的标准：LR、AIC、SC、HQ 显示的最优滞后阶数均为1，故 $p=1$，此时被估计的 VAR 模型所有根模的倒数小于1，位于单位圆内，VAR 方程满足稳定性条件，据此所作的格兰杰因果检验及其他分析（例如脉冲响应函数分析）应该是有效的。式（4-15）中 VAR 方程的格兰杰因果检验见表4-10。

表4-10 式（4-15）中 VAR 方程的格兰杰因果检验的输出结果

VAR 格兰杰因果检验			
因变量：dCAGDPCN			
原假设：无因果	χ^2 统计量	自由度	P 值（概率）
KAGDPCN	6.301531	1	0.0121
因变量：KAGDPCN			
原假设：无因果	χ^2 统计量	自由度	P 值（概率）
dCAGDPCN	2.215234	1	0.1367

根据表4-10的输出结果我们可知，在5%的显著水平下中国资本与金融账

户 $KAGDPCN$ 是经常账户的一阶差分 $dCAGDPCN$ 的格兰杰原因。但因为差分项会损失长期信息，故这仅是一种短期的因果关系。因为 $dCAGDPCN$ 不是 $KAGD$-PCN 的格兰杰原因，于是这又是一种单向的因果关系。

对于式（4-16）VAR 方程，LR、AIC、HQ 显示的最优滞后阶数均为 1，但 SC 为 0，这里我们选择 $p=1$，经检验系统满足稳定性条件。第 II 组 VAR 方程的格兰杰因果检验见表 4-11。

表 4-11　　式（4-16）中 VAR 方程的格兰杰因果检验的输出结果

VAR 格兰杰因果检验			
因变量：dCAGDPCN			
原假设：无因果	χ^2 统计量	自由度	P 值（概率）
KAGDPCN	11.14132	1	0.0008
dOPENCN	0.028959	1	0.8649
RGDPGCN	7.676838	1	0.0056
所有内生变量	16.16291	3	0.0011
因变量：KAGDPCN			
原假设：无因果	χ^2 统计量	自由度	P 值（概率）
dCAGDPCN	1.245745	1	0.2644
dOPENCN	0.923599	1	0.3365
RGDPGCN	1.751927	1	0.1856
所有内生变量	5.548253	3	0.1358

根据表 4-11 的输出结果可知，我们在式（4-15）VAR 方程中添加了两个新的解释变量 $dOPENCN$、$RGDPGCN$ 后，$KAGDPCN$ 在更高的显著水平下仍然表现为是 $dCAGDPCN$ 的格兰杰原因，但 $dCAGDPCN$ 仍然不是 $KAGDPCN$ 的格兰杰原因。故 $KAGDPCN$ 表现为 $dCAGDPCN$ 的格兰杰原因是一个稳健的结果。同时，在式（4-16）VAR 方程中，$dOPENCN$ 表现为不是 $dCAGDPCN$ 和 $KAGDPCN$ 的格兰杰原因；$RGDPGCN$ 在 1% 的显著水平下表现为是 $dCAGDPCN$ 的格兰杰原因，但却不是 $KAGDPCN$ 的格兰杰原因；所有三个变量 $KAGDPCN$、$dOPENCN$、$RGDPGCN$ 对于 $dCAGDPCN$ 是联合显著的，即它们联合起来可作为 $dCAGDPCN$ 的格兰杰原因。与此相反，即便 $dCAGDPCN$、$dOPENCN$、$RGDPGCN$ 联合起来也不能解释 $KAGDPCN$。

对于式（4－17）VAR方程，*LR*、*AIC*、*SC*、*HQ*显示的最优滞后阶数均为1，故$p=1$，经检验系统满足稳定性条件。式（4－17）VAR方程的格兰杰因果检验见表4－12。

表4－12　　式（4－17）中VAR方程的格兰杰因果检验的输出结果

VAR格兰杰因果检验			
因变量：*GAGDPCN*			
原假设：无因果	χ^2统计量	自由度	P值（概率）
SAGDPCN	0.018807	1	0.8909
KAGDPCN	7.265850	1	0.0070
所有内生变量	8.437733	2	0.0147
因变量：*SAGDPCN*			
原假设：无因果	χ^2统计量	自由度	P值（概率）
GAGDPCN	6.994165	1	0.0082
KAGDPCN	3.327311	1	0.0681
所有内生变量	8.421584	2	0.0148
因变量：*KAGDPCN*			
原假设：无因果	χ^2统计量	自由度	P值（概率）
GAGDPCN	2.912339	1	0.0879
SAGDPCN	3.747630	1	0.0529
所有内生变量	4.209131	2	0.1219

根据表4－12的输出结果可知，当我们把经常账户分拆成两个二级子账户，货物贸易账户和服务贸易账户后因果关系发生了一些显著的变化。此时，*SAGD-PCN*不是*GAGDPCN*的格兰杰原因，但*GAGDPCN*却是*SAGDPCN*的格兰杰原因。*KAGDPCN*在1%显著水平下仍然是中国经常账户中具有绝对优势的货物贸易账户*GAGDPCN*的格兰杰原因，反之（在10%显著水平下）也成立，即二者是双向格兰杰因果。同时，*KAGDPCN*在10%的显著水平下是*SAGDPCN*的格兰杰原因，反之（在10%显著水平下）也成立，即二者是双向格兰杰因果。

对于式（4－18）VAR方程，*LR*、*AIC*、*SC*、*HQ*显示的最优滞后阶数均为1，故$p=1$，经检验系统满足稳定性条件。式（4－18）VAR方程的格兰杰因果检验见表4－13。

表 4 – 13　　式（4 – 18）中 VAR 方程的格兰杰因果检验的输出结果

VAR 格兰杰因果检验			
因变量：*GAGDPCN*			
原假设：无因果	χ^2 统计量	自由度	P 值（概率）
SAGDPCN	0.059116	1	0.8079
KAGDPCN	9.828536	1	0.0017
dOPENCN	0.001700	1	0.9671
RGDPGCN	5.756054	1	0.0164
所有内生变量	16.85601	4	0.0021
因变量：SAGDPCN			
原假设：无因果	χ^2 统计量	自由度	P 值（概率）
GAGDPCN	5.809287	1	0.0159
KAGDPCN	0.961493	1	0.3268
dOPENCN	1.190374	1	0.2753
RGDPGCN	1.226685	1	0.2681
所有内生变量	10.03380	4	0.0399
因变量：KAGDPCN			
原假设：无因果	χ^2 统计量	自由度	P 值（概率）
GAGDPCN	2.760866	1	0.0966
SAGDPCN	4.418547	1	0.0356
dOPENCN	1.137658	1	0.2861
RGDPGCN	2.815610	1	0.0934
所有内生变量	9.390561	4	0.0520

根据表 4 – 13 的输出结果，当我们把经常账户分拆成两个二级子账户，并同时引入两个新的解释变量 dOPENCN、*RGDPGCN* 到 VAR 模型中，和式（4 – 17）VAR 模型对照后发现：*SAGDPCN* 仍然不是 *GAGDPCN* 的格兰杰原因，但 *GAGDPCN* 却是 *SAGDPCN* 的格兰杰原因，表现出这一结果的稳健性。*KAGDPCN* 在 1% 的显著水平下是 *GAGDPCN* 的格兰杰原因，反之（在 10% 显著水平下）也成立，即二者是双向格兰杰因果，表明这一结果也是稳健的。和式（4 – 17）VAR 模型不同的是，此处 *KAGDPCN* 不再是 *SAGDPCN* 的格兰杰原因，但在 5% 的显著水平下 *SAGDPCN* 仍然是 *KAGDPCN* 的格兰杰原因，因此加入新解释变量后由原来双向格兰杰因果转变为单向格兰杰因果关系。再者，开放度指标

dOPENCN 均不是 GAGDPCN、SAGDPCN、KAGDPCN 的格兰杰原因，这说明 dOPENCN 对于它们而言是独立外生的，这和式（4－16）VAR 模型的结果一致，可见这一结果也是稳健的。RGDPGCN 分别在 5% 和 10% 的显著水平下是经常账户的子账户 GAGDPCN 和 KAGDPCN 的格兰杰原因，但却不是 SAGDPCN 的格兰杰原因，这是和式（4－16）VAR 模型的结果有所区别。这可能反映出中国实际 GDP 的增长率和中国货物贸易顺差、资本与金融账户顺差密切相关，但与中国服务贸易账户收支变动关系不大。另外，上述三个方程，至少在 10% 的显著水平下都通过了所有解释变量联合显著的 χ^2（Wald）检验，即它们联合起来作为左边因变量的格兰杰原因。

（五）脉冲响应函数（IRF）和方差分解

上述格兰杰因果关系的分析仅能说明变量之间的影响先后，无法刻画变量在遭受特定冲击后的动态行为。同样基于 VAR 系统的脉冲响应函数和方差分解可以解决这一问题。脉冲响应函数是用来描述 VAR 模型中某个内生变量的冲击（用该变量作为因变量的方程中的随机扰动项表示）对自身及其他变量带来的影响；而方差分解（Variance Decomposition）则是通过分析该随机扰动冲击对自身及其他内生变量变动（以方差度量）的贡献度来进一步评价不同随机扰动冲击随时间变化的相对重要性。考虑到经济系统的复杂性和冲击来源的多渠道，为使我们对中国国际收支的研究更深入、更细化，也更贴近现实，我们仅选择上述四个 VAR 模型中的式（4－18）进行脉冲响应分析和方差分解。

1. 脉冲响应函数（IRF）分析

为避免用残差协方差矩阵的 Cholesky 因子的逆来正交化脉冲所带来的脉冲响应函数的结果对系统内生变量排序的依赖性，我们此处采用 Pesaran 和 Shin（1998）所构建的不依赖于 VAR 模型中变量次序的广义（一般）脉冲响应函数分析方法。式（4－18）VAR 模型脉冲响应函数分析结果见图 4－2（多图）。

通过分析图 4－2（从左向右依次分析）后可知：

（1）GAGDPCN 对自身一个正向标准偏差的冲击，表现为在第一期增加 1.52%[①]，然后下降，在第五期减至 0.054% 左右，然后缓慢回升；GAGDPCN 对 SAGDPCN 一个正向标准偏差的冲击，在第一期有较小的正向（0.43%）反应，从第三期及以后全是负向反应，在第五期降至最低点 -0.796%。这似乎暗含着我国可以通过大力发展服务贸易，来部分缓解中国过度贸易顺差导致的内外压

---

① 该数值由脉冲响应函数图对应的表格形式给出，以下同。为节省空间表格形式的脉冲响应没有列出。

Response to Generalized One S.D. Innovations ± 2 S.E.

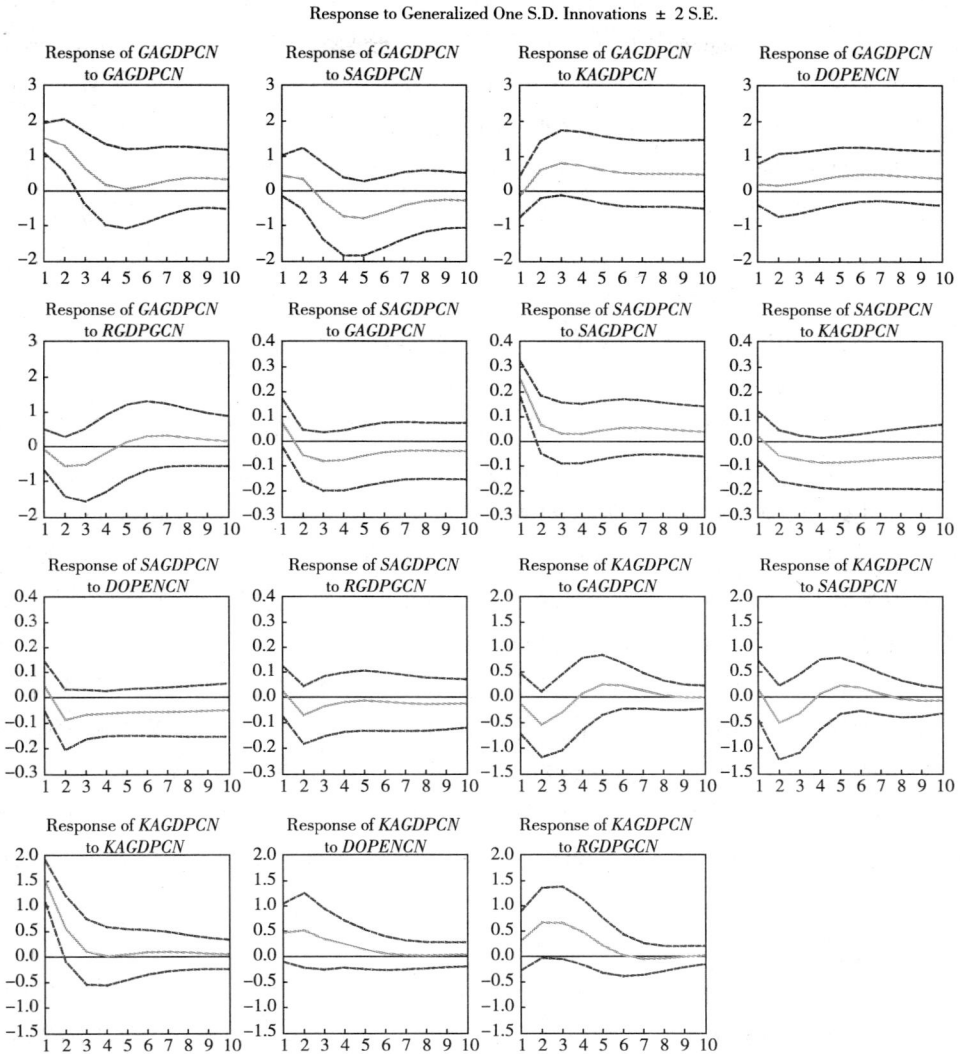

注：横轴表示各内生变量分别对自身及其他不同变量的一个正的标准误冲击后变动的滞后期间数（年），纵轴表示百分比。实线表示脉冲响应函数，虚线表示正负两倍标准差的偏离带。

图 4 – 2　VAR 模型脉冲响应函数分析结果

力；GAGDPCN 对 KAGDPCN 一个正向标准偏差的冲击，在第一期轻微下降约 − 0.14%，第二期及以后都有正向反应，第三期最大增幅为 0.81% 。这与姚枝仲、张亚斌（2001）研究结果接近，即资本内流可能伴随着大量资本品的进口会对当期的贸易（经常）账户产生负向冲击，投产之后发挥出口导向作用，拉动经常账户盈余增加；$GAGDPCN$ 对 $dOPENCN$ 一个正向标准偏差的冲击后基本上都在零线之上波动。这说明，中国贸易开放度的扩大，在总体上有助于中国贸易（经常）账户顺差的增加；$GAGDPCN$ 面对 $RGDPGCN$ 的冲击，前四期均下降，最低是第二期 -0.58%，然后上升，第五期及以后升至零线上。这表明中国实际 GDP 的增加或许会首先带来更多的进口，刺激国内消费、投资的增加从而先是恶化贸易账户，随后因国内劳动生产率增加，技术进步导致出口竞争力提升，最终会改善贸易账户收支。

（2）$SAGDPCN$ 对 $GAGDPCN$ 一个正向标准偏差的冲击，在第一期有轻微的 0.07% 正向反应，从第二期及以后全是负向反应，但比较轻微。这符合中国国际收支 1995—2007 年 13 年中服务贸易全部是小额逆差的现实；$SAGDPCN$ 对自身一个正向标准偏差的冲击，各期均有一个在零线之上的反应，但似乎存在微弱的周期效应；$SAGDPCN$ 分别面对 $KAGDPCN$、$dOPENCN$、$RGDPGCN$ 的一个正向标准偏差的冲击，除第一期外，其余各期的反应均为负。总之，一般来说，服务贸易账户 $SAGDPCN$ 对于来自资本与金融账户、开放度指标、中国实际 GDP 的增长率冲击表现为负向反应，这符合中国服务贸易收支的现实。

（3）$KAGDPCN$ 对 $GAGDPCN$ 一个正向标准偏差的冲击，表现出比较明显的周期性变化。头三期为负值，第二期绝对值最大，为 -0.54%，第四期至第八期为正值，其中第五期达到 0.248%，然后第九期和第十期又转为负；同样，$KAGDPCN$ 在面对 $SAGDPCN$ 冲击时也表现出一定的周期性；$KAGDPCN$ 对自身冲击的反应全为正，但正向冲击的影响总体上是减弱的；对于 $dOPENCN$、$RGD-PGCN$ 的冲击，资本与金融账户 $KAGDPCN$ 的响应均为正向。

2. 方差分解

我们这里采用正交化的 Cholewsky 方差分解因子对变量的排序很敏感，为了保持和我们脉冲响应函数分析形式上一致性[①]，变量的排列顺序是 $GAGDPCN$、$SAGDPCN$、$KAGDPCN$、$dOPENCN$、$RGDPGCN$。方差分解的结果见表 4 – 14。

表 4 – 14   方差分解表

GAGDPCN 分解	时期	GAGDPCN	SAGDPCN	KAGDPCN	dOPENCN	RGDPGCN
	1	100.0000	0.000000	0.000000	0.000000	0.000000
	2	80.44802	0.020870	11.06526	1.233183	7.232671

---

① 因为广义脉冲响应函数得到的结果和排序无关，故我们这里的一致仅是形式上的。

续表

GAGDPCN 分解	时期	*GAGDPCN*	*SAGDPCN*	*KAGDPCN*	dOPENCN	*RGDPGCN*
	3	63. 45421	3. 719703	20. 50053	0. 981406	11. 34415
	4	51. 88902	10. 97751	25. 16665	1. 123411	10. 84341
	5	44. 84490	16. 70117	26. 93902	2. 120093	9. 394811
	6	40. 71677	19. 47137	27. 92356	3. 246622	8. 641682
	7	38. 47318	20. 38173	28. 88234	4. 013495	8. 249261
	8	37. 24320	20. 55859	29. 91112	4. 414837	7. 872252
	9	36. 35335	20. 59984	30. 93315	4. 616541	7. 497114
	10	35. 50909	20. 72705	31. 84840	4. 747934	7. 167534
SAGDPCN 分解	时期	*GAGDPCN*	*SAGDPCN*	*KAGDPCN*	dOPENCN	*RGDPGCN*
	1	8. 136746	91. 86325	0. 000000	0. 000000	0. 000000
	2	9. 666531	75. 28420	6. 265166	6. 377901	2. 406199
	3	14. 06485	64. 37751	12. 66867	6. 634704	2. 254268
	4	16. 51129	56. 57135	18. 65073	6. 369706	1. 896937
	5	16. 78447	52. 20027	23. 12370	6. 204126	1. 687433
	6	16. 24673	49. 83651	26. 12621	6. 274689	1. 515857
	7	15. 66971	48. 33844	28. 10857	6. 491882	1. 391391
	8	15. 29848	47. 12755	29. 51975	6. 731271	1. 322954
	9	15. 13242	46. 03785	30. 62958	6. 919172	1. 280980
	10	15. 08344	45. 07043	31. 55900	7. 044263	1. 242860
KAGDPCN 分解	时期	*GAGDPCN*	*SAGDPCN*	*KAGDPCN*	dOPENCN	*RGDPGCN*
	1	0. 862894	1. 317859	97. 81925	0. 000000	0. 000000
	2	9. 313679	4. 882046	73. 47367	7. 298970	5. 031637
	3	10. 10987	5. 627107	62. 07628	10. 37877	11. 80797
	4	9. 623600	5. 327437	58. 37353	11. 14671	15. 52871
	5	10. 72671	5. 771333	56. 62250	10. 92047	15. 95899
	6	11. 72558	6. 031823	55. 83054	10. 73207	15. 67999
	7	11. 99907	6. 004001	55. 67621	10. 66879	15. 65193
	8	11. 98501	6. 038108	55. 67356	10. 63003	15. 67329
	9	11. 95143	6. 164531	55. 63208	10. 61133	15. 64063
	10	11. 92569	6. 271041	55. 57927	10. 61617	15. 60782

　　由表 4 – 14 方差分解的结果可知，随时期（年）增加，在 *GAGDPCN* 的变化中对其影响最大的是 *KAGDPCN*，其次是 *SAGDPCN* 和 *RGDPGCN*。比如在第九期，*GAGDPCN* 的变化中有 36. 35% 归因于自己，30. 93% 归于 *KAGDPCN* 的贡献，

20.6%属于 *SAGDPCN*，7.5%属于 *RGDPGCN*；在 *SAGDPCN* 的变化中，即便在第十期，仍有将近一半归于它自身，其余最重要的贡献来自 *KAGDPCN*；在 *KAG-DPCN* 的方差分解中，第五期至第十期仍有有一半以上来自它自身的贡献，余下的部分主要来自 *RGDPGCN* 和 *GAGDPCN* 的贡献。

四、结论与相关政策建议

这一节我们对中国国际收支下经常账户及其子账户、资本与金融账户，以及两个重要的宏观经济变量——中国外贸依存度、中国实际 GDP 的增长率间的因果关系，它们之间的互动响应动态关系，在 VAR 系统框架下进行了较为细致深入的研究。研究发现：

（1）中国资本金融账户是经常账户的短期、单向格兰杰原因，即 KA→CA。并且这一结果表现出很强的稳健性。该研究结论与 Ho – don Yan（2007）的研究相符。中国实际 GDP 的增长率是经常账户 CA 的短期格兰杰原因，但却不是资本与金融账户 KA 的格兰杰原因。中国对外开放度指标在我们 VAR 模型（4 – 16）的结果中并没有检验出和经常账户、资本与金融账户的因果关系。

（2）我们把经常账户分拆成两个二级子账户——货物贸易账户和服务贸易账户后，上述因果关系发生了一些显著的变化。*GAGDPCN* 是 *SAGDPCN* 的格兰杰原因，但 *SAGDPCN* 不是 *GAGDPCN* 的格兰杰原因，并且这一结果是稳健的。资本与金融账户仍然是中国经常账户中具有绝对优势的货物贸易账户的格兰杰原因，反之也成立，二者是双向格兰杰因果关系，即 KA↔GA，这一结果在我们的分析中也是稳健的。资本与金融账户和服务贸易账户之间原本是双向格兰杰因果关系，但在加入两个宏观经济变量后二者的因果关系有一些变化，此时 KA 不再是 SA 的格兰杰原因，但 SA 仍然是 KA 的格兰杰原因。VAR 模型（4 – 18）的结果表明中国实际 GDP 的增长率 *RGDPGCN* 分别在 5% 和 10% 的显著水平下是经常账户的子账户 *GAGDPCN* 和 *KAGDPCN* 的格兰杰原因，但却不是 *SAGDPCN* 的格兰杰原因，这和式（4 – 16）VAR 模型的结果有所区别。在经常账户分拆后，仍然没有发现中国开放度指标和两个二级子账户、资本与金融账户之间的因果关系。

（3）在对 VAR 模型（4 – 18）的脉冲响应函数分析中我们发现：除货物贸易自身的冲击影响外，服务贸易的发展一般会对中国货物贸易产生逆向冲击效应。资本与金融账户的发展会对货物贸易账户产生一个滞后的正向冲击效应。中国贸易开放度的正向冲击，总体上表现出有助于中国贸易经常账户顺差的增加。对于中国实际 GDP 的冲击，贸易账户的响应表现为先下降后上升的类似"J曲线"效应；服务贸易对货物贸易冲击的响应基本上是负向的。另外，服务贸易对于来自资本与金融账户、开放度指标、中国实际 GDP 增长率的冲击也基本表现为负向响应；资本与金融账户对来自货物贸易、服务贸易冲击的响应表现出一定的周期性；对于贸易开放度、实际 GDP 的增长率的冲击，资本与金融账户 KA 的响应总体上是正的。

（4）我们对 VAR 模型（4-18）的方差分解的结果表明：随着时间的推移，对于中国货物贸易账户，除自身外，对其影响最大的是资本与金融账户；同理，除自身外，对中国服务贸易影响最大的也是资本与金融账户；对资本与金融账户影响最大的是中国实际 GDP 的增长率。

根据以上研究结论，我们有如下政策考虑：

首先，我们可以初步判定，中国资本与金融账户的变动常导致经常账户的变化，甚至失衡。这实际上是中国货币当局对资本内流所采取的不完全冲销政策的结果。否则，资本内流完全对应储备资产的增加，对经常账户就不会造成影响。这提醒我们，可以通过对资本金融账户的政策调控来缓解中国当前国际收支双顺差的困境，达到一举两得的目的。观察中国的资本与金融账户，发现顺差主要来自金融账户，金融账户的顺差又主要源自中国每年有大量的 FDI 净流入。这样，我们通过适当控制 FDI 的流量以及流向（对大量低技术含量、低附加值、高污染的资金流入要严格控制；鼓励技术先进，附加值高，有助于提升我国产业结构的资金流入）就可能产生两个基本账户：CA、KA 的顺差都降低的效果。中国实际 GDP 的增长率在我们的格兰杰因果检验中部分证明是 KA 的格兰杰原因，这从另一个侧面证明了海外 FDI 大举涌入中国，正是看好中国的快速经济增长会给他们带来较丰厚的投资预期回报。尽管如此，中国 KA 发展严重滞后却是不争的事实。近年来国际收支巨额双顺差给我们带来越来越大的内外压力不得不使我们重新审视资本与金融账户的对外开放。我们认为，我国应该进一步加大对外直接投资和证券投资的步伐。即便出于金融安全考虑，上述改革步伐不宜迈得过大，但近几年中国政府对资本与金融账户力度较大的调整（如上，对 FDI 流量、流向的政策调整）我们认为确实是很有必要的。

其次，根据格兰杰因果检验的结果，我们发现相对于货物贸易，中国服务贸易的发展是滞后的，又据脉冲响应函数和方差分解的结论，服务贸易对货物贸易常产生逆向冲击且贡献度较大。这提醒政策制定者，通过大力发展中国的服务贸易，或许即可以扭转这一贸易账户的落后状态又可减轻中国货物贸易的过度顺差。综合格兰杰因果检验、脉冲响应函数和方差分解的结论，服务贸易的变动会对资本金融账户的变化产生较大的负向影响，即中国服务贸易的发展会降低中国当前资本账户顺差幅度。这进一步证明中国当前应制定并落实大力发展服务贸易政策的必要性。

再次，中国实际 GDP 增长率通常会对货物贸易账户产生正向影响，反之也成立①。这说明中国经济多年来的高速增长推动了中国贸易盈余的快速扩张，中国对外净出口的不断走高反过来也拉动了中国经济的快速增长。中国经济的快速增长又持续强化着在中国投资获利丰厚的预期，故吸引了大量外资流入。方差分解中，对中国资本与金融账户贡献最大的是中国实际 GDP 的增长率也证明了这一点。中国国际收支双顺差是中国经济相对于世界主要国家或中国主要贸易伙伴国（地区）有更高的发展速度的特定阶段的产物。因此，政策调节一定要顺势而为，明智之举应该主要是缓解对我们造成内外压力愈发大的过度顺差，尤其是贸易账户巨额顺差，而不是"休克式"疗法的矫枉过正。

最后，在脉冲响应函数的分析中，我们发现中国对外开放度指标会对贸易账户和资本与金融账户产生正向冲击，这再次提醒我们扩大内需，适当降低外贸依存度，以缓解国际收支大额顺差压力的重要性。

第四节 本章小结

在这一章中，我们对中国国际收支基本账户展开实证计量分析。

第一节，我们对反映实体经济资源在国际上流动的中国国际收支经常账户进行研究。我们设计构建了一个反映中国国际收支中长期变化情况的经济结构模型。在该结构模型中，我们选取的宏观经济解释变量有：政府预算收支差额占 GDP 的比例、中国 GDP 的实际增长率、除中国外世界 GDP 的增长率、金融深化指标、中国净国外资产占 GDP 的比例、开放度或贸易依存度指标、贸易条件指数、中国实际人均 GDP、中国实际人均 GDP 的平方，以及贸易自由化虚拟变量和经常账户控制虚拟变量。我们实证计量的回归结果表明，在上述选取的经济变量指标中，对中国经常账户收支具有显著解释能力的经济变量（不包括虚拟变量），按照解释力度的大小依次为中国对外贸易开放度指标、滞后的中国净外部资产头寸、中国人均实际 GDP、贸易条件指数和中国实际有效汇率指数。

---

① 反向成立的因果关系表格因节省空间没有列出。

上述回归结果，及对中国经常账户的影响方向，应该说基本符合中国国际收支经常账户变动的历史和现实。尤其是中国对外贸易开放度或依存度指标，对中国经常账户收支顺差发挥着最重要的正向促进效应。这提醒我们适当降低外贸依存度，特别是出口依存度，积极扩大内需对当前中国调节过高的外贸顺差有着十分重要的现实意义。

第二节，我们在国外理论模型的基础上，推导、建立了一个可供实证检验中国经常账户收支在长期可维持性问题的计量模型。为了增加计量回归分析结果的可靠性，我们使用了较高频的中国进出口月度数据，共 165 个样本（1995 年 1 月到 2008 年 9 月），并把中国正式加入世贸组织的 2001 年 12 月作为我们的结构断点期。在结构断点时期检验成立的前提下，我们又依此时间点把整个样本划分为两个子样本，然后分别做了 E－G 协整检验和误差修正模型（ECM）。计量回归结果表明：首先，无论对于全样本还是两个子样本，我们发现中国月度出口和进口之间的协整关系都是存在的。这表明中国的贸易盈余尽管近几年持续攀升，当前仍在高位运行，但却没有失控，经常账户的跨期预算约束并没有被违反。其次，对于两个子样本的协整检验及 ECM 计量分析表明，第二子样本，即 2001 年 12 月到 2008 年 9 月期间的误差修正机制更有效。这或许暗示，中国近期出台的一些调节中国过高贸易顺差的政策措施似乎已经或正在发挥出其纠偏效力。

第三节，我们对中国国际收支经常账户、资本与金融账户、经常账户中最重要的两个子账户——货物贸易账户、服务贸易账户，以及与上述账户相关的两个重要的经济指标——中国对外贸易依存度和中国实际 GDP 的增长率指标之间的动态因果关系、脉冲冲击关系和衡量这种冲击相对大小的方差分解展开实证计量分析。我们的研究是建立在向量自回归（VAR）模型系统的基础上，得出了一些对中国国际收支双顺差现象非常富有洞见、有较强解释力的研究结论。这些研究结论，对于相关决策当局制定应对多年来日益严重的中国国际收支失衡问题是非常富有现实指导意义的。比如，首先，可以通过对涉及资本与金融账户资金流动的政策调整来缓解中国当前国际收支双顺差的困境。其次，通过大力发展中国的服务贸易，或许既可减轻中国货物贸易的过度顺差，又可以降低中国当前资本账户顺差幅度。最后，脉冲响应函数的结果表明，中国对外开放度指标会对贸易账户和资本与金融账户产生正向冲击，这再次提醒我们扩大内需，适当降低外贸依存度，以缓解国际收支大额顺差压力的重要性。

第五章　中国国际收支经常账户模型研究

本章对中国国际收支中最基本、最重要且处于核心地位的经常账户收支问题继续进行深入研究。这次我们分析的侧重点是建立相关概率和经济数理模型，用以实证分析宏观经济变量冲击对中国经常账户收支波动的影响和模拟分析经常账户动态方程中一些基本参数的设定变化对中国经常账户收支的不同影响结果。

第一节　宏观经济变量冲击与中国经常账户波动

这一节，我们依据近些年来中国经常账户出现持续顺差现象的事实，在主要参考国外已有的相关研究文献的基础上，我们构建了一个以中国经常账户实际值按与其标准误偏离程度进行排序并作为离散因变量，以八个宏观经济变量和三个时期虚拟变量为解释变量的排序 Probit 模型。通过计量分析和计算，我们发现仅有两个宏观经济变量的冲击——产出缺口和滞后的净外部资产头寸增量对中国经常账户顺差规模的波动排序具有显著的解释能力，二者均为正向作用，且后者的影响力大于前者。另外，有两个时期虚拟变量：中国加入世贸组织和 2005 年 7 月新汇改在回归中也表现出较强的解释力。最后，我们给出本节的研究结论，并据此提出一些政策调整建议。

一、问题的引出：概率模型视角

2008 年是中国改革开放三十周年，这三十年来中国社会无论经济、政治，还是文化领域都经历了巨大而深刻的变化。尤其是中国的经济建设取得了举世公认的辉煌成就。中国经济和世界经济正日益融为一体，并不断发挥着它越来越重要的影响力。中国的对外贸易由改革开放之初 1978 年进出口总额 206.4 亿美元，其中出口 97.5 亿美元，进口 108.9 亿美元，到 2007 年全年进出口总额高达 21738.3 亿美元，其中，出口 12180.1 亿美元，进口 9558.2 亿美元，净出口（贸易顺差）近 2622 亿美元[①]。净出口作为拉动中国经济高速增长的"三驾马车"之一，其重要地位越来越毋庸置疑。据国家统计局数据，2007 年中国国内生产总值按不变价格计算增长 11.9%，净出口的贡献度达到 23.7%，拉动 GDP 增长 2.82 个百分点。中国对外贸易的另一个显著特点是近些年来反映在中国国际收支经常账户中的持续、大额顺差问题。例如，从 1990 年始，除 1993 年外，中国国际收支经常账户均为顺差，特别是 2002—2007 年经常账户顺差规模持续、迅速放大，占其相应年份 GDP 的比例分别为 2.4%、2.8%、3.6%、7.2%、9.4%、11.3%[②]。由这一问题衍生出的中国和贸易伙伴国间贸易摩擦频率急剧上升，强度不断加大，要求人民币汇率大幅升值的外界呼声不绝于耳等外部压力与外汇占款过多，国内流动性泛滥导致通胀加剧等现实矛盾也一直困扰着中国政府相关决策层。此类矛盾问题加大了我们决策应对的两难困境，对国内宏观经济目标的制定与实现构成的干扰与掣肘不容忽视。

因此，对中国国际收支经常账户近些年来持续、大额顺差问题进行仔细的梳理，分析研究是哪些国内外宏观经济变量的冲击对中国国际收支经常账户的波动尤其是高顺差规模波动产生了实质性影响，并进一步确定其影响方向和概率，进而在此基础上提出富有针对性的政策调节与搭配方案。这在当前纷繁复杂的国内外经济大环境下，如何谋求实现中国内、外经济的基本均衡具有重大的理论与现实意义。

二、相关文献述评

Milesi - Ferretti 和 Razin（2000）受到 1997 年亚洲金融危机的启发，考察了 1970—1996 年，105 个国家和 152 个经常账户赤字调整（逆转）事件。重点是研究中低收入国家经常账户逆转问题。研究结果表明，这些事件国家中有超过一半在经常账户赤字调整过程中伴有经济增长率的下降。利用 Probit 模型分析后发现，一国经常账户赤字的调整或逆转更可能发生在那些有大量经常账户赤字、较低的外汇储备、较高的人均 GDP、恶化的贸易条件、较高的投资率和实行浮动汇率制的国家。

Freund（2005）研究了 25 个工业化国家 1980—1997 年的经常账户调整过程，识别出 25 个经常账户赤字得到显著且可维持的改善的调整事件。结果发

---

① 作者根据商务部网站商务统计栏目数据整理。网址：http：//zhs. mofcom. gov. cn/tongji. shtml。
② 资料来源：国际货币基金组织、世界经济展望数据库，2008 - 10。

现：当一国经常账户赤字达到 GDP 的 5% 时，一般来说调整就会开始。收入增长的放缓和实际汇率贬值 10% ~20% 是一国经常账户赤字逆转的主要推动力量。加强出口，降低投资率和减少政府预算赤字也是推动经常账户赤字逆转的调控措施。该研究结论从另一个视角看，其实表明正是发达国家经济周期的变动映射出其经常账户的调整。

Guy Debelle 和 Gabriele Galati（2005）检验了 21 个工业化国家，在 1974—2003 年间的经常账户赤字经历明显且可维持的调整事件[①]，或者说是逆转事件。他们也利用 Probit 模型和排序 Probit 模型（Ordered Probit Model）来研究国内外宏观经济变量对经常账户赤字变化或经常账户调整（逆转）的影响方向和概率大小。研究结果发现：（1）经常账户调整在发达国家和新兴市场经济国家有本质不同，特别是从资本流动的视角看；（2）在经常账户赤字调整的过程中，一般会有国内经济增长的放缓和较大的汇率贬值这一典型事实发生；（3）一国经常账户赤字的调整很可能是一个内生事件。即该调整是对一国经济内部失衡的反应和纠正，而不是一个经常账户赤字本身迫使国内经济和汇率调整的外生事件。经济计量的结果表明是全球经济的发展变化触发了该调整，这可能是因为它首先引起一国国内经济的失衡，然后由国内经济的不平衡传导到该国国际收支层面，从而引致外部失衡。

Sebastian Edwards（2006）深入研究了世界上 160 个国家在 1970—2004 年国际收支经常账户情况，并把样本国家划分为六组，其重点是分析顺差国家经常账户盈余迅速且显著下降这类历史事件发生的频率，在不同国家组别和地区的分布以及在此调整过程中相关宏观经济变量，比如汇率、经济增长率、通货膨胀率和利率等的变动特点。他的主要研究结论有：（1）经常账户顺差国和逆差国在世界上的分布是非对称的。一般来说在任何年份逆差国的数目都远大于或大于顺差国，仅在最近几年，大概从 2003 年始，世界上大约有 40% 的国家出现经常账户顺差。（2）较大的经常账户顺差几乎没有表现出其持续性，也几乎没有大国能够持续维持占其 GDP 一个较高比例的顺差规模。（3）顺差调整事件，即一国经常账户顺差显著且迅速下降是小概率事件，其发生率为 3% ~6.6%。在此调整过程中一般伴有实际汇率的升值和贸易条件的恶化，且经常账户变动和一国经济周期、政府财政收支、净外部资产头寸联系紧密。（4）全球经常账

---

① 他们对 CA 赤字调整事件的认定是：a. 调整前 CA 赤字/GDP >2%；b. 在调整的 3 年内 CA 赤字应该至少下降两个百分点；c. CA 赤字应该至少减少 1/3；d. CA 赤字峰值过后的 5 年间的最大赤字不应比峰值前的 3 年间最小的赤字大。

户失衡可通过较大盈余国家适当加快经济增长速度，同时较大赤字国家作相反调整来得到部分修正。但在此过程中很可能需要汇率的显著调整予以配合。

　　Bernardina Algieri 和 Thierry Bracke（2007）以 23 个工业化国家和 22 个新兴市场经济国家在 1973 年第一季度至 2006 年第四季度的季度宏观经济、金融数据为样本，在定义了经常账户赤字调整事件的基础上识别出 71 个调整事件，并采用聚类分析（Cluster Analysis）技术把它们归为三大类：内部调整、外部调整和混合调整。研究结果表明：大多数案例调整事件可归为内部调整类型，即通过国内需求的减缓但不涉及汇率的显著变动来降低一国的经常账户赤字。另有一些属于外部调整和混合调整事件类型，即分别通过汇率的显著贬值但经济增速并未放慢和汇率的显著贬值且经济增速的较大下降来降低经常账户赤字。他们还通过构建多元 Logit 模型（Multinomial Logit）来分析宏观经济、金融解释变量在三种调整类型中的变化方向和影响力度（似然比或概率上的大小）。在利用该模型对三种调整类型似然比的估计后，文章得出了一个我们认为非常重要、极富有启示作用的结论：经常账户的调整类型一般来说不是国家经济规模、开放度、工业化程度或所属地区的函数而主要是经常账户调整国本身所处特定时期经济状况的函数。

　　综合以上文献，大多都是对多国较长时间段内经常账户赤字调整或逆转事件的研究，一般会用到二元或多元离散选择模型（Probit 或 Logit）对经常账户调整过程中相关宏观经济、金融变量变化的方向（对离散因变量是产生正向还是负向影响）和大小（对离散因变量影响的概率）进行计量分析。在这一节，我们拟打算对中国持续多年的经常账户顺差问题展开分析研究，当然上述对经常账户赤字的分析研究文献对我们也很有借鉴意义。因为我们可以站在对立的角度看这个问题。我们也打算构建一个多元排序 Probit 模型，但面临的一个主要困难在于对中国经常账户顺差调整事件的判断及认定。因为我们仅研究中国一个截面成员，即便我们能够清楚界定这样的调整事件，但相对于我们的计量分析来说这样的样本数很可能过少，不足以给出合理可靠的统计推断。因此，为了解决该问题，和已有研究的一个最大不同在于我们下文中是用中国经常账户顺差规模（占同期 GDP 比例）实际值和其标准误的比较来设定我们的排序因变量值。这样的设定应该说有一定的合理性。因为顺差规模越大，其对均值的偏离也就越大，其背后的经济含义相对来说也就有所不同。

三、模型构建和计量分析结果

　　为了尽量扩展我们的数据，我们利用 1992 年第一季度至 2008 年第一季度中国国际收支经常账户[①]和相关国内外宏观经济、金融变量季度数据为样本来构建我们的排序 Probit 模型。

(一) 排序 Probit 模型构建原理

排序是指所考察的离散因变量在各种可选项之间有一定的顺序或级别。设有一个潜在变量 y^* 不可观察，可观察到的是 y，此处，我们设定 y 按照一定标准排序有 3 种取值，分别是 0、1、2。即

$$y^* = x\beta + \varepsilon \qquad (5-1)$$

y 可以通过 y^* 按式 (5-2) 得到

$$y = \begin{cases} 0 & \text{如果 } y^* \leq 0 \\ 1 & \text{如果 } 0 < y^* \leq c_1 \\ 2 & \text{如果 } c_1 < y^* \leq c_2 \end{cases} \qquad (5-2)$$

式中，x 表示解释变量向量；β 和 c_1、c_2 是要被估计的系数向量和临界点参数。系数 β 不能像通常一样解释为是对因变量的边际影响，它仅反映了 x 的变化对因变量取值的概率影响。即如果系数 β 为正，表明解释变量越大，排序因变量取更高顺序等级值的概率越大，反之则相反。如果随机扰动项 ε 服从正态分布，且标准化为期望值为 0，方差为 1，则式 (5-1) 即为排序 Probit 模型。y 取不同排序值的概率如下：

$$\Pr(y = 0 \mid x,\beta) = \Phi(-x\beta) \qquad (5-3)$$

$$\Pr(y = 1 \mid x,\beta) = \Phi(c_1 - x\beta) - \Phi(-x\beta) \qquad (5-4)$$

$$\Pr(y = 2 \mid x,\beta) = \Phi(c_2 - x\beta) - \Phi(c_1 - x\beta) \qquad (5-5)$$

Φ 表示标准正态分布函数。为保证上述概率值为正，有 $0 < c_1 < c_2$。

如果我们要计算上述 3 种概率下，第 j 个解释变量 x_j 的"边际效应"，$j = 1$，2，…，k，k 个回归中显著的解释变量。可按下述方程计算：

$$\frac{\partial \Pr(y = 0 \mid x,\beta)}{\partial x_j} = -\phi(-x\beta)\beta_j \qquad (5-6)$$

$$\frac{\partial \Pr(y = 1 \mid x,\beta)}{\partial x_j} = [\phi(-x\beta) - \phi(c_1 - x\beta)]\beta_j \qquad (5-7)$$

$$\frac{\partial \Pr(y = 2 \mid x,\beta)}{\partial x_j} = [\phi(c_1 - x\beta) - \phi(c_2 - x\beta)]\beta_j \qquad (5-8)$$

---

① 经常账户收支仅有年度值，我们这里用季度贸易账户余额（实际上是净出口额）来代理。这样做尽管有偏误，但还算合理，因为一直以来中国贸易账户在经常账户收支中处于绝对支配地位。

式中，ϕ 表示标准正态概率密度函数。

（二）排序因变量的设定

我们用季度净出口差额占同期 GDP 比值和该时间序列的标准差作对比。因为季度净出口差额和同期 GDP 数据都表现出较强的季节性，故我们首先用"X12"的加法模型对 CA/GDP 的比值作出季节调整。季节调整后，如果 $\mid CA/GDP \mid \leqslant 1$ Std. Dev.（标准差），取值为 0；如果 1 Std. Dev. $< \mid CA/GDP \mid \leqslant 2$ Std. Dev.，取值为 1；如果 $\mid CA/GDP \mid > 2$ Std. Dev.，取值为 2。表 5 – 1 给出了因变量的一些描述性统计量。

表 5 – 1   **CA/GDP 及因变量（$CAORDERED$）的描述性统计值**

CA/GDP1992 年第一季度至 2008 年第一季度，作季节调整，共 65 个观察值	均值	中位数	最大值	最小值	标准误	Jarque – Bera，正态性检验概率	离散因变量取 0 值个数	离散因变量取 1 值个数	离散因变量取 2 值个数
	0.0280	0.0254	0.0886	– 0.0237	0.0263	0.6041	34	19	12

注：（1）中国季度进口、出口额数据取自 IMF – IFS 和 Wind 资讯，经常账户余额用净出口代理；GDP 季度值取自 Wind 资讯，转换为美元值用的是人民币兑美元的季度汇率均值，该数据取自 IMF – IFS。

（2）在本书中我们分析的是中国经常账户顺差的调整，而 CA/GDP 在某些年份的季度值是逆差（65 个样本中仅有 7 个），但即便最大的逆差（1993 年第三季度，$CA/GDP = -0.0237$）的绝对值也未超过 1 个标准误，应该不会影响到我们最终的分析结果，因为较小的逆差或顺差（因变量设定取 0 值）实际上都是我们所希望达到的经常账户调整的目标。

（三）解释变量的选取及说明

我们构建的排序 Probit 模型，解释变量的选取主要参考了 Milesi – Ferretti 和 Razin（2000）、Freund（2005）、Guy Debelle 和 Gabriele Galati（2005）、Sebastian Edwards（2006）、Bernardina Algieri 和 Thierry Bracke（2007）等的相关研究，以及考虑到中国经济现实和数据的可获得性后作出的。所有的相关解释变量中，包括一个外部冲击变量，即除中国外世界经济的增长率，用 OECD 国家的季度经济增长率代理，以反映对中国产品外部需求的变动。三个时期虚拟变量：（1）中国政府自 1996 年 12 月 1 日开始正式接受国际货币基金组织（IMF）的第八条款，标志着中国经常账户可自由兑换。故 1996 年第四季度及之前经常账户有控制，取 1，之后取 0。（2）2001 年 12 月 11 日中国正式加入世贸组织，中国的对外贸易自由化又向前迈出了一大步，从此中国经济与世界经济的联系及所受影响不断加深。故我们设定此虚拟变量在 2001 年第四季度及之前取 0，之后取 1。（3）2005 年 7 月 21 日中国政府对人民币汇率制度进行了重大改革，放弃此前事实上钉住美元的准固定汇率制度，转而实行参考一篮子货币的有管理的浮动汇率制度。新汇改后人民币兑美元汇率不断走高，波动幅度有所扩大。故我们设定该虚拟变量在 2005 年第二季度及之前为 0，之后取 1。所选取解释变量的数据来源和说明见表 5 - 2。

表 5 - 2 解释变量描述和说明

解释变量名	表示符号	数据来源	变量说明
政府收支差额	GBGDPSALAG4	Wind 资讯	是和 GDP 比值，经过季节调整 SA，且滞后 4 期 LAG4（1 年）。
产出缺口变化率	GDPGAP	Wind 资讯	经过季节调整的 GDP 值减去同期经 HP 滤波方法获得的潜在 GDP 值，然后比上潜在 GDP 值。
金融深化指标	M2NETGDPSA	Wind 资讯；IFS	M_2 的季度净增值和同期 GDP 比，然后作季节调整。
净外部资产头寸	NFANETGDPSALAG4	Wind 资讯；IFS	净外部资产的增量和 GDP 比值，经季节调整，且滞后 4 期（1 年）。
实际有效汇率	REERRATELAG4	IFS；BIS	实际有效汇率（2000 年为 100）的变化率，且滞后 4 期（1 年）。
经常账户	CAGDPSALAG4	Wind 资讯；IFS	经常账户（用净出口代理）和 GDP 比值，经季节调整且滞后 4 期（1 年）。
贸易条件	TOTRATELAG4	Wind 资讯；IFS	贸易条件（用出口额比进口额代理），经季节调整后的变化率，且滞后 4 期。
世界 GDP 增长率	WGDPG	OECD	除中国外世界 GDP 的增长，反映中国经济的外部需求，用经济合作与发展组织国家经济增长率代理（2000 年为 100）环比增长率。
虚拟变量 1	DUMY1996Q4		1996 年第四季度及之前经常账户有控制，取 1，之后取 0。
虚拟变量 2	DUMY01Q3		在 2001 年第四季度及之前取 0，之后取 1。
虚拟变量 3	DUMY05Q2		在 2005 年第二季度及之前为 0，之后取 1。

（四）排序 Probi 模型（Ordered Probit Model）实证分析

1. 计量结果及分析

我们使用 EViews5.0 软件，用极大似然估计方法给出上述排序离散因变量对所有所列解释变量作 Probit 计量回归，检验结果见表 5 - 3。

表 5 – 3 排序 **Probit** 模型的回归结果

因变量：*CAOROERED*

因变量排序的个数：3

解释变量	系数值	标准误	z 统计量	概率
GBGDPSALAG4	19. 87808	24. 59514	0. 808212	0. 4190
GDPGAP	7. 774229	4. 405791	1. 764548	0. 0776
M2NETGDPSA	– 4. 678286	4. 854831	– 0. 963635	0. 3352
NFANETGDPSALAG4	14. 70492	6. 298755	2. 334576	0. 0196
REERRATELAG4	8. 929815	7. 619979	1. 171895	0. 2412
TBGDPSALAG4	– 6. 830050	11. 61341	– 0. 588117	0. 5565
TOTRATELAG4	– 3. 283467	2. 739860	– 1. 198407	0. 2308
WGDPG	0. 349265	0. 670880	0. 520606	0. 6026
DUMY1996Q4	– 0. 889562	0. 610061	– 1. 458152	0. 1448
DUMY01Q3	– 1. 464029	0. 689184	– 2. 124292	0. 0336
DUMY05Q2	3. 278378	0. 916703	3. 576271	0. 0003
临界点				
LIMIT_1：C（12）	– 0. 690203	1. 176959	– 0. 586429	0. 5576
LIMIT_2：C（13）	1. 155097	1. 194085	0. 967349	0. 3334

由表 5 – 3 排序 Probit 回归的结果看：除中国 GDP 产出缺口、净外部资产头寸和两个时期虚拟变量 *DUMY*01*Q*3、*DUMY*05*Q*2 在小于 10% 的显著水平下显著外，其余解释变量的回归系数均很不显著。尤其是两个临界点系数也是高度不显著的，这会使得我们后续计算排序因变量取不同值的概率和计算不同解释变量在因变量不同取值情况下的"边际效用"大小变得不可能完成。故我们去掉所有不显著的解释变量后进行重新回归。回归结果见表 5 – 4。

表 5 – 4 去掉不显著变量的排序 **Probit** 模型回归结果

因变量：*CAORDERED*

因变量排序的个数：3

解释变量	系数值	标准误	z 统计值	概率
GDPGAP	7. 705475	3. 561155	2. 163757	0. 0305
NFANETGDPSALAG4	15. 89786	5. 672160	2. 802787	0. 0051
DUMY01Q3	– 1. 031443	0. 500452	– 2. 061022	0. 0393
DUMY05Q2	2. 592086	0. 699734	3. 704386	0. 0002
临界点				
LIMIT_1：C（5）	0. 677922	0. 282201	2. 402267	0. 0163
LIMIT_2：C（6）	2. 333403	0. 439907	5. 304307	0. 0000

比较表5－3和表5－4回归的结果后发现：最初显著的解释变量在表5－4的回归中一般来说变得更加显著，且系数值的符号没有变化，系数值的大小也变化不大，这可能证明了我们再次回归结果的稳健性。另外，两个临界点值在新的回归里也是较显著的，可以用来进行我们的后续分析。

表5－4中，中国GDP产出缺口的变化率这一解释变量的系数为正，表明如果产出缺口为正（实际产出大于潜在产出），则会增加中国经常账户出现更大顺差波动的概率；如果产出缺口为负（实际产出小于潜在产出），经常账户向更大顺差方向波动的概率就会下降。这一实证结果和经典理论正好相反，但它恰恰反映出近些年来中国经济增长来自内需的推动相对不足，中国经济外贸依存度过大（2007年高达64.77%，见表3－13），对外需依赖性较强这一基本事实。

滞后一年的中国净外部资产头寸增量系数也为正但更大，其含义同上，但出现更大顺差波动的概率可能要比正产出缺口情况下更高。

中国加入世贸组织虚拟变量系数为负，说明中国加入世贸组织后，中国对外开放的广度、深度进一步加深，进口关税不断下调，各种非关税壁垒也不断弱化或取消，从而刺激了更多进口，这实际上会降低中国经常账户向较大顺差规模波动的概率。

新汇改虚拟变量系数为正，这表明新的人民币汇率制度的实施反而加大了中国经常账户有更大顺差规模波动的概率。这符合自2005年7月人民币汇改以来，尽管人民币汇率在不断升值，但中国经常账户顺差规模却进一步持续走高的事实。这一看似悖论的现象背后或许隐含着这样两种解释：其一，对人民币汇率升值的预期一直存在但并没有得到完全释放，故在这种人民币"相对贬值"的外部经济环境下反而有可能产生一种时间上的"紧迫性"激励企业加速和扩大出口；其二，中国的进出口贸易中有一半以上是采取加工贸易的形式。加工贸易是"两头在外"的贸易，它一般会产生一个正的增加值，即外贸顺差。众多国内实证研究表明①，近些年来中国贸易盈余持续大幅攀升主要是由加工贸易顺差引起。这样在贸易弹性不是很大，人民币升值产生的支出转换效应就可能会较小，但如果因升值减少了中间品的支付价格而产生的实际收入效应又很明显的话，那么中国CA顺差就有可能进一步放大。

2. 解释变量边际效应大小和排序因变量概率分布

我们根据式（5－6）、式（5－7）、式（5－8）来计算解释变量 *GDPGAP*、

---

① 见余永定、覃东海（2006），余永定（2007），卢峰（2006），贺力平（2007）等的相关研究。

NFANETGDPSALAG4 在离散因变量不同取值下对应的边际效应大小。因为是时序，解释变量随时间变化，这样就会对应有一系列边际效应，但实际应用中仅需知道一个确切值即可。因此，对这一问题的处理方法一般有两种：或是事先计算出解释变量的均值（虚拟变量除外），然后代入上述方程；或是就每一个观察值计算出边际效应后再求出平均值。这两种方法在大样本条件下一般是等价的，但在中、小样本下很可能得到的结果不一致。为了避免样本大小对结果造成的干扰，在实际操作中大多选择第二种方法，我们这里的计算也如此，并用表 5 - 5 给出计算结果。

表 5 - 5 解释变量边际效应系数

边际效应 变量	因变量取 0 （较低顺差）	因变量取 1 （中等顺差）	因变量取 2 （高顺差）
GDPGAP	− 1.91	− 0.06	1.06
NFANETGDPSALAG4	− 3.94	− 0.12	2.20

根据计算的边际效应系数值，我们得到两个和之前计量回归结果不太一样，但很有意义的结论：其一，滞后一年的净外部资产增量对中国经常账户在不同顺差状态下的影响力度差不多是产出缺口解释变量的两倍；其二，两个解释变量在经常账户较低顺差（或较低逆差）和中等规模顺差波动条件下其系数都为负，仅在高顺差波动情况下才转为正值，且中等规模顺差波动下两个解释变量的负系数绝对值都远低于对应的低顺差波动下的系数绝对值。也就是说这两个变量的边际效应系数在因变量排序取值下（升序）都经历了一个由负转正且迅速升高的过程。

这两个结论背后的经济含义我们认为可能是这样的：（1）在中国经常账户顺差规模不是很大（较低或中度顺差波动规模）情况下，产出缺口对经常账户的调整符合传统经济理论，即经济增长越迅速（实际产出大于潜在产出），进口相对出口可能增加得更多，导致经常账户顺差规模降低或逆差扩大。这种快速的经济增长在经常账户较低或中度顺差波动规模下更有可能是"内需"型的（包括国内经济单位为了更好、更快地发展而对国外先进技术、机器设备表现出强劲的进口需求）。但在高顺差状态下，产出缺口的边际效应发生逆转，正恰恰反映了"内需"对经济增长的拉动作用相对削弱，中国经济靠"外需"，即净出口拉动经济增长的依赖性增强。（2）同样，净外部资产增量对经常账户顺差不同取值状态下的边际影响的解释在本质上也是一个"内需"、"外需"相对效能大小及转化问题。在中国经常账户较小或中度顺差规模下，上一期（年）积累的净外部资产（中国一多半净外部资产是以外汇储备的形式存在）增量会有相当比例转化为本期因"内需"强劲而引致的较大规模进口用汇需求，这样本期经常账户顺差规模就会下降。在高顺差状态下这种原来负向的边际效应转正，清楚地表明中国并没有充分利用其积累起来的庞大的净外部资产（外汇储备），这既是一种资金的浪费又是导致形成过高顺差不利局面的一个很重要原因。

中国经常账户顺差规模从 2003 年开始呈加速上升趋势，故我们分析与计算因变量不同取值下的概率集中于 2003 年第一季度至 2008 年第一季度这段时期。排序因变量不同取值下的概率依据式（5-3）、式（5-4）、式（5-5）给出。计算结果及相应时期解释变量取值列于表 5-6 中。同时，为了更清晰地认知上述变化趋势，我们把经常账户高顺差波动概率 Pr（y = 2）和两个宏观经济变量时序 GDPGAP、NFANETGDPSALAG4 在 2003 年第一季度至 2008 年第一季度的变化由图 5-1 显示出。

表 5-6 　　　　　　　　　　排序因变量概率及解释变量取值

时期　　　　　　变量	Pr ($y=0$) 概率	Pr ($y=1$) 概率	Pr ($y=2$) 概率	*GDPGAP*	*NFANETGDPSALAG4*
2003 年第一季度	0.9349	0.0509	0.0141	-0.0607	-0.000962
2003 年第二季度	0.8082	0.1312	0.0600	-0.0817	0.04963
2003 年第三季度	0.7540	0.1600	0.0848	-0.0608	0.05104
2003 年第四季度	0.3102	0.2623	0.3944	0.0666	0.06363
2004 年第一季度	0.6987	0.1860	0.1132	-0.0912	0.07628
2004 年第二季度	0.8509	0.1062	0.0425	-0.0892	0.04262
2004 年第三季度	0.6911	0.1893	0.1173	-0.0685	0.06661
2004 年第四季度	0.1763	0.2244	0.5190	0.1997	0.02637
2005 年第一季度	0.1036	0.1762	0.5782	0.04313	0.1232
2005 年第二季度	0.2031	0.2363	0.4941	0.02158	0.1065
2005 年第三季度	0.000467	0.00378	0.1602	0.01143	0.1045
2005 年第四季度	0.00316	0.01688	0.3253	-0.1047	0.1244
2006 年第一季度	0.00104	0.00714	0.2198	-0.00147	0.0962
2006 年第二季度	0.000174	0.00170	0.1048	-0.00096	0.1273
2006 年第三季度	0.001426	0.00915	0.2471	-0.00983	0.0943
2006 年第四季度	0.000957	0.00669	0.2129	-0.04852	0.1206
2007 年第一季度	0.002765	0.01525	0.3114	-0.01530	0.0838
2007 年第二季度	0.000112	0.00118	0.0860	0.008922	0.1297
2007 年第三季度	0.000298	0.00263	0.1326	0.01541	0.1104
2007 年第四季度	5.66×10^{-6}	9.7×10^{-5}	0.0197	0.06603	0.1460
2008 年第一季度	1.42×10^{-6}	2.98×10^{-5}	0.0094	0.04614	0.1739

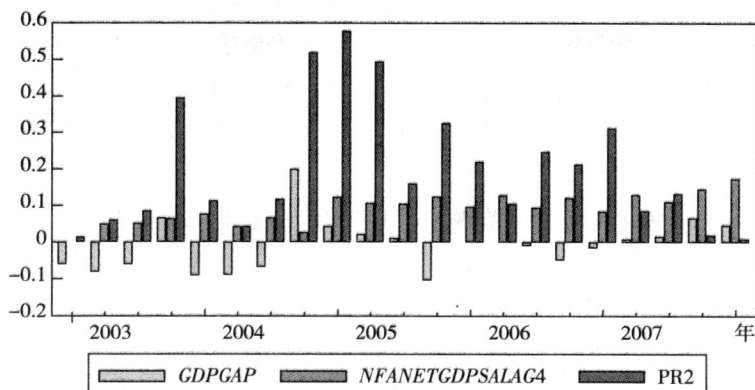

图 5 - 1　中国经常账户高顺差波动和产出缺口、
净外部资产增量变化（2003 年第一季度至 2008 年第一季度）

分析表 5 - 6 数据和观察图 5 - 1 可知，尽管季度数值存在较大的波动性，但我们仍然可以清楚地得到以下结论：（1）因变量取零，即中国经常账户顺差低规模波动概率自 2003 年以来总体上迅速下降。由 2003 年第一季度概率高达近 0.935 到 2007 年第四季度和 2008 年第一季度这一概率下降到几乎为零。（2）因变量取 1，即中等顺差规模波动概率总体上表现出先上升然后迅速下降趋势。同样，在 2007 年第四季度和 2008 年第一季度概率下降到几乎为零。（3）因变量取 2，即中国经常账户高顺差规模波动概率也表现出先上升后下降的趋势，但其下降速度要比前两种情况小得多。（4）当产出缺口为正，净外部资产存量增量为正时，经常账户中、高度顺差规模出现的概率就较大，尤其是高度顺差规模概率表现更加明显。比如在 2004 年第四季度，产出去缺口为 19.97%，净外部头寸增量为 2.64%，高顺差概率是 0.519。2005 年第一季度产出去缺口为 4.31%，净外部头寸增量为 12.32%，高顺差概率是 0.578。从中我们也不难看出净外部资产头寸增量对出现高度顺差规模概率有更大影响，这和我们上文计量回归以及两个解释变量的边际效应计算结果保持一致。（5）尽管总体上中国经常账户顺差规模这几年来有持续较大攀升，但由计算结果可知其出现较大规模顺差波动的概率正在迅速下降。

四、结论及政策含义

这一节，我们依照中国经常账户时间序列与其标准误的偏离程度分别设定了三种排序状态：低度顺差规模偏离、中度顺差规模偏离和高度顺差规模偏离。

在经济理论和已有国外研究文献基础上，我们选择确定 1992 年第一季度至 2008 年第一季度国内外八个季度宏观经济变量为解释变量，再加上三个时期虚拟变量，构建了以经常账户为离散因变量的排序 Probit 模型。我们以此为分析研究的框架，考察宏观经济解释变量的变动对中国经常账户顺差规模不同取值的冲击效应。得到主要结论有：

第一，对中国经常账户顺差规模排序产生重要且显著影响的仅有中国产出缺口和滞后一年的中国净外部资产存量增量这两个宏观经济解释变量。它们的排序 Probit 回归系数都为正，且后者大于前者（两倍左右）。这说明当产出缺口为正（实际产出大于潜在产出）和滞后一年的中国净外部资产存量有正增加值时，随着它们依此方向的增加变化，中国经常账户向高度顺差规模波动的概率会相应增加，且这种概率影响后者大于前者。

第二，在我们计算上述两个显著的宏观经济解释变量边际效应的过程中我们得到一个额外重要发现：在中国经常账户顺差规模表现出低度和中度波动时，这两个变量的边际影响都是负的，仅在经常账户高顺差波动状态下才有和排序 Probit 模型回归相同的符号（正）。此时，边际效应的计算值不同于回归值，但在不同排序下大体仍表现出净外部资产存量边际值是产出缺口边际值两倍的关系。

第三，根据排序 Probit 模型我们计算了 2003 年第一季度至 2008 年第一季度中国经常账户顺差规模在三种排序取值下的概率大小。我们发现：低度顺差规模波动概率总体上是在迅速下降；中、高度顺差规模波动概率大体上均表现出先上升后下降的趋势，但高顺差波动概率的下降幅度远小于低、中度顺差。

第四，在我们引入的时期虚拟变量中，中国加入世贸组织和中国 2005 年 7 月新汇改虚拟变量在排序 Probit 回归中表现出较强的显著性。前者的影响为负，后者为正。这提醒我们中国更加的对外开放，积极放松或解除各种关税和非关税壁垒有助于实现中国政府谋求的对外贸易基本平衡、略有顺差这一目标。另外，新汇改后如何更有效的化解人民币升值预期对这一目标的实现也很有帮助。

对于如何应对近些年来中国经常账户持续高额顺差问题，根据以上研究结论，我们大体有如下政策设想：

首先，我们要充分认清中国持续多年的经常账户顺差，尤其是近几年来的高额顺差这一国际收支不平衡问题主要归于"内因"还是"外因"？在这个问题上，我们基本认同 Guy Debelle 和 Gabriele Galati（2005）的"内因"观点，即我们也认为主要是中国经济的内部失衡诱致了其外部失衡。我们的判断基于在我们的排序 Probit 回归中仅有中国产出缺口和中国净外部资产头寸这两个"内生"变量是显著的①，"外生"变量——除中国外世界 GDP 的增长率，在回归中并未表现出对中国经常账户顺差规模排序的影响作用。因此，就国内政策调节而言，为了降低当前经常账户高顺差规模波动的概率，我们应当适度减缓当前国内经济的实际增长率，使其低于潜在产出，即使产出缺口为负。当下，为了降低国内较高的通货膨胀率所采取的紧缩的货币政策恰好可以达到使内外失衡得以同时纠正的一举两得的效果。但这种实际经济增长率的下降我们认为应以"外需"部门承担为主。同时考虑到国情，在今后较长时期内中国仍要极力维持较高的经济增长速度，这样我们就必须制定切实可行的宏观经济政策，使部分外需的下降向内需的增加转移。对此，当前和今后应采取扩张性的财政政策，即主要通过大幅增加教育、医疗、失业、养老、住房等社会保障性支出来减轻居民的后顾之忧，进而降低预防性储蓄动机。通过设计更加合理的国民收入再分配机制和更加高效的转移支付方式理顺各种利益关系，切实增加低收入阶层的收入。要建立国有垄断尤其是资源类垄断行业向其所有者国家"分红"的机制，以便"耗散"此类垄断租金，减轻由此形成的收入两极分化和生产要素价格扭曲。同时，还应考虑逐步减轻整个社会，尤其是个人的税收负担。所有这些政策调节其目的只有一个，就是为了增加整个社会的内在需求。扩张性财政政策调节的另一个着力点应该是继续完善和加大基础设施，尤其是中部、西部和农村地区的基础设施建设。这既是缩小地区差距、城乡差距的需要，又是保持中国当前及今后较长时期有较快经济增长的内在要求。

其次，人民币实际有效汇率在我们的计量回归中是不显著的。这提醒我们汇率因素在中国经常账户顺差调节的政策选择组合里很可能是不重要的。或者说，中国经常账户的调整应属于 Bernardina Algieri 和 Thierry Bracke（2007）归类的内部调整类型。即通过中国国内经济增长率的适度下调而非人民币汇率较快、较大升值方式来改善中国经常账户的过度顺差失衡。对这个问题，此处需要特别说明的是，上面提到的总需求政策调节方式固然重要，但我们同样需要重视供给面的政策调整。也就是通过产业结构的优化、升级来谋求中国经常账户失衡的改善。具体来说，就是我们要放弃和限制，至少是不鼓励产品技术含量低、附加值低的加工贸易出口，坚决摒弃高能耗、高污染的出口加工业，但对技术含量高、附加值高的加工贸易我们仍要鼓励和培育。重视和加强一般贸

---

①　中国净外部资产头寸的增加大多源于中国贸易顺差的积累，而中国持续多年的贸易顺差有着我们将要分析的中国国内经济、产业结构的深刻原因。

易和服务贸易的出口。为此，我们可以通过调节内外资企业所得税、进出口关税、出口退税率等相关政策的搭配组合来达成我们的意愿目标。

最后，我们应该充分重视中国净外部资产存量的有效利用问题。如果任凭每期构成中国净外部资产存量增量绝大比例的外汇储备大多仅以低收益的美国国债或储蓄存款类资产的形式存在，那么中国经常账户高顺差规模波动的状况就不能得到有效缓解。因为在我们的排序 Probit 模型回归及边际效应的计算中该解释变量对高顺差规模波动发挥着最大的影响力。于是这就转化为一个如何更好地"花掉"我们的外汇资产问题，其本质同样是一个"外需"如何向"内需"有效转换问题。结合中国加入世贸组织虚拟变量的分析结论，于是，我们知道进一步开放国内市场，增加国内经济建设紧缺的物资、设备、技术的进口用汇支出对这一问题的解决是比较有效的。但是，我们这种进口的需求意愿能否得到充分满足还要取决于以美国为代表的发达资本主义国家对中国从其进口高新设备和技术的态度和政策。正如 Sebastian Edwards（2006）的研究所强调的那样，在经济全球化日益加强的今天，任何国家，尤其是大国之间持续的较大规模的外部不平衡的调整，都需要彼此一定程度的政策配合才可能会真正有效。尽管一开始我们就强调中国的外部经济失衡主要源于中国经济结构的内部失衡，即"内需"和"外需"之间的不匹配、不协调和结构错位，但这与中国所面临的某些外部环境（外因）也可能是导致中国经常账户持续出现过高顺差失衡局面的相当重要的原因在本质上并不矛盾。

第二节　中国国际收支经常账户数值模拟与预测

本节，我们在已有模型研究的基础上，通过更符合中国国际收支现实的进一步拓展和较大修正，构建出反映中国国际收支经常账户收支变动的动态模型。在确定基期年，以及合理设定模型初始参数并得到实证支持后，我们分多种参数变化情况，利用该模型对中国 2006 年及以后众多年份的经常账户收支进行了数值模拟与预测。研究结果表明：如果以 2006 年为基期年且各类参数同基期年值不发生变化的话，那么中国的经常账户顺差规模就会越来越大，不会收敛也不会逆转；在参数可变动下，有两种情况符合我们对中国经常账户逆转（$0 < ca_t \leqslant 2\%$）的要求；无论哪种情况，我们模型的数值模拟及图形分析都表明中国的经常账户收支没有出现收敛到某一特定值或区间的情况。

一、问题的提出：数值模拟视角

中国自 1982 年开始对外正式公布国际收支统计数据。中国国际收支平衡表主要由四个一级账户组成：经常账户、资本与金融账户、储备资产和净误差与遗漏账户。其中经常账户一直是中国国际收支中最重要的组成部分。近些年来，中国国际收支经常账户与资本账户的双顺差（Two – Surplus）愈演愈烈，而经常账户顺差几乎一直居于主导地位。

对于中国国际收支双顺差特别是经常账户顺差，伴随近些年来全球国际收支失衡问题一并引起广泛关注，国内外涌现出了许多有价值的研究文献。比如，林毅夫（2007），李扬等（2007），何帆、张明（2007），余永定、覃东海（2006），卢峰（2006），许雄奇（2006），张茵、万广华（2005），姚枝仲、何帆（2004），许少强（2003），杨柳勇（2002），谢建国、陈漓高（2002），潘国陵（2000），余永定（1997）；Alicia Garcia – Herrero 和 Tuuli Koivu（2007），Joseph W. Gruber 和 Steven B. Kamin（2007），Kuijs（2005，2006），Amelia Santos – Paulino 和 A. P. Thirlwall（2004），Zhongxia Jin（2003），Augustine C. Arize（2002），Menzie Chinn 和 Eswar S. Prasad（2000）等。国内的研究主要结合中国具体经济情况和国际经济大环境来分析中国国际收支双顺差的成因以及化解之道。国外的研究主要是建立经济结构模型来识别驱动经常账户收支变动的关键宏观经济变量，以及利用时间序列计量技术研究经常账户在长期的敛散性和临界条件。就中国国际收支的经济结构模型来看，我们认为目前有代表性的研究主要是余永定、覃东海（2006），姚枝仲、何帆（2004）和潘国陵（2000）。但他们的研究基本上都是理论推导模型，缺乏具体的数量分析或模拟，且有些模型的假设前提过于简化，忽略了一些重要的决策参数，这些都大大削弱了其现实分析价值和理论指导意义。

本书在潘国陵（2000）纯粹理论推导模型研究的基础上，通过放松模型原假设条件和对模型进行重大修正，使其更符合中国经济现实，从而拓展了模型分析、解决问题的能力，并且通过合理设定参数，或设定关键参数变化区间来定量模拟分析中国国际收支经常账户变动及其敛散性条件。通过这种定量分析与数值模拟，试图找到达成中国国际收支经常账户合意变动规模的参变量控制机制，以使我们对中国经常账户收支的政策调整具有明确的目的性和可操作性。

二、中国国际收支经常账户动态方程模型

我们下面理论模型的推导参考了潘国陵（2000）的建模方法，但有一个重

要修正和两个较大改进。原模型暗含着一国国外净资产可全部转化为直接投资，这既不符合事实，更脱离中国海外净资产的实际使用情况。因为中国的对外净资产的使用主要分为直接投资和间接投资，其中间接投资占绝大比重[①]。故我们在此作出一个重要修正：以占全部海外净资产的 θ 比例（$0 < \theta < 1$）作为直接投资（特定比例要求的股权投资、中国对外直接投资），其余 $1 - \theta$ 比例作为间接投资（债券投资、储蓄存款等其他投资）[②]。对原模型的两个改进在于：一是我们考虑到了国内外资本存量的折旧问题[③]，二是我们允许汇率可以浮动。

考虑一个开放经济条件下的国民收入恒等式：

$$Y^* = C + I_d + G + (X - M) + NFP \equiv C + T + S_p \qquad (5-9)$$

式中，Y^* 表示 GNP 国民收入；C、I_d、G 分别表示私人消费、国内私人投资和政府支出；表示产品和服务进出口差额的贸易账户余额（净出口）$TB = X - M$；NFP 表示来自海外的净要素收入；T、S_p 分别表示政府税收和私人（居民和企业）储蓄。又因为经常账户余额 CA = TB + NFP，所以

$$CA = (T - G) + S_p - I_d = (S_g + S_p) - I_d = S - I_d \qquad (5-10)$$

式中，S_g 表示政府储蓄；S 表示一国总储蓄，它是私人储蓄与政府储蓄之和。式（5-10）移项得

$$S = I_d + CA = I_d + I_f = I \qquad (5-11)$$

式中，I 表示总投资，它是一国对内、对外投资之和。式（5-11）表示一国的经常账户余额 CA 实际上可看做海外投资 I_f（直接投资和间接投资），如果经常账户顺差，$CA > 0$，就表示该国在海外有正的净投资；如果经常账户逆差，$CA < 0$，表示外国在本国有净投资。

如果 s 代表一国总储蓄率（$0 < s < 1$），那么

$$I = S = sY^* = s(Y + qR_f) = s\{Y + [\theta V_f + (1 - \theta)\rho]Bq\} \qquad (5-12)$$

式中，Y 表示 GDP；R_f 表示一国海外净资产产生的收入[④]；V_f 表示海外直接投资的资本产出比：$Y_f / \theta B$[⑤]，B 表示一国海外净资产头寸，Y_f 表示一国海外净资产中

---

① 根据国家外汇管理局公布的中国国际投资头寸表，作者计算的 2007 年度中国对外直接投资增量仅占当年对外净资产存量的 1.66%。

② 间接投资是指投资者（债权人）所关心的只是其投资的收益，除此之外并无其他要求和权利；直接投资是指投资者对另一经济体的企业拥有直接控制权，享有长久收益。

③ 除国内资本存量外，我们认为只有海外净资产的直接投资部分才需要考虑折旧问题。

④ 实际上 $Y^* = GNP = GDP + NFP$，净要素收入 NFP 包括付给工人的净报酬、净投资收入（包括直接投资与间接投资）。我们这里忽略了付给工人的净报酬。

⑤ 资本产出比一般是指资本存量与产出之比。为了方便计算，我们这里的表示和常规表示正好相反。

直接投资的产出（收益）；ρ 表示海外净资产中间接投资收益率；q 表示直接标价法下的名义汇率。

对于国内资本存量 K，有等式 $\Delta K = I_d - \sigma_d K$[①]，即资本存量的变化（净投资）等于总投资将去折旧。其中，σ_d 表示国内固定资产折旧率。令 $dK/dt = \Delta K$，整理后得

$$I_d = (dK/dt) + \sigma_d K \qquad (5-13)$$

同理，有式（5-14）成立：

$$I_f = d(\theta Bq)/dt + \sigma_f(\theta Bq) + (1-\theta)\rho d(Bq)/dt \qquad (5-14)$$

式中，σ_f 表示海外固定资产折旧率。如果汇率可随时间变动，那么

$$
\begin{aligned}
I_f &= q\theta \times (dB/dt) + B\theta \times (dq/dt) + \sigma_f(\theta Bq) + (1-\theta)\rho q \times (dB/dt) \\
&\quad + (1-\theta)\rho B \times (dq/dt) \\
&= [q\theta + (1-\theta)\rho q] \times (dB/dt) + [B\theta \\
&\quad + (1-\theta)\rho B] \times dq/dt + \sigma_f(\theta Bq) \qquad (5-15)
\end{aligned}
$$

综合式（5-12）、式（5-13）、式（5-15）后有

$$
\begin{aligned}
(dK/dt) + \sigma_d K + [q\theta + (1-\theta)\rho q] \times (dB/dt) + [B\theta + (1-\theta)\rho B] \\
\times dq/dt + \sigma_f(\theta Bq) = s\{Y + [\theta V_f + (1-\theta)\rho]Bq\} \qquad (5-16)
\end{aligned}
$$

式（5-16）即为确定一国经常项目收支和海外净资产动态变化的一阶非齐次微分方程。

如果用 V_d 表示国内资本产出比，即 $V_d = Y/K$，故 $K = Y/V_d$，国内经济增长率 $g = (dY/dt)/Y$，于是 $dK/dt = (dY/dt)/V_d = gY/V_d$。因为 $g = (dY/dt)/Y$，则 $dY/dt - gY = 0$，该一阶齐次微分方程的解是 $Y_t = Y_0 e^{gt}$，Y_0 是时间 $t = 0$ 的初值。于是有

$$dK/dt = gY/V_d = (g Y_0 e^{gt})/V_d \qquad (5-17)$$

把式（5-17）代入式（5-16）整理得

$$dB/dt = \left\{ \frac{s[\theta V_f + (1-\theta)\rho] - \theta\sigma_f}{\theta + (1-\theta)\rho} - q^* \right\} B + \frac{(sV_d - g - \sigma_d)Y}{qV_d[\theta + (1-\theta)\rho]}$$

$$(5-18)$$

式中，q^* 表示名义汇率的变化率（升、贬值率）。式（5-18）是一个一阶非齐次微分方程，其解由两部分组成：余式解和特解。设 $x_1 = $

---

① 应该是滞后一期的 K，为了能组成下文的微分方程并可求解，我们在这里忽略了这种差别。类似的处理见蒋中一. 数理经济学的基本方法［M］. 北京：商务印书馆，2004：600.

$\dfrac{s\left[\theta V_f + (1-\theta)\,\rho\right] - \theta\sigma_f}{\theta + (1-\theta)\,\rho}$; $x_2 = \dfrac{sV_d - g - \sigma_d}{qV_d\left[\theta + (1-\theta)\,\rho\right]}$。因此，余式解 =

$Ae^{(x_1 - q^*)t}$，其中 A 是一个任意常数。我们用待定系数法求出特解 = $\dfrac{x_2 Y}{g + q^* - x_1}$，

故式（5 – 18）通解为

$$B_t = Ae^{(x_1 - q^*)t} + \frac{x_2 Y}{g + q^* - x_1} \qquad (5-19)$$

设定基期 $t = 0$，解出常数 $A = B_0 - \dfrac{x_2 Y_0}{g + q^* - x_1}$，重新代入式（5 – 19），并在

式（5 – 19）左边除以 Y_t，右边除以 $Y_0 e^{gt}$，得

$$B_t/Y_t = \left(B_0/Y_0 - \frac{x_2}{g + q^* - x_1}\right) \times e^{(x_1 - g - q^*)t} + \frac{x_2}{g + q^* - x_1} \qquad (5-20)$$

如果我们以小写字母 $b_t = B_t/Y_t$；$b_0 = B_0/Y_0$；$\mu = \dfrac{x_2}{g + q^* - x_1}$，那么式（5 –

20）可以简化为

$$b_t = \mu + (b_0 - \mu) \times e^{(x_1 - g - q^*)t} \qquad (5-21)$$

式（5 – 21）就是求解一国净外部资产头寸（NFA）的动态方程式，我们下面会利用它得到一国国际收支经常账户动态方程。

国际上商品与服务流动一般对应着国际上的资本流动。一国在海外的资产或负债存量，实际上是该国不同时期经常账户余额的累积。反映一国某一时点上对世界其他地区的资产或负债即为国际投资头寸。净外部资产就是一国对外资产与负债相抵后的净值。一国某一时期内的经常账户余额会形成新增的净国外资产或负债，于是 $CA_t = B_t - B_{t-1} = \Delta B_t = dB/dt$，把式（5 – 18）代入其中，得到一国经常账户动态方程：

$$CA_t = \left\{\frac{s\left[\theta V_f + (1-\theta)\rho\right] - \theta\sigma_f}{\theta + (1-\theta)\rho} - q^*\right\}B + \frac{(sV_d - g - \sigma_d)Y}{qV_d\left[\theta + (1-\theta)\rho\right]}$$

$$= (x_1 - q^*)B + x_2 Y \qquad (5-22)$$

式（5 – 22）两边都除以 Y_t，有 $CA_t/Y_t = (x_1 - q^*)B_t/Y_t + x_2$，设 $ca_t = CA_t/Y_t$，$b_t = B_t/Y_t$，于是有

$$ca_t = (x_1 - q^*)b_t + x_2 \qquad (5-23)$$

把式（5 – 21）代入式（5 – 23），有如下结果：

$$ca_t = (x_1 - q^*)\left[\mu + (b_0 - \mu) \times e^{(x_1 - g - q^*)t}\right] + x_2 \qquad (5-24)$$

设初始时刻 $t = 0$，有 $ca_0 = (x_1 - q^*)b_0 + x_2$，故，$(x_1 - q^*)b_0 = ca_0 - x_2$，

于是 $ca_t = \{ca_0 - [x_2 + (x_1 - q^*)\mu]\}e^{(x_1-g-q^*)t} + [x_2 + (x_1 - q^*)\mu]$，

令 $k = x_2 + (x_1 - q^*)\mu$，因此有

$$ca_t = (ca_0 - k) \times e^{(x_1-g-q^*)t} + k \qquad (5-25)$$

式（5-25）即为求解一国经常账户的动态方程式。

我们把下文需要用到的上述关键方程及变量间的关系总结如下：

$$\begin{cases} ca_t = (ca_0 - k) \times e^{(x_1-g-q^*)t} + k，ca_0 表示初始 CA 和 GDP 之比。 \\[2mm] k = x_2 + (x_1 - q^*)\mu \\[2mm] \mu = \dfrac{x_2}{g + q^* - x_1} \\[4mm] x_1 = \dfrac{s[\theta V_f + (1-\theta)\rho] - \theta\sigma_f}{\theta + (1-\theta)\rho} \\[4mm] x_2 = \dfrac{sV_d - g - \sigma_d}{qV_d(\theta + (1-\theta)\rho)} \end{cases}$$

三、中国国际收支经常账户敛散性与逆转分析

（一）中国经常账户（ca_t）敛散性分析

1. 初始（基期）参数值的设定

根据经常账户收支动态方程（5-25），结合中国国际收支经常账户现状，以 2006 年为基期年[①]（$t=0$），根据已有统计资料或文献研究设定相关参数数值，并验证其合理性，以便用于具体分析中国经常账户的敛散性问题。

因为 $x_1 = \dfrac{s[\theta V_f + (1-\theta)\rho] - \theta\sigma_f}{\theta + (1-\theta)\rho}$，$x_2 = \dfrac{(sV_d - g - \sigma_d)}{qV_d[\theta + (1-\theta)\rho]}$，以 2006 年为基期年，基期参数设定，$s=0.478$（亚洲开发银行，ADB，2007），$\theta=0.03$（国家外汇管理局，SAFE，2007）[②]，$\rho=0.03$（实际收益，Barry Eichengreen，2006），$V_f = 1/3$（Barnett 和 Brooks，2006）[③]，$\sigma_f = 0.13$[④]，$g=0.111$（国家统计

---

①　中国自 2005 年 7 月 21 日起实行以市场供求为基础，参考一篮子货币进行调解、有管理的浮动汇率制度。而之前 1997 年 7 月至 2005 年 7 月，人民币兑美元汇率几乎一直钉住 8.27 元/1 美元，故考虑到汇率可调，我们以 2006 年为基期，且根据当前中国国际收支状况，认为人民币升值应该是长期趋势。

②　根据国家外汇管理局编制的中国国际投资头寸表，2006 年末中国净外部资产头寸 6621 亿美元，中国对外直接投资净增 179 亿美元，故 $\theta=2.7\%$，我们这里取 $\theta=3\%$。

③　原文是 1/2.9，此处取 1/3。

④　资料来源：林永廷. 国企创新缘何屡遭滑铁卢 [J]. 上海国资，2006，(3)：32-33。

局，NBS，2007）[①]，$q^* = -0.03$（ADB，2007），$V_d = 1/2.4$（Barnett 和 Brooks，2006），$\sigma_d = 0.085$[②]，$q_{06} = 7.97$RMB/1US \$（时期平均值，ADB，2007）。代入上述参数值计算得到：$x_1 = 0.25$；$x_2 = 0.0161$。又 $b_0 = B_{06}/Y_{06} = 0.252$（SAFE 和作者的计算），故 $ca_0 = (x_1 - q^*) b_0 + x_2 = (0.25 + 0.03) \times 0.252 + 0.0161 = 8.67\%$。而实际上 2006 年中国经常账户盈余占当年 GDP 的比重是 9.4%（IMF – WEO，2007），计算值和实际值比较接近，这很可能说明我们的参数设定是合理的。

2. 中国经常账户的敛散性分析

由经常账户动态方程（5 – 25）：$ca_t = (ca_0 - k) \times e^{(x_1 - g - q^*)t} + k$，其中 $ca_0 = 0.0867$，两个辅助方程：$k = x_2 + (x_1 - q^*) \mu$，$\mu = \dfrac{x_2}{g + q^* - x_1}$，如果保持上面的设定参数不变，$x_1 = 0.25$，$x_2 = \dfrac{(sV_d - g - \sigma_d)}{qV_d [\theta + (1 - \theta) \rho]} = \dfrac{(0.478 \times 1/2.4 - 0.111 - 0.085)}{7.97 \times (1 - 0.03)^t \times 1/2.4 \times [0.03 + (1 - 0.03) \times 0.03]} = \dfrac{0.00317}{0.196 \times 0.97^t} = 0.0161 \times 0.97^{-t}$。于是得到：$\mu = -0.095 \times 0.97^{-t}$，$k = -0.01 \times 0.97^{-t}$，故 $ca_t = (0.0867 + 0.01 \times 0.97^{-t}) \times e^{0.169t} - 0.01 \times 0.97^{-t} > 0$。因此，如果上述参数设定不发生改变，那么中国经常账户顺差规模就是一条随时间的增加愈发扩大的发散路径。为了进一步验证中国经常账户动态方程及参数设定的可靠度，我们模拟一下 2007 年的中国经常账户顺差：$ca_{07} = (0.0867 + 0.01 \times 0.097^{-1}) e^{0.169 \times 1} - 0.01 \times 0.097^{-1} = 10.5\%$。国际货币基金组织给出中国 2007 年经常账户顺差占 GDP 的预测值是 11.3%，二者也是比较接近的。图 5 – 2 给出了 ca_t、k_t 的时间变化路径。

由图 5 – 2 可以很明显地看出，由于 $k_t < 0$，且不断走低，又 $x_1 - g - q^* = 0.25 - 0.111 + 0.03 = 0.169 > 0$，故由式（5 – 25）可知 ca_t 必发散，在图中呈上凹发散路径。

（二）中国经常账户（ca_t）逆转分析与数值模拟

经常账户逆转（Reverse）是指初始的经常账户顺差或逆差经过宏观经济政策调整后（影响到动态方程中的相关参数或变量），在若干年后转变为逆差或顺

---

① 按年末汇率计算是 – 0.032，按年平均汇率计算是 – 0.027，我们取 – 0.03。

② 张军等（2005）认为 $\sigma_d = 0.096$；根据 1994 年中国修订的会计准则，财政部把国有企业的平均折旧率定为 0.072，我们这里取 $\sigma_d = 0.085$。

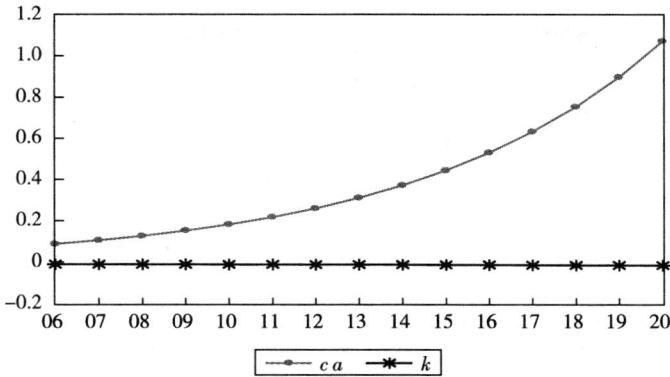

注：以 2006 年为基期年，设定 $s = 0.478$、$\theta = 0.03$、$\rho = 0.03$、$V_f = 1/3$、$\sigma_f = 0.13$、$g = 0.111$、$q^* = -0.03$、$V_d = 1/2.4$、$\sigma_d = 0.085$、$q_{06} = 7.97\text{RMB}/1\text{US \$}$。

图 5 - 2　在初始参数设定条件下 ca_t、k_t 的时间变化路径

差；也指经常账户有较大规模顺差或逆差的国家经过一段时间调整后，顺差或逆差规模下降到一个可以接受的标准。根据 Bernardina Algieri 和 Thierry Bracke（2007），Sebastian Edwards（2006），Guy Debelle 和 Gabriele Galati（2005）以及卢峰（2006）等对较大规模顺差或逆差的研究及认定，再加上中国政府一再公开声明，中国不刻意谋求大规模贸易盈余，中国国际收支的长远目标是寻求平衡或略有顺差。结合中国当前经常账户收支现实，我们这里定义中国经常账户逆转的标准是：如果以 2006 年为基期年，我们计算的 2006 年中国经常账户顺差占 GDP 的比例高达 8.67%，那么经过若干年调整后，争取使得中国经常账户顺差占 GDP 的比例下降到 $0 < ca \leqslant 2\%$。故根据式（5 - 25），我们得到不等式：

$$0 < ca_t = (ca_0 - k) \times e^{(x_1 - g - q^*)t} + k = (8.67\% - k) \times e^{(x_1 - g - q^*)t} + k \leqslant 2\%$$

$$(5 - 26)$$

其中，$k = x_2 + (x_1 - q^*) \mu$；$\mu = \dfrac{x_2}{g + q^* - x_1}$；$x_1 = \dfrac{s\left[\theta V_f + (1 - \theta) \rho\right] - \theta \sigma_f}{\theta + (1 - \theta) \rho}$；$x_2 = \dfrac{(sV_d - g - \sigma_d)}{qV_d\left[\theta + (1 - \theta) \rho\right]}$。这里，$V_f$、$\sigma_f$、$\rho$ 以及 V_d、σ_d 看做外生变量，分别如前取值：$V_f = 1/3$，$\sigma_f = 0.13$，$\rho = 0.03$，$V_d = 1/2.4$，$\sigma_d = 0.085$。这样，我们可控制的参数仅有 s、g 和 θ。根据之前的分析，如果可控参数也取 2006 基期年的设定值，中国经常账户的顺差规模必发散，故通过变动 s、g 和 θ（单独或组合）可能会得到一条中国经常账户顺差减少直至逆转的路径。分析不等式方程

（5－26），s、g 和 θ 的变化会引致 x_1、x_2、μ、k 的变化，对 ca_t 的最终影响不明晰，需要通过数值模拟的方法进行判断。

另外，根据直觉，国民储蓄率 s 的下调应会降低 ca 盈余，但我国经济发展的目标是想在今后一段较长时期内仍然维持较高的经济增长速度，这样对投资率从而对储蓄率就有一定的约束。以 $g=10\%$ 或 $g=8\%$ 为例，根据哈罗德—多马经济增长稳态条件粗略估算的国民储蓄率 $s=g\times 1/V_d+\sigma_d=0.1\times 2.4+0.085=0.325$ 或 $s=0.08\times 2.4+0.085=0.277$。因此，为了获得可能的经常账户逆转路径对 s 下调是有约束的，但经济增长率的放低，也会相应放松 s 下调约束。我们下面主要分八种参数调整情况对中国经常账户收支变化可能出现的路径进行数值模拟，以期找出一条合理的中国经常账户由当前较大顺差规模到最终减少直至逆转的路径。

我们用表5－7给出了在不同参数设定情况下，以2006年为基期年及以后时期中国经常账户收支占同期 GDP 比例的动态变化路径。

表5－7　　　　　　　　　中国国际收支经常账户余额占 GDP
比值在不同参数设定情况下的模拟值

参数 ╲ 年份	$V_f=1/3$，$\sigma_f=0.13$，$\rho=0.03$；$s_{06}=0.478$，$V_d=1/2.4$，$\sigma_d=0.085$，$q_{06}=7.97$RMB/1USD							
	$g=0.1$，s 自 2007 年始每年减少 1%				$g=0.08$，s 自 2007 年始每年减少 1.5%			
ca_t	情况1 $q^*=-3\%$	情况2 $q^*=-5\%$	情况3 $q^*=-3\%$，θ 从 2007 年始每年上调 0.5%	情况4 $q^*=-5\%$，θ 从 2007 年始每年上调 0.5%	情况5 $q^*=-3\%$	情况6 $q^*=-5\%$	情况7 $q^*=-3\%$，θ 从 2007 年始每年上调 0.5%	情况8 $q^*=-5\%$，θ 从 2007 年始每年上调 0.5%
2006	0.0867	0.0867	0.0867	0.0867	0.0867	0.0867	0.0867	0.0867
2007	0.1088	0.1111	0.1070	0.1092	0.1177	0.1203	0.0914	0.0931
2008	0.1286	0.1340	0.1212	0.1263	0.1468	0.1533	0.0388	0.0385
2009	0.1440	0.1530	0.1278	0.1367	0.1712	0.1828	-0.0734	-0.0855
2010	0.1528	0.1651	0.1290	0.1395	0.1879	0.2048	—	—
2011	0.1524	0.1665	0.1222	0.1339	0.1936	0.2146	—	—
2012	0.1403	0.1529	0.1088	0.1198	0.1851	0.2073	—	—
2013	0.1136	0.1193	0.0892	0.0972	0.1596	0.1776	—	—
2014	0.0697	0.0606	0.0644	0.0665	0.1148	0.1208	—	—
2015	0.0065	-0.0286	0.0352	0.0284	0.0497	0.0329	—	—
2016	-0.078	—	0.00248	-0.0164	-0.0358	-0.0888	—	—

续表

参数 \ 年份 ＼ ca_t	$V_f = 1/3$, $\sigma_f = 0.13$, $\rho = 0.03$; $s_{06} = 0.478$, $V_d = 1/2.4$, $\sigma_d = 0.085$, $q_{06} = 7.97RMB/1USD$							
	$g = 0.1$, s 自2007年始每年减少1%				$g = 0.08$, s 自2007年始每年减少1.5%			
	情况1 $q^* = -3\%$	情况2 $q^* = -5\%$	情况3 $q^* = -3\%$, θ从2007年始每年上调0.5%	情况4 $q^* = -5\%$, θ从2007年始每年上调0.5%	情况5 $q^* = -3\%$	情况6 $q^* = -5\%$	情况7 $q^* = -3\%$, θ从2007年始每年上调0.5%	情况8 $q^* = -5\%$, θ从2007年始每年上调0.5%
2017	—	—	-0.0321	-0.0669	—	—	—	—
2018			-0.0687					
2019								
2020								

注：（1）1978—2007年中国实际GDP的年增长率平均为9.88%，综合考虑一些专家学者的观点（刘国光、刘伟、汪同三等）我们这里取8%～10%作为我国今后经济增长率的下限和上限。

（2）自2005年7月21日人民币汇改以来，我们始终坚持主动性、可控性、渐进性三原则，虽然人民币升值是长期趋势，但我们认为每年升值幅度维持在3%～5%即符合上述三原则又会给中国众多低附加值出口企业缓冲或退出的时间。

（3）近些年来商务部会同相关税收、外汇、银行、保险等部门为了鼓励和支持国内企业"走出去"，努力开拓国际市场，扩大对外直接投资，做了许多重要的、富有建设性的工作，中国对外直接投资有了较快的发展。2007年末中国累计对外直接投资额1076亿美元，外国直接投资累计7424亿美元。因此，我们认为在2006年的基础上，以后中国每年对外直接投资净增加值占中国对外净资产的比例提高0.5个百分点是可能的。

（4）因为理论和实际有差距，数值模拟的准确度会随着预测期的增加而下降，故对于有些时期不太可能出现的数值模拟值我们在表格中没有列出。但为了保持相应图形的完整性，我们依然用2006—2020年的所有模拟数值作图。

图5-3a至图5-3h是对应于表5-7的八种情况下的模拟图。

根据表5-7和相应的图5-3a至图5-3h，我们可以得到如下结果。

情况1：由表5-7和图5-3a，在该种参数设定下，中国经常账户顺差规模会在2010年达到峰值，占GDP的15.28%，然后开始下降，在2015年顺差规模下降到仅占GDP的0.65%，符合我们逆转的条件：$0 < ca_t \leqslant 2\%$。且2015年的$s = 0.388 > 0.325$，$g = 10\%$的增长率是可以得到储蓄率支持的。

情况2：由表5-7和图5-3b可知，如果人民币汇率每年平均升值5%，在2011年中国经常账户顺差会达到占相应年份GDP的16.65%的峰值规模，然后开始下降，在2015年转为逆差，其值是-2.86%，但我们所定义的逆转条件：$0 < ca_t \leqslant 2\%$不会出现。

情况3：根据表5-7和图5-3c，并与图5-3a比较可知，在中国对外直接投资占其海外净资产的比例θ可调整，且从2007年始每年增加0.5%后，中国

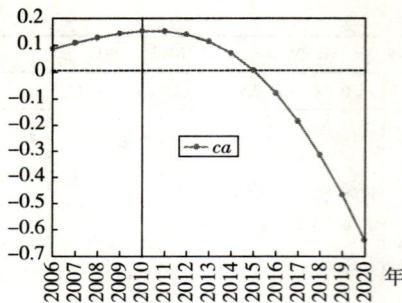

图5-3a

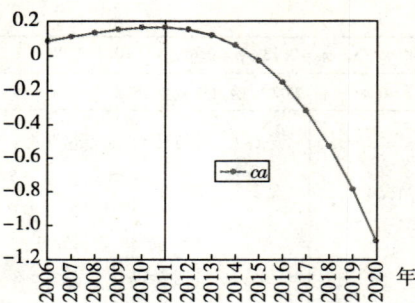

图5-3b

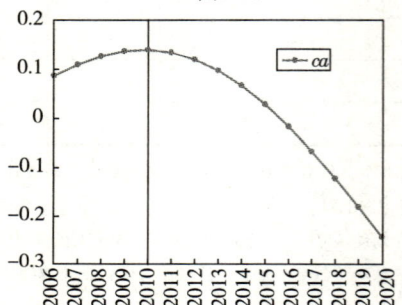

图5-3c

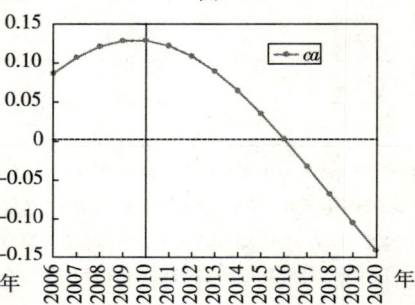

图5-3d

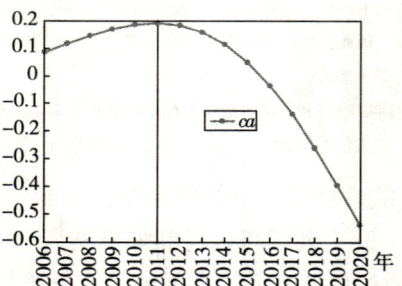

图5-3e

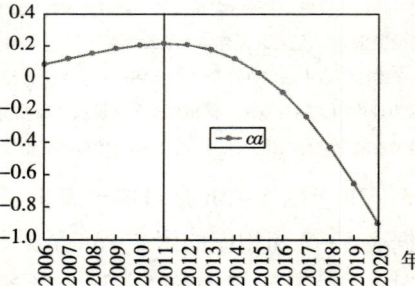

图5-3f

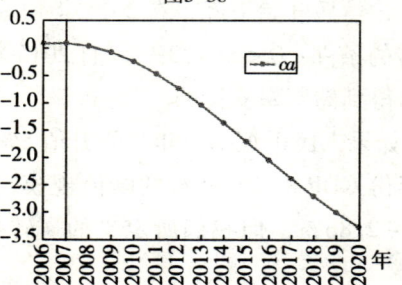

图5-3g

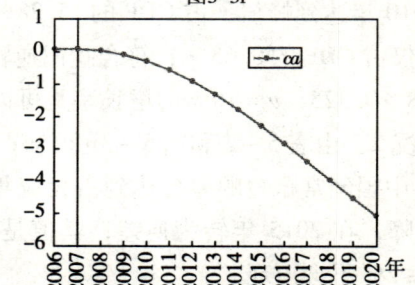

图5-3h

经常账户顺差峰值同样于 2010 年出现，但值更低，占同期 GDP 的 12.9%，然后顺差规模下滑，在 2016 年会下降到占同期 GDP 的 0.25%，经常账户收支几乎平衡，满足我们给出的逆转标准。且 2016 年的 $s = 0.378 > 0.325$，$g = 10\%$ 的增长率是可以得到储蓄率支持的。

情况 4：根据表 5 - 7 和图 5 - 3d，并与图 5 - 3b 比较可知，在中国对外直接投资占其海外净资产的比例 θ 可调整，从 2007 年始每年增加 0.5%，且每年的升值率由 3% 上调到 5% 后，中国经常账户顺差峰值提前一年在 2010 年取得，但更小，占同期 GDP 的 13.95%，然后顺差规模下滑，在 2016 年转为 - 1.64% 的逆差。但图 5 - 3c 出现的逆转条件：$0 < ca_t \leqslant 2\%$，此处仅因升值率调升到 5% 而没有出现。

情况 5：由表 5 - 7 和图 5 - 3e 可知，如果经济增长率调低到平均每年增长 8%，因此对储蓄率的约束得以放松，我们设定 s 自 2007 年始每年下调 1.5%，那么中国经常账户顺差规模要到 2011 年才能达到其峰值水平，占 GDP 的 19.36%，然后下降，2016 年会出现 - 3.58% 的逆差。但我们所定义的逆转条件：$0 < ca_t \leqslant 2\%$ 没有出现。

情况 6：由表 5 - 7 和图 5 - 3f 可知，与图 5 - 3e 比较，如果人民币升值率调整为平均每年升 5%，同样中国经常账户顺差会在 2011 年迎来其峰值，但该峰值的顺差规模更大，达到 21.46%，然后顺差规模开始下降，2015 年急降到占同期 GDP 的 3.29%，然后转为比较大的逆差。但我们对中国经常账户逆转的要求：$0 < ca_t \leqslant 2\%$，不被满足。

情况 7：由表 5 - 7 和图 5 - 3g 的结果显示：在 2007 年 ca 顺差达到占 GDP 的 9.14% 的峰值后迅速走低，2008 年顺差会减少到 3.88%，从 2009 年起转为逆差。尽管此种参数设定情况的数值模拟结果不尽合理，但它也表明经济增长率的放低、国民储蓄率每年较大幅度的下降，以及中国对外直接投资占其海外净资产的比重逐年提高联合起来会导致中国经常账户顺差规模的迅速下降。

情况 8：由表 5 - 7 和图 5 - 3h 可知，此种参数设定情况下的结果与情况 7 很类似，解释也相同。

四、结论与相关政策建议

本节我们根据开放经济下国际收支恒等式，并把一国经常账户收支看做是它对海外的投资，在这一视角下，一国总的储蓄和投资必须相等。以此经济理论为基础，通过放松原始研究假设条件并给出较大幅度的修正，我们构建出了一组更加贴近中国国际收支现实，从而更有说服力也更加准确的数理方程模型。在合理设定模型中各类参数的初始值，且予以验证后，我们用所得到的中国国际收支经常账户动态方程对中国 2006 年及以后众多年份的经常账户收支情况进行了模拟与预测，以期找到一条符合我们要求的中国经常账户逆转路径。我们得到如下主要结论：

首先，如果以 2006 年为基期年且各类参数同基期年值不发生变化的话，那么中国的经常账户顺差规模就会越来越大，不会收敛也不会逆转。尽管理论模拟值不一定符合现实，因为任何一国的经常账户收支无论逆差还是顺差都不会无限放大，但这至少说明，如果我们对涉及中国国际收支的宏观、微观政策不作出针对性调整的话，中国当前经常账户顺差规模过大的问题就不会得到有效缓解。

其次，在参数可调整，并分为八种调整方式的情况下，经过相对应的数值模拟与预测后，我们发现：仅有第一种情况和第三种情况符合我们对中国经常账户逆转设定的条件。即情况 1：中国经济增长率自 2006 年基期年始，平均保持每年 10% 的增长，国民储蓄率力争每年降低 1%，人民币升值率控制在每年 3% 左右；情况 3：在情况 1 参数设定下再加上中国对外直接投资占中国对外净资产比例从 2007 年起每年增加 0.5%。这样，上述两种情况都会在 2010 年迎来它们经常账户顺差规模的峰值，然后下降，分别在 2015 年和 2016 年下降到仅占同期 GDP 的 0.65% 和 0.25%，满足我们对经常账户逆转条件：$0 < ca_t \leq 2\%$。比较这两种情况，似乎第三种情况更符合我们对中国经常账户的调控意愿。因为情况 3 的顺差峰值规模更低，在 2010 年只占同期 GDP 的 12.9%。

最后，无论哪种情况，我们模型的数值模拟及图形分析都表明中国的经常账户收支没有出现收敛到某一特定值或区间的情况。这提醒我们，即便我们通过宏观、微观政策的调整达到改变相应参数的目的，从而可以出现并找到经常账户收支符合我们设定的逆转要求的参数设置，但它不会停留在符合逆转要求的位置。如果到时不作进一步参数调整的话，经常账户收支最终会滑入到较大逆差路径，这是一种矫枉过正。

根据上述分析与结论，我们有如下政策思考：

首先，对能够影响中国国际收支，尤其是经常账户收支的宏观、微观政策的调整是必需的。因为不如此，中国过度的经常账户顺差问题就不会得到有效缓解。

其次，政策调整的重点我们认为在于对国民储蓄率的调整。自 2000 年以来中国国民储蓄率持续攀升，由 2000 年的 36.8% 升至 2007 年的 48.6%①。据 Kui-js（2005）的测算，2005 年中国家庭储蓄率基本维持在 16% 左右，而企业储蓄率上升到 20%，政府储蓄率保持在 6% 左右。他研究认为，自 2001 年始企业储蓄率超过居民储蓄率，成为中国国内总储蓄率高企的最主要推动力量。因此，降低中国总储蓄率的关键在于降低企业储蓄率。企业储蓄率源于企业的未分配利润。在本质上，中国高储蓄问题实际上是收入分配问题。近些年来，由于所得税制度不尽合理，以及工资水平增长缓慢，导致国民收入分配更多地偏向于企业和政府部门。1990 年至 2005 年中国劳动者报酬占 GDP 比例下降 12%，与此相对的则是企业利润的大幅增加，这相当程度上是以职工低收入为代价的②。另外，自 1994 年税收体制改革之后，国有企业就再没有向政府上缴过红利。因此，增加职工工资，国有企业向国家分红就成为降低企业高储蓄率的有效举措。2007 年 12 月《中央企业国有资本收益收取管理办法》正式发布，规定今后中央政府管理的一级企业，将向政府缴纳不同比例的国有资本收益。进一步保护劳动者合法权益的新《劳动合同法》也于 2008 年起实施，这些都是降低企业过高储蓄率从而降低中国总储蓄率的有益尝试。

最后，中国经济增长率、汇率和对外直接投资比率的政策调整，对我们降低中国经常账户过度顺差，获取逆转路径也发挥着积极、重要的作用。根据我们数值模拟的结果看，经济增长率保持每年 10% 的较高水平，升值率保持每年 3% 的较低水平才会出现我们设定的符合中国国际收支长远战略定位的逆转路径。与此同时，如果搭配有中国对外直接投资每年占中国海外净资产存量的小幅增加，则中国经常账户收支动态路径变动会更加合理。但较低的经济增长率，或较高的人民币升值率，或其组合，都会冲击到经常账户的动态变化，导致我们设定的逆转路径不会出现。因此，保持能够影响到上述参数合意变动的政策调节与搭配就显得十分关键。

第三节　本章小结

这一章，我们进一步从概率模型和数理模型的角度对中国国际收支的经常账户变动问题展开实证计量和数值模拟研究。

---

① 作者根据亚洲开发银行（ADB）数据整理。网址：www.adb.org/statistics。

② 资料来源：新浪新闻 http://news.sina.com.cn/c/2007 - 11 - 24/001012959499s.shtml，"中国社科院 2007 年企业蓝皮书指出职工报酬占 GDP 比重 15 年降 12%"（2007 - 11 - 24）。

第一节，我们借鉴上一章对决定中国经常账户中长期变动影响因素的研究结论，并充分考虑本节研究的侧重点，构建了选取八个宏观经济变量和三个时期虚拟变量作为解释变量，并以中国经常账户实际值按与其标准误偏离程度排序作为离散因变量的多元选择排序 Probit 模型。所有的数据都采用较高频率的季度值。通过计量分析和计算，我们发现仅有两个宏观经济变量的冲击：产出缺口和滞后的净外部资产头寸增量对中国经常账户顺差规模波动排序具有显著的解释能力，二者均为正向作用，并且后者的影响力大于前者，大概是前者的两倍。并且在计算上述两个显著的宏观经济解释变量边际效应的过程中我们得到一个额外重要发现：在中国经常账户顺差规模表现出低度和中度波动时，这两个变量的边际影响是负的，即二者的增加会降低中国经常账户低中度顺差的概率，仅在经常账户高顺差波动状态下才有和排序 Probit 模型回归相同的正向效应。另外，两个时期虚拟变量——中国加入世贸组织和 2005 年 7 月新汇改在回归中也表现出较强的解释力，前者的影响为负，后者为正。

针对研究结论，我们有如下政策思考：第一，我们认为主要是中国经济的内部失衡诱致了其外部失衡。我们必须制定切实可行的宏观经济政策，有步骤、分阶段地降低一部分外需，并且促使下降的外需向内需增加转换。第二，人民币实际有效汇率在我们的计量回归中是不显著的。这提醒我们汇率因素在中国经常账户顺差调节的政策选择组合里很可能是相对不重要的。第三，我们应该充分重视中国净外部资产存量的有效利用问题，其本质同样是一个"外需"如何向"内需"有效转换的问题。

第二节，我们对潘国陵分析国际收支经常账户变化的动态模型进行了较重大的修正与改进，重新构建了更符合中国国际收支经常账户现实变动的数理模型。利用修正后的模型，以 2006 年为基期年，在合理设定模型各个初始参数并得到有效性检验的前提下，我们分八种情况模拟预测了中国经常账户余额占GDP 的比值自 2006 年之后的一些年份的变化情况。模拟的结果表明：仅有第一种情况和第三种情况符合我们对中国经常账户逆转设定的条件。情况 1：中国经济增长率自 2006 年基期年始，平均保持每年 10% 的增长，国民储蓄率力争每年降低 1%，人民币升值率控制在每年 3% 左右。情况 3：在情况 1 参数设定下再加上中国对外直接投资占中国对外净资产比例从 2007 年起每年增加 0.5%。上述两种情况都会在 2010 年迎来它们经常账户顺差规模的峰值，然后下降，分别在 2015 年和 2016 年下降到仅占同期 GDP 的 0.65% 和 0.25%，满足我们对经常账户逆转条件：$0 < ca_t \leqslant 2\%$。

　　由此研究结论，我们提出了几条政策建议。首先，对能够影响中国国际收支，尤其是经常账户收支的宏观、微观政策的调整是必需的。否则，中国过度的经常账户顺差问题就不会得到有效缓解。其次，政策调节的重点我们认为在于适当降低中国相对过高的国内总储蓄率。最后，有助于保持中国经济的较快增长、小幅度的汇率升值和对外直接投资比率的逐年小幅增加的政策调控措施，对我们降低中国经常账户过度顺差，获取逆转路径发挥着相当积极、重要的作用。

第六章　中国国际收支失衡的政策调控研究

在这一章，我们就中国国际收支长期失衡问题的解决之道展开政策探讨。我们的政策建议及各种宏观经济政策的选择与搭配主要是建立在前几章我们对中国国际收支失衡问题的历史数据梳理、纵向与横向对比，对中国国际收支的基本账户（经常账户收支是最重要的研究对象）和其子账户的实证研究与分析的基础之上的。因此，我们的政策选择与搭配就具有很强的现实针对性。本章分为两节。第一节，我们针对中国国际收支失衡的各主要原因提出应对的政策调控措施；第二节，根据已有的国际金融学对一国经济"内"、"外"失衡的宏观经济政策纠偏理论，结合中国当前"内"、"外"经济失衡的具体现实，我们探索可行、有效的解决中国经济失衡的政策组合、搭配方案。

第一节　中国国际收支失衡：深层原因与对策

我们在本书前几章的相关章节已经提到并具体分析了中国国际收支失衡问题的各种国际、国内原因，现总结如下，并分别给出对应的政策调控思路。在方法上我们遵循辩证唯物主义的研究逻辑，即先"内"后"外"。

一、中国国际收支失衡的内在原因及解决之道

（一）储蓄—投资失衡与政策调控

我们已经知道，根据国民收入恒等式，一国的经常账户余额（CA）即为该国的储蓄、投资"缺口"（储蓄与投资额之差）。在第三章第二节中通过分析中国 1982—2007 年的储蓄率、投资率历史数据并实证检验了该"缺口"和对应年份的中国经常账户余额占 GDP 比率的关系，发现二者是高度相关的，相关系数为 0.9688。在图形上，二者的变动趋势也几乎完全一致。这充分说明，中国经

常账户的长期顺差，尤其是近些年来顺差规模愈演愈烈是和中国长期存在正的储蓄"缺口"有着本质上的联系。中国的储蓄率长期相对高于投资率是中国经济内部失衡的一个集中体现，它折射出中国经济发展过程中的各种深层次矛盾。

1. 企业、政府等非居民部门的高储蓄问题与政策调控

中国储蓄率长期高企，即存在总量失衡又存在结构失衡。由前文的分析我们知道，进入 21 世纪以来，中国总储蓄率的上升主要是由企业和政府，尤其是前者储蓄率的迅速攀升推动的。根据能够获取的实物交易资金流量表（FOF）数据①，可计算分主体的储蓄率。据此，卢峰（2008）测算、估计的结果是：1992 年，中国企业储蓄率为 11.6%，政府储蓄率为 6.1%，到 2003 年，二者分别迅速上升到 18.9% 和 9.6%，2004 年企业储蓄率进一步上升到 21.8%。中国居民储蓄率自 1992 年的 22.6% 下降到 2004 年的 18.1%，但在世界上仍属较高水平。实际上在 2001 年中国企业储蓄率就超过居民储蓄率，成为国内总储蓄的最大来源。企业部门没有最终消费，其储蓄等于它的可支配收入，即企业的税后利润扣除向其所有者分配利润后的余额。这样看来，中国企业储蓄持续走高的根源在于其未分配利润的大幅攀升。

自 1994 年分税制改革后，当时考虑到企业承担的离退休职工费用、附带的社会职能等历史包袱沉重，作为阶段性措施，国家暂停了向企业收缴利润，企业应上缴的利润全部留在企业，用于其进一步改革和发展之用。但近些年来，国有企业的改革和发展取得了明显成效，现代企业制度初步建立，企业历史包袱问题已得到基本解决，利润额也呈快速增长之势。例如，财政部副部长朱志刚曾透露，2005 年中国国有企业利润总额为 9047 亿元，其中中央企业利润又占到利润总额的七成以上②；2006 年，国有企业实现利润达 12193 亿元，税后利润达 6252 亿元③；2008 年 1 月 23 日，财政部公布的企业财务快报统计显示，2007 年我国国有企业实现利润再创历史新高，利润高达 1.62 万亿元，其中央企利润达到 1.1 万亿元。这里需要引起我们注意的是，国有企业利润的快速、大幅增加在很大程度上来源于国有能源、资源类企业及邮电、通信、金融等服务类企业这些垄断性较高的部门。国有企业、国有股权是国家投资形成的，国家作为

---

① 国家统计局（NBS）联合中国人民银行自 1992 年始编制资金流量表（分为实物交易和金融交易两部分），迄今已编制出 1992—2004 年的资金流量表。

② 资料来源：搜狐财经 http://business.sohu.com/20060224/n242001453.shtml，"财政部：去年国企利润 9047 亿元创新高，增 25%"（2006 – 02 – 24）。

③ 资料来源：中国网 http://www.china.com.cn/economic/txt/2007 – 09/14/content_ 8879442.htm，"财政部就试行国有资本经营预算相关问题答问"（2007 – 09 – 14）。

投资者理应收取投资收益。《全民所有制企业法》规定："企业必须有效地利用国家授予其经营管理的财产，实现资产增值；依法缴纳税金、费用、利润"。再有，《公司法》规定："公司股东依法享有资产收益、参与重大决策和选择管理者等权利"。因此，国有企业向国家上缴利润是其应尽的义务。2007 年 12 月份财政部和国资委联合发布《中央企业国有资本收益收取管理办法》，规定今后中央政府管理的一级企业，将向政府缴纳不同比例的国有资本收益[①]。

事实上，早在 1936 年，英国经济学家詹姆斯·米德在《经济分析与政策导论》（*An Introduction to Economic Analysis and Policy*）一书中就提出了"国企分红"的构想。他认为国家应该从投入国有企业的资本上获得的利润的一部分作为社会红利返还给全体国民，将另一部分作为国有企业的再投资。1938 年，米德又在《消费者信贷和失业》（*Consumers' Credits and Unemployment*）一书中，提出可以将直接分给每个公民的社会分红作为一项反周期的政策工具，使它起到在国家经济萧条时扩大居民消费的作用。米德的这些思想对于当前中国如何适当降低高企的企业（特别是国有企业）储蓄率，扩大居民的消费需求非常富有借鉴意义。因为我国当前关系民生的许多领域，比如教育（尤其是农村义务教育）、医疗、养老、社保、"三农"等都急需资金支持，而国企的出资人又是全国人民，政府作为出资人的代理机构，理应为全国人民提供公共服务和公共产品。我们的国企分红，也应该尽可能让绝大多数人受益，让那些急需教育、医疗、养老救助的贫困弱势群体享受到最大利益。有鉴于此，国有企业上缴红利转化为公共服务和公共产品，是国企分红的题中应有之意。

按照定义，政府储蓄等于政府可支配收入减去政府消费。政府行政性支出，以及政府对教育、医疗、社会保障等社会性公共产品的开支都属于政府消费的范畴。近些年来，随着各级政府税收收入的大幅、快速增加，政府的可支配收入也相应得到很大提高。但与此同时，政府消费，特别是对关系民生的公共产品消费支出却相对不足。例如，2002 年中国各级政府财政收入是 1.89 万亿元，

---

① 资料来源：财政部。参考网址：搜狐财经 http://business.sohu.com/20071212/n254007480.shtml，"《中央企业国有资本收益收取管理办法》出台"（2007 - 12 - 12）。该法规明确，国有资本收益收取对象为中央管理的一级企业。国有资本收益包括：国有独资企业按规定上交国家的利润；国有控股、参股企业国有股权（股份）获得的股利、股息；国有产权（含国有股份）转让收入；国有独资企业清算收入（扣除清算费用）及国有控股、参股企业国有股权（股份）分享的公司清算收入；其他收入。应交利润的比例，区别不同行业分三类执行：第一类为烟草、石油石化、电力、电信、煤炭等具有资源型特征的企业，上交比例为 10%；第二类为钢铁、运输、电子、贸易、施工等一般竞争性企业，上交比例为 5%；第三类为军工企业、转制科研院所企业，上交比例三年后再定。

尚不足 2 万亿元，到了 2007 年全国财政收入就突破了 5 万亿元，达 5.13 万亿元。2002—2007 年全国财政收入平均增速高达 21.1%，比同期中国 GDP 平均增速高了 10.6 个百分点，并且全部财政收入中，中央财政本级收入占到一半以上（国家统计局，NBS）①。但国家财政支出中用于社会保障的比例，据财政部原副部长王军讲，仅从 1998 年的 5.52% 提高到 2006 年的 11.05%②，9 年间总共提高还不足 6 个百分点。中央党校研究室周天勇教授研究认为，2004 年中国财政支出中用于行政公务支出的比例高达 37.6%，这一比例美国仅为 12.5%③。

因此，加大中国各级政府特别是中央政府用于民生的各类公共支出，削减各类名目繁多的行政开支，既可以降低中国政府较高的储蓄率，又可以改善民生，从而增加消费，对中国"外部"失衡和"内部"失衡的纠正都有着非常重要的现实意义。

2. 居民高储蓄、低消费与政策调控

居民储蓄是居民可支配收入与居民消费支出之间的差额。根据当前可获取的资金流量表数据，中国居民储蓄率自 1992 年以来尽管存在高低起伏波动，但整体上就国际比较而言一直处于高位运行。据亚洲开发银行经济学家汤敏测算，2005 年美国的居民储蓄率是 4.8%，日本是 8.2%，法国是 10.8%，而中国的居民储蓄率在 16% 左右④。因此，可以从两个方面分析中国居民的高储蓄问题：居民可支配收入的角度和消费支出角度。

我们研究认为，中国居民较高储蓄问题根源于中国老百姓可支配收入长期相对下滑。即居民收入尤其是劳动收入占国民收入的比例持续下降，而消费支出是由可支配收入决定的，这又导致中国居民消费的长期低迷、不振，并最终造成中国内需的严重不足。因此，内需长期严重不足，表面上看是一个消费问题，但其本质上应该是一个居民收入与收入分配问题。

当前我国居民收入在初次分配中出现了日益明显的"三低"现象。一是居民收入中的劳动收入占同期国内生产总值的比例不断走低。中国社科院工业经

---

① 作者根据国研网数据整理 http：//www.drcnet.com.cn。

② 资料来源：中国经济网 http：//www.ce.cn/xwzx/gnsz/gdxw/200710/05/t20071005_13137833.shtml，"财政部：2006 年中国逾一成财政支出用于社会保障"（2007 - 10 - 05）。

③ 资料来源：《人民日报——中国经济周刊》，"专家建议：每年 3000 亿建立初级社会公平保障体系"（2006 - 08 - 07）。参考网址：中国经济 http：//www.ce.cn/xwzx/gnsz/gdxw/200608/07/t20060807_8033380.shtml。

④ 资料来源：新浪财经 http：//finance.sina.com.cn/stock/t/20060907/0552909693.shtml，"中国需要高投资"（樊纲，2006 - 09 - 07）。

济研究所出版的 2007 年企业蓝皮书指出，1990—2005 年中国劳动者报酬占 GDP 比例下降了 12%，由 53.4% 降至 41.4%[①]。二是居民总收入本身占同期国内生产总值的比例也不断走低。相对于 GDP 总量的高速增长，我国居民收入增长相对缓慢，1998 年之后，居民收入占 GDP 比例也呈不断下降态势。该比值 2003 年为 61.8%，2005 年为 45.3%，2006 年进一步降为 44.6%。三是中国劳动与资本两个生产要素的回报率近些年来失衡严重。表现为中国资本回报率迅速攀升的同时，劳动回报率却增长乏力，甚至出现下降的趋势。例如，1998—2005 年我国工业企业利润平均年增长 30.5%，但劳动报酬年均仅增长 9.9%[②]。事实表明，近些年国民收入分配较明显地向资本所有者倾斜，已经出现了"利润侵蚀工资"的现象。

在第一章，国外研究文献综述中，我们提到 Ioannis Halikias（1996）对荷兰 20 世纪 80 年代持续出现的经常账户顺差问题的研究，作者认为问题的症结之一就在于劳动和资本两类生产要素分配比例失调，工资增长相对过缓。

王振中（2003）通过对相关研究资料的梳理后发现，美国在 1870—1984 年期间的 115 年中，劳动要素收入占国民收入的比重由 50% 增至 74.3%，资本要素收入所占比重由 24.5% 下降到 16.6%；与此类似英国在 1860—1984 年的 125 年中，劳动要素收入占国民收入的比重由 45.2% 增加到 68.8%，资本要素所占比重为 36.5% 降为 21.9%。并且在全部个人收入中，上述两国的劳动工资收入一般要占到六成以上。他研究认为，以美国、英国等为代表的发达市场经济国家出现上述情况变化的原因在于政府在收入初次分配和再分配领域的不同时期有针对性出台了各种调控措施，对财产收入加强了税收上的征管，致使在国民收入结构中来自劳动收入的比例不断提升。

通过上述国际比较，我们认为中国近些年来劳动要素收入比重相对较低，绝不仅仅是单一的市场选择的结果。尽管一般来说，对于发展中国家，劳动收入占国民收入的比重较发达经济体为低，但须引起我们高度重视的问题在于，中国这一比例不是随着经济的快速发展得到了提高，反而是该比值近些年在连续下降。我们认为，我国居民收入的"三低"现象之所以出现，除了合理的市场因素外，应该至少有如下一些非市场的因素在起作用。首先，我国计划经济

---

① "中国社科院 2007 年企业蓝皮书指出 职工报酬占 GDP 比重 15 年降 12%"（2007 – 11 – 24）。参考网址：新浪新闻 http：//news. sina. com. cn/c/2007 – 11 – 24/001012959499s. shtml。

② 资料来源：新浪财经 http：//finance. sina. com. cn/g/20081201/11515573656. shtml，"4 万亿大单破解经济五大结构性顽疾"（2008 – 12 – 01）。

时代曾长期实行的低工资、高积累模式的影响至今在一些地区、行业、企业犹存。其次，国家法律制度对于劳动者权益的保护力度远远不够，使劳动者与资方的谈判地位严重不对等。最后，尤为严重的是，各地方政府为了招商引资，不但在税收、环保，而且在社会保障、劳动者权益诸方面都对资本方网开一面，实际上是以变相牺牲劳动方的利益来置换资本方的利益。对资本缺乏节制，对劳动者疏于保护不能不说是近些年来许多地方政府在社会主义市场经济建设过程中的一项职能缺失。

　　总之，一国居民收入增速长期落后一国经济增长的速度，绝不是一件好事。这很可能导致该国经济陷入低工资、低消费需求、低经济增长、低就业之间的恶性循环链条之中，最终损害到该国经济长期可持续发展的能力。

　　从更深层次讲，中国居民收入增长滞后、乏力的背后恰恰折射出中国收入分配结构的严重失衡。在中国改革开放 30 年的经济发展过程中，我们取得的经济成就是巨大的、有目共睹的，但也产生了一些比较严重的社会问题，其中之一就是居民收入差距的扩大效应在总体上超过了缩小效应，导致居民收入差距持续拉大。这种收入差距的拉大在中国经济市场化的改革进程中全方位展开，不仅表现在城镇内部、农村内部，也表现在城乡之间和地区之间。

　　1981 年，世界银行估计的中国全国收入差距的基尼系数是 0.29，中国社会科学院社会学研究所 2006 年上半年做的一项全国范围的抽样调查统计结果认为，中国收入差距的基尼系数甚至达到了近 0.5 的水平，已经比较大地超越了世界公认的代表贫富两极分化的基尼系数为 0.4 的临界值[①]。李实等（2008）研究人员估计的中国基尼系数 1988 年是 0.382，1995 年为 0.45，2002 年达到 0.47。并且，从全国样本的十等分组的各自平均收入来看，1988 年最高收入组获得的总收入份额是最低收入组的 13.4 倍，1995 年扩大到 19.2 倍，2002 年进一步拉大到 20.1 倍。2002 年收入最高的 5% 人群组获得了总收入的近 20%，最高的 10% 的人群组获得了总收入的近 32%，而收入最低的 5% 的人群组获的总收入份额竟然不足 1%，收入最低 10% 人群组获的总收入份额也仅有 1.7%，收入最高的 5% 人群组的平均收入更是高达收入最低 5% 人群组平均收入的 33 倍。可见中国居民收入贫富两极分化已经达到了一个比较严重的程度。另外，他们的研究还认为，如果对城市、乡村的"暗收入"也作一个粗略统计的话，2002 年城乡之间年平均收入的比值高达 4.35:1，即便考虑到了城乡生活费用指数的

---

　　①　"2006—2007 我国社会形势分析与预测"（2006 - 12 - 29）。参考网址：http://www.cass.net.cn/file/2006122984881.html。

高低差别，城乡居民 2002 年年平均收入的比例仍然达到 3.1∶1[①]。根据《中国统计年鉴》，我们发现 2002 年以后至今，中国城乡居民收入差距都超过了 3∶1，2006 年、2007 年均为 3.6∶1[②]。而据世界银行相关报告指出，世界上多数国家的城乡收入比值仅为 1.5∶1，中国如此之高的城乡收入差距是世界上少见的。另一个需要关注的收入分配方面的问题是中国从 20 世纪 80 年代末开始，职工工资在不同部门之间，行业间差距呈不断拉大的态势。这种情况在金融、保险、电信、烟草、石油、电力、燃气及水等垄断性行业与竞争性行业工人工资收入差距上表现得尤为明显。中国的垄断性行业始终处于工资收入水平前列，同时也是工资收入增长最快的行业。例如，上述垄断行业的平均工资 2002 年比竞争性较强的制造行业平均工资高了 74%，2005 年前者平均工资是后者的 1.6 倍[③]。另据国家统计局（NBS）数据，1978 年中国职工平均工资最高的行业是最低行业职工年平均工资的 1.81 倍，2006 年扩大到 4.75 倍。还有，中国不同地区之间居民收入差距也呈扩大态势。根据国家统计局（NBS）相关数据测算，中国东、中、西部城镇居民人均可支配收入之比由改革开放之初 1978 年的 1.1∶1∶1.01 拉大到 2007 年的 1.46∶1∶0.97；农村居民人均纯收入之比也从 1978 年的 1.09∶1∶0.91 扩大到 2007 年的 1.52∶1∶0.79[④]。

中国改革开放 30 年来，居民收入差距的全方位扩大，尽管有一部分市场因素和个人人力资本差异因素在起作用，但政府在居民收入的初次分配和再分配领域没有发挥出很好的调节作用则起着更加关键的作用。因为市场经济虽有可能导致收入两极分化，但也并不必然如此。个人、行业、地区之间收入的过大差距是任何市场经济国家都要竭力避免或需要尽力解决的问题。

中国城乡间长期存在的"二元"体制必然导致公共财政资源和社会资源向城市的过度倾斜。长期以来，中国农业财政支出占国家财政总支出的比例远低于农业在国内生产总值中的比例，前者仅仅是后者的 1/2 ~ 1/3（赵伟，2008）。这种严重削弱农业发展基础的"二元"制度安排是以城乡交换制度的逆向调节为特征的：在城乡交换关系中，通过一系列计划价格设定来限制农产品价格、农村土地价格和农村劳动力价格，同时通过工业产品定价，抬高工业品价格，

---

① 资料来源：李实，史泰丽，古斯塔夫森. 中国居民收入分配研究［M］. 北京：北京师范大学出版社，2008：13－16.

② 作者根据国研网数据计算整理 http：//www. drcnet. com. cn。

③ 资料来源：李实，史泰丽，古斯塔夫森. 中国居民收入分配研究［M］. 北京：北京师范大学出版社，2008：20－21.

④ 作者根据国研网数据计算整理 http：//www. drcnet. com. cn。

通过这种价格的"剪刀差"实现农村向城市、农业向工业、农民向市民的"输血"。因此，从根本上说，城乡居民收入差距的扩大主要是一系列社会制度安排的结果，其中最核心的就是限制劳动力自由流动、等级色彩浓厚的户籍制度。

中国个人所得税政策在调节收入再分配方面实际表现出的逆向调节性和累退性也无意中扩大了工薪收入阶层和高收入阶层间的收入差距[①]；部门分割与行业垄断造成了一般行业职工收入与垄断行业职工收入差距不断扩大；对劳动力等要素流动，尤其是农民进城务工的人为限制、地区歧视，同工不同酬等也同样无助于缩小城乡差距和个人间收入差距；官员的腐败收入以及官商勾结，以权设租、寻租等"灰"、"黑"收入更是加剧了个人收入间的不平等，并且极易触发社会群体间对抗性质的激烈矛盾；耶鲁大学教授陈志武认为，中国地区间收入差距的扩大在很大程度上是体制性因素及倾斜性政策性因素造成的[②]。

如上所述，中国近些年来居民间这种全方位的收入差距过大造成的恶果在当前中国的消费领域已经非常明显地表现出来：中国居民的最终消费率偏低，中国内需严重不足。

根据世界银行的统计数据，1980 年全世界的平均消费率是 75. 62%，中国、日本、美国、英国、德国、法国的平均消费率分别为 64. 96%、68. 12%、80. 21%、80. 15%、79. 49%、77. 77%；1990 年全世界的平均消费率是 75. 95%，中国、日本、美国、英国、德国、法国的平均消费率分别为 60. 12%、65. 92%、83. 7%、82. 44%、76. 9%、78. 82%；2000 年，中国、日本、美国、英国、德国、法国的消费率分别为 62. 47%、73. 11%、83. 4%、84. 54%、77. 87%、78. 63%。但 2006 年中国居民的最终消费迅速下降为仅占中国 GDP 的 47. 48%，而同期发达经济体这一比例仍维持在 80% 左右[③]。数据表明，中国居民的最终消费率虽有波动但总体趋势是在不断走低，尤其是近几年这一问题尤为严重，居民消费率不但远低于发达国家而且也低于世界平均水平。交通银行首席经济学家连平研究认为，2004 年在我国居民最终消费中，实物消费率和服

---

① 我国现阶段个人所得税实行的是分类所得税制，西方发达国家一般实行综合个人所得税制。我国的个人所得税制比较适合收入较透明，不易偷税、漏税的工薪阶层，而对有着各种"账外"、"灰色"收入的高收入阶层则存在较大的执行漏洞。据国家税务总局数据，2000 年我国个人所得税的 80% 来自工薪阶层，个人储蓄占储蓄总额 60% 的高收入阶层，其缴纳的个人所得税却不足纳税总额的 10%，其逆向调节性可见一斑。

② 陈志武："国有制和政府管制真能促进平衡发展吗？"，2007 - 07 - 25。参考网址：网易财经频道 http：//money. 163. com/07/0725/14/3K8N30SA00252BHK. html。

③ 作者根据国研网数据计算整理 http：//www. drcnet. com. cn。

务消费率分别为 39.1% 和 15.2%，相对应的美国上述两种消费率分别是 34.7% 和 50.8%。由此看来，服务消费支出比重低是我国最终消费率偏低的一个直接原因①。根据卢峰（2008）的一项研究，1979—2002 年中国最终消费对中国总需求增长的贡献率达到 63.8%，其中居民消费的贡献率是 47.3%，但 2005—2007 年，中国最终消费对中国总需求增长的贡献率就快速下降到 40.3%，其中居民消费的贡献率也急降到 29.4%。相比较，外需（以净出口表示）的贡献率在上述两个时间段却从 2.1% 跃升到 19.2%。内需的萎缩，外需的畸高，使中国的经济发展面临着极大的外部风险，也严重威胁着中国经济发展的可持续性。在全球金融危机风暴肆虐的大背景下，中国出口部门遭受到前所未有的困境，出口额和增速大幅下降甚至出现负增长②，引致中国经济增速明显下滑就是对这一问题的注解。另外，城乡间居民人均消费支出差距也从 1980 年的 2.7:1 扩大到 1990 年的 2.9:1 和 2000 年的 3.7:1，2006 年和 2007 年这一数值都是 3.6 倍（NBS）③。在主要耐用消费品普及方面，农村要比城市大约落后 10 年。据统计，1990 年以前农村消费品零售额占全社会消费品零售总额的比例都在 50% 以上，1980 年高达 65.7%，1990 年是 53.1%，此后逐年下降，到 2006 年和 2007 年下降到仅为 32.5% 和 32.3%（赵伟，2008）。农村居民消费自 20 世纪 90 年代始长期处于相对较低水平，农村消费市场份额不断萎缩，导致工农之间、城乡之间的商品循环和货币循环的链条出现脱节，形成城乡之间的消费结构断层，从而阻碍消费结构的有序升级，进而制约产业结构升级，并最终造成中国社会生产和消费严重失衡。这种消费断层现象，不仅会因城乡收入差距悬殊而来的消费差距过大表现出来，在城镇内部、农村内部、地区之间只要存在过大的收入差距，其最终都会表现为某种消费断层现象。这种消费上的失衡和断层最终会在生产结构中反映出来，使得中国的生产和消费均呈现出"二元"结构特征。如果上述畸形结构长期等不到纠正，势必会引发中国未来严重的社会、经济危机。

　　中国老百姓消费不足的主要原因除了上述可支配收入增长相对缓慢，且收入分配结构失衡外，另一个非常关键的原因是中国政府在公共服务和社会保障领域的市场化改革进程中迷失了方向，其社会服务和保障职能严重缺失，其发

---

① 连平："如何理性看待我国的消费率"，2007 - 06 - 23。参考网址：金融界（中国财经金融门户）http：//finance1. jrj. com. cn/news/2007 - 06 - 23/000002356118. html。

② 海关总署的统计显示，2008 年 11 月份中国出口同比下降 2.2%，为七年来首次负增长。这表明，国际金融危机对中国出口的影响日益显现，扩大内需、保持经济平稳较快增长已成当务之急。中国此前最近的一次出口负增长是在 2001 年 6 月。

③ 作者根据国研网数据计算整理 http：//www. drcnet. com. cn。

展也远落后于中国经济进步与人民需求增长的要求。

20 世纪 90 年代中后期，中国开始对住房、教育、医疗、养老等公共部门进行大刀阔斧的市场化改革，今天看来此类改革有些冒进、泛市场化之嫌。因为在各级政府"甩包袱"的同时，却忽视了在现代国家，政府靠公共财政为本国居民提供最基本公共服务和社会保障需求这一根本功能属性。上述市场化改革导致政府对公共服务、社会保障的投入严重不足，产生的社会矛盾也越来越尖锐，如不及时纠偏，很可能会危及中国社会的稳定。比如，一方面教育乱收费、大学学费偏高；另一方面，国家对教育的投入又严重不足。2003 年 9 月，联合国人权委员会官员托马舍夫斯基在仔细考察了中国的教育状况后认为，中国的教育经费占 GDP 的比例不仅非常低，仅占 GDP 的 2% 左右，而且政府预算部分只占其中的 53%，另外的 47% 是由家长或其他来源补充。她研究发现中国人均教育开支竟然低于非洲的乌干达这样世界上最贫困、最不发达的国家。我们这个世界上人口最多的国家，竟然以世界教育总支出的 1.04% 担负着全球正规教育在校学生中的 17.9%[①]。而中共中央、国务院早在 1993 年制定的《中国教育改革和发展纲要》中规定："逐步提高国家财政性教育经费支出占国民生产总值的比例，本世纪末达到 4%。"事实是，这一目标根本就没有完成。据中国官方的统计数据，源于国家财政支出的教育投入占 GDP 比例，21 世纪头三年还在 3% 以上，但随后却下降为 2004 年的 2.79%，2005 年的 2.82%，2006 年的 2.43%。另据世界银行数据，2001—2004 年对教育投入的世界平均水平是 4.5%，美国等发达国家一般在 5% 以上[②]。并且中国政府有限的教育投入还极不平均：重城市，轻乡村；重高等教育，轻初、中等教育和职业教育。我们知道，教育是公共服务最重要的内容，不仅是提升人力资本的最主要途径，而且还承担着缩小未来收入差距的职能，与未来收入分配的公平程度休戚相关。再比如，中国的医疗保障，改革开放之初，几乎覆盖了中国所有的城市人口和 85% 的农村人口，这是低收入发展中国家举世无双的成就，曾作为一个经典案例而受到国际社会的普遍赞誉。但在 2000 年世界卫生组织对 191 个成员进行的卫生体系绩效评估中，中国卫生业绩综合评价列第 144 位，总体健康水平列第 81 位，人均卫生费用占有量列第 139 位，社会内部卫生费用分配的公平程度列第 188 位，

---

① 资料来源：《商务周刊》，"教育产业化：天使与魔鬼之辩"（2004 - 11 - 16）。参考网址：搜狐财经 http：//business. sohu. com/20041116/n223021321. shtml。尽管对上述数据中国官方提出质疑，但中国近些年来对教育投入的较低比例却是不争的事实。

② 作者根据国研网数据计算整理 http：//www. drcnet. com. cn。

属于世界上最不公平的国家之一。中国 2003 年 10 月进行的第三次国家卫生服务调查显示，无任何医疗保障的农村人口高达 79%，城市人口为 45%。城镇居民年人均医疗支出增长速度高于可支配收入增速近 5 个百分点，农村居民年人均医疗支出增长速度高于纯收入增速超过 9 个百分点①。医疗保障直接关系到低收入群体未来的收入，这样的市场化改革已经威胁到普通老百姓的健康权，甚至威胁到贫困人口的生存权。

简言之，无论是来自国际还是国内研究机构的事后评判，都几乎一致表明，中国对众多公共服务部门的市场化或产业化改革很可能是走过了头。这实际上是对市场经济的误读，会有损于公平，进而会对改革的实际效果产生一定的负面效应。

作为国际比较，美国等发达国家以及一些新兴市场和转型经济体中居民消费旺盛甚至超前，就是因为他们有较好且完善的社会保障体系。周业安②近期的一项研究表明，以基本可比的社会保障、教育、卫生三项社会发展支出合计占GDP 的比重看，我国该比例仅为 5% 左右，不仅远低于美国、法国的 16% 和30%，也低于波兰、俄罗斯、伊朗、巴西、南非的 10% 至 27%。他认为导致中国家庭较高储蓄率的一个非常重要的预防性储蓄动机即源于此。因为本该由政府承担的社会职能严重缺失，使得家庭不得不通过大量的储蓄来解决后顾之忧，导致消费支出提升的困难。

因此，公共服务领域不恰当的市场化改革带来的不确定性对中国老百姓消费水平的压制是很明显的，再加上房地产市场的泡沫和房价的飞速蹿升对居民消费的显著挤出效应，以致中国老百姓对未来的预期严重恶化，预防性储蓄成为普通人的理性选择。低消费率意味着高社会储蓄率。中国的储蓄一方面通过金融市场转向投资，另一方面通过外贸顺差的形式借贷给外国。于是，低消费率被认为是中国经济过度依赖投资拉动和过度依赖出口市场等结构性失衡的根本原因之一。

综上所述，基于我们对中国改革开放三十多年来尤其是 20 世纪 90 年代以来，居民收入、消费等问题较全面、细致的分析，我们认为要从根本上降低中国老百姓的高储蓄率及偏好储蓄倾向，中国政府至少需要在如下几个方面作出

---

① 数据来源：中国网 http：//www. china. com. cn/chinese/zhuanti/06fxyc/1097387. htm，"2005—2006年：中国收入分配问题与展望"（2006－01－18）。

② 周业安："中国家庭喜欢储蓄之说毫无根据"。资料来源：新华财经 http：//news. xinhuanet. com/fortune/2008－12/12/content_ 10494642. htm。

宏观、微观经济政策调节举措。

第一，千方百计扩大内需应该是当前及今后较长时期解决中国经济内、外结构性失衡，谋求经济可持续发展的根本出路。为此，各级财政支出应进一步加大向民生领域倾斜的力度，还原社会主义市场经济公共财政的本来面目①。根据当前中国实际情况，公共财政重点支持的领域应该是就业、教育、医疗、社会保障、住房保障和生态环境建设。就财政本身而言，通过逐步降低经济建设支出的比例，逐步增加民生支出的比重来完成建设财政向民生或公共财政的顺利转型。进一步完善财政转移支付制度，财政转移支付的着力点还应放在城乡间和区域间。促进基本公共品和公共服务品供给的全覆盖和大致均等化。

2008 年下半年，面对全球金融危机的不断蔓延、深化，全球经济增速明显放缓，我国的经济发展尤其是对外贸易部门受到明显负面冲击的严峻形势下，中国中央政府审时度势，转而实施积极财政政策和适度宽松货币政策。国务院 2008 年 11 月 5 日由温家宝总理主持召开国务院常务会议，研究部署进一步扩大内需促进经济平稳较快增长的措施。会议决定在今后两年中启动 4 万亿元投资，重点实施 10 项措施（这 10 项措施大都和民生紧密相关），用以进一步扩大内需、促进经济增长。国家发展和改革委员会主任张平说，这 4 万亿元的投资方向，第一是民生工程；第二是农村、农业、农民的需要；第三是基础设施建设；第四是医疗卫生、文化教育投资；第五是生态环保；第六是用于自主创新和结构调整。

第二，近些年来，由于所得税制度不尽合理，以及工资水平增长缓慢，导致国民收入分配更多地偏向于政府和企业部门。由于政府和企业的消费倾向天然低于居民，这就造成政府储蓄和企业储蓄的大幅上升。因此，需特别重视在国民收入初次分配和再分配中，应适当提高居民所得份额问题②。为此，需降低个人工资、薪金的所得税税率③，进一步增加个人所得税的起征点；完善调节个

---

①　中国共产党第十七次全国代表大会报告也特别提出要加快推进以改善民生为重点的社会建设。指出"社会建设与人民幸福安康息息相关。必须在经济发展的基础上，更加注重社会建设，着力保障和改善民生，推进社会体制改革，扩大公共服务，完善社会管理，促进社会公平正义，努力使全体人民学有所教、劳有所得、病有所医、老有所养、住有所居，推动建设和谐社会。"（胡锦涛．在中国共产党第十七次全国代表大会上的报告［M］．北京：人民出版社，2007：14．）

②　2007 年 10 月 15 日在北京召开中国共产党第十七次全国代表大会，会议形成的中国共产党第十七次全国代表大会大报告》特别提到要"逐步提高居民收入在国民收入分配中的比重，提高劳动报酬在初次分配中的比重。"提出"初次分配和再分配都要处理好效率和公平的关系，再分配更加注重公平"。（胡锦涛．在中国共产党第十七次全国代表大会上的报告［M］．北京：人民出版社，2007：14 - 15．）

③　从我国个人所得税的税率来看，边际税率最高的是工资、薪金所得收入，最高为 45%。但从中国当前个人收入实际情况来看，造成个人之间收入较大差距的往往不是工资、薪金收入。因此，此种税率安排易形成高收入者少纳税、低收入反而多纳税的逆向调节局面。

人收入分配的税收体系，考虑增设社会保障税、财产税、遗产税、赠与税等新税种；对一些生活必需品考虑减免流转税，以降低低收入阶层的开支，提高他们的可支配收入；进一步加大对居民的转移支付力度，重点应该是养老、医疗保障、教育和住房补助。

第三，继续加大政策调控和创新的力度，努力遏制中国不同地区之间居民收入差距不断扩大的趋势，缩小城乡差距，统筹城乡经济社会协调发展。为此，需要理顺中、西部资源大省的资源价格（因为国家控制的过低的资源价格既不利于中、西部资源大省经济的可持续发展，也不利于资源的合理开发利用与环境保护）；继续贯彻执行国家西部大开发的方针政策，进一步加大国家对中、西部经济落后省份的资金支持和政策支持；鼓励经济发达的东部省份进行产业结构的调整与升级，把其过剩产能和相对落后的产业向不发达的中、西部内陆省份进行梯度转移；继续坚持和完善中国经济发达的东部省、市对经济欠发达的中、西部省份的对口支持政策；需继续加强对农业、农民和农村的财政扶持；消除城乡分治的体制和政策障碍，促进劳动力自由流动，建立市场经济体制下的新型城乡关系；完善农村社会保障制度，在充分考虑农村土地的社会保障功能的前提下，适当调整现行农村土地政策，完善土地流转机制，强化农民的市场主体地位。实践表明，彻底解决城乡居民收入差距过大的治本之道就是逐步消除二元体制造成的城乡不平等关系，重构城乡公平竞争机制，实现城乡统筹发展。因此，统一城乡就业体制、公共产品供给与社会保障体制，应该是我们当前政策设计、执行的重中之重。

2008年初，国家发展和改革委员会建议中国在今后3~5年里取消实行了半个多世纪的户口制度，以便让农民，尤其是进城务工人员可以享受在就业、教育、医疗保健和住房等权益上和城市居民大致一样的待遇。截至2008年，全国已有河北、辽宁等13个省区市相继出台了以取消农业户口和非农业户口性质划分、统一城乡户口登记制度为主要内容的改革措施。另外，2007年6月中央批准在重庆和成都启动"全国统筹城乡综合配套改革试验区"，探索改变中国城乡二元结构，形成统筹城乡发展的体制，最终使农民、进城农民工，享有与城市居民一样平等的权利、公共服务和生活条件，改变"二等公民"地位。这些政策举措虽然是对中国长期城乡分割的二元体制的破冰之旅，现实意义重大，但中国未来的户籍制度的根本性变革更需要国家层面的推动，也需要各级财政的大力支持。2008年10月19日中共中央公布了十七届三中全会审议通过的《中共中央关于推进农村改革发展若干重大问题的决定》。该决定提出：赋予农民更加充分而有保障的土地承包经营权，现有土地承包关系要保持稳定并长久不变；按照依法自愿有偿原则，允许农民以转包、出租、互换、转让、股份合作等形式流转土地承包经营权，发展多种形式的适度规模经营。这是中国改革开放30年来具有里程碑意义的重大改革之一，它将实质性地推动解决城乡二元化体制积弊，促进农民分享城市化、工业化发展成果。新的土地政策可以让农民更多地从土地中获益，土地承包经营权流转实际上对农民具有类似社会保障的功用，因为依靠土地承包经营权流转收益将会提供给进城农民工在某种程度上的社会保障功能。

第四，制定与完善对有关劳动的保护及对资本的适当节制的法律法规，加大其执行贯彻的力度①。

分配政策调控的重点是要基本形成中等收入者占多数的"两头小，中间大"的合理有序的收入分配格局。着力提高低收入者收入，继续增加离退休金水平，适当提高城镇最低生活保障标准，逐步提高扶贫标准和最低工资标准，特别是要高度重视推进农村最低生活保障试点。坚决破除各种因经济或行政垄断行为导致的行业间、部门间、个人之间收入的过大差距；坚决依法严厉打击各种非法收入，对过高收入要加大监控以及税收方面的调控力度。为此，需进一步构建和当前中国国情相适应的最低工资法，社会保障法等法律法规②。因为，如果教条般的完全按要素进行分配，过分注重效率而忽视分配公平，那么劳动收入的增长必然会慢于资本收入的增长，并且两者的差距扩大速度会比城乡收入差距扩大速度快得多。另外，在我国向着比较完善的社会主义市场经济转轨的过程中制度缺失更易造成劳动要素更大程度的利益损失。比如，劳动者报酬被拖欠、最低工资保障线标准过低以及大部分公民不能享有最基本的社会保障等问题的出现，都是制度缺失导致劳动要素地位下降的集中体现。

第五，继续深入推进符合现代市场经济要求的彻底的市场化改革，这就需要政府改革在内的政治体制改革的同步推进。

在中国，财富的集中往往对应着权力的集中，政府介入越多，垄断越强的领域，收入差距就越大。在现代文明社会，政府组织体制的建立是以信任与可信度、公开与透明、责任性、效率与效能的原则为基础的。一个好政府的标准

---

① 新的《中华人民共和国劳动合同法》已由中华人民共和国第十届全国人民代表大会常务委员会第二十八次会议于2007年6月29日通过，自2008年1月1日起施行。

② 中国共产党第十七次全国代表大会报告指出："要以社会保险、社会救助、社会福利为基础，以基本养老、基本医疗、最低生活保障制度为重点，以慈善事业、商业保险为补充，加快完善社会保障体系。"（胡锦涛. 在中国共产党第十七次全国代表大会上的报告在［M］. 北京：人民出版社，2007：15.）

是廉洁、廉价和有效。对于当前中国的政府改革，我们最迫切的是需要建立一个廉价政府。

近些年来，中国政府行政成本过高是不争的事实。据国家统计局数据，1995—2006 年，国家财政支出中预算内行政管理费由 996.54 亿元增加到 7571.05 亿元，12 年间增长了 6.60 倍。行政管理费用占财政总支出的比重在 1978 年仅为 4.71%，1995 年为 14.60%，2006 年上升到 18.73%[①]，该比例远远高出日本的 2.38%、英国的 4.19%、韩国的 5.06%、法国的 6.5%、加拿大的 7.1%以及美国的 9.9%[②]。在 2007 年"两会"期间，九三学社中央提出的《关于建立行政成本信息公开与监督机制的建议》提案中指出，我国的行政成本不但远高于欧美发达国家，而且高出世界平均水平 25%[③]。很显然，行政成本过高不仅加大了财政负担，还大大挤占了关系民生的教科、文卫、社会保障等公共服务事业资金支出。比如，社会保障、教育、医疗卫生等事关公民切身利益的部分，反而成为过去几年中国财政支出项目最不容易膨胀部分，只占财政总支出的 25%左右，而美国则占 75%[④]。但与此同时，公车消费、公款吃喝、公费旅游、建造豪华办公大楼的情况却屡禁不止，根本原因就是，除了预算内政府支出，更有极不透明，缺乏监督的政府预算外支出，为腐败和浪费留下了很大的空间。2005 年，中国公车消费、公款吃喝、公款旅游三项加起来高达 6000 亿元，占国家财政收入的 20%，相当于全民义务教育投入的 5 倍[⑤]。很显然，国民缺乏监管政府财政预决算的实质性政治权力是造成中国各级政府管理成本过高的根源。因此，我们认为建立民主的公共财政与预算体制应该是近期政府改革的关键。2008 年 5 月 1 日起施行的《中华人民共和国政府信息公开条例》，应该说是向着这方面努力的一个良好开端。

第六，重新界定中央和地方的财权、事权，坚持权利和义务的对等原则。

1994 年中国分税制改革最大的特点就是中央收回了财权，但却把社会福利，以及公共建设的大部分事权留给了地方政府。在现行分税制下，中央与地方政

---

① 作者根据国研网数据计算整理 http://www.drcnet.com.cn。

② 资料来源：新浪网"政协委员称我国行政管理费用 25 年增长 87 倍"（《中国青年报》，2006 – 03 – 06）。参考网址：http://news.sina.com.cn/c/2006 – 03 – 06/05509272776.shtml。

③ 资料来自财讯"中国行政成本高出世界平均水平 25%"（2008 – 04 – 29）。参考网址：http://content.caixun.com/NE/00/pg/NE00pgcv.shtm。

④ 新浪网"问责权利才能免于预算管理失控"。参考网址：http://news.sina.com.cn/c/2007 – 03 – 08/000512456693.shtml。

⑤ 资料来源：新华网"公众期待廉价公共产品"（《中国青年报》，2006 – 03 – 06）。参考网址：http://news.xinhuanet.com/comments/2006 – 03/07/content_ 4267307.htm。

府间存在事实上的权利与义务的不对等性，或不公平性。因为医疗、养老保险、教育、道路与桥梁等基础设施建设的很大比重都下放给了地方政府，但与此同时几乎所有的"富"税全部上收中央，比如，烟酒税、海关税、印花税等，只把农业税和一些比较小的税种留给地方。因此，地方政府为了维持财政开支和地方官员的利益，就势必一方面要开拓新的税源，并最终因地方政府某种程度上的经济"掠夺性"激发起与民众之间日益严重的矛盾。另一方面，导致地方政府对公共服务的投入严重不足，人民群众意见很大。因此，我们认为如果不对现行分税制做根本性变革的话，就一定要坚决贯彻权利义务对等原则，对关系民生的公共支出，中央政府一定要承担起更大的责任。

第七，进一步加大制度和政策创新的力度，打通居民、企业和政府之间储蓄资金链的连通渠道，使它们之间能够产生较顺畅的替代关系，进而降低中国过高的总体储蓄率。

张明（2007）通过对几个不同国家分部门的储蓄情况进行对比研究后认为，中国总体储蓄率相对较高关键在于中国家庭（居民）、企业、政府的储蓄率相对来说都居高不下。产生这一特殊现象的主要原因，他认为在于中国上述分部门间的储蓄不能够进行相互替代。即由于政府在教育、医疗、社会保障等方面的支出有限，造成居民未来收入和支出的不确定性增加，从而形成了强烈的预防性储蓄动机。在这种情况下，当政府对社会性公共产品投资不足时（对应着政府储蓄的相应上升）并不会出现根据李嘉图等价原理所预示的居民相应扩大当期消费行为。这样，政府储蓄和居民储蓄相互替代的机制被堵塞了；中国的企业无论所有制形式如何，均缺乏分红的传统。于是，企业价值与居民财富之间的链接渠道被割裂，企业储蓄和居民储蓄相互替代的机制就被堵塞了。不似在发达国家经济体中，由于居民广泛地持有企业股票，一旦企业决定不分红（企业储蓄率上升），理性居民会把企业储蓄增加等同为未来股票价值上升，在财富效应的驱使下，居民将会扩大当期消费（居民储蓄率下降）；由于国有企业不向政府分红，同理导致中国政府储蓄与企业储蓄之间相互替代的机制也会被堵塞。

为此，政策上的纠偏设计也就有如下针对性：在国民收入分配中增加居民部门所占份额，适当降低政府和企业部门分配比例；大幅增加政府对教育、医疗、社保等公共服务品的财政支出力度，弥补历史欠账，削减居民的预防性储蓄动机；实行国有企业向政府分红的制度，建立上市公司定期分红的制度和文化，并拓宽民营企业的外部融资渠道。

3. 企业投资问题与政策调控

我们多次提到，中国连续多年持续出现的国际收支经常账户顺差问题，从储蓄—投资视角看对应表现为储蓄持续相对高于投资。因此，如果我们一方面通过各种政策调控措施促进储蓄向投资的转化效率，一方面进一步提振投资，特别是提振以民营企业为主的中小企业的投融资应该说是有效缓解中国国际收支经常账户高顺差的一条重要途径。

一般来说储蓄向投资的转化路径主要有三条：财政转化路径、金融转化路径和自我转化。现代市场经济是储蓄向投资高效转化的制度基础。因此，要从根本上解决我国储蓄向投资转化的低效率问题，就必须要建立更加完善的社会主义市场经济体制，真正以市场手段配置金融资源。

有鉴于此，首先需进一步创造条件，最终尽快完成中国的利率市场化改革。因为储蓄向投资的转化在本质上仍然是一种逐利的市场交易行为。只有利率市场化了，还原资金的价格——利率反映市场供求的本来面目，才可真正使储蓄资金流向经市场风险调整后的收益更高的地区或行业，提升其转化效率。其次，在现代市场经济条件下，以银行的间接融资和股市、债市等资本市场的直接融资方式是一国储蓄向投资转化的最重要的途径。我国的现实情况是，其一，银行体系对民营中小企业融资支持力度还远远不够。由于国有商业银行占据垄断地位，中小银行的数量和所占份额明显偏低。在信息不对称、民营中小企业又普遍缺乏足够固定资本，这就使得大银行在向民营中小企业贷款时存在成本高、抵押难、风险大等问题[①]。金融机构所能提供的债券性融资产品单一，除对中小企业信贷这一品种以外，其他品种不够。目前银行承兑汇票、出口信贷等主要针对大型企业，对中小企业开放较少。其二，我国资本市场广度、深度有限，且缺乏规范，其单一的市场结构、较高的市场准入条件成为阻碍中小企业进行股权融资的重要障碍。于是，要解决中小企业融资困境，我们认为中国需要从调整与创新金融结构体系的角度入手着力解决如下五个问题：（1）央行继续灵活运用货币信贷工具，支持和完善四大国有商业银行对中小企业的融资业务；（2）发展与中小企业相适应的中小金融机构，组建支持中小企业发展的政策性银行，进一步改进和加强对中小企业的金融服务工作；（3）大力发展村镇银行、

---

① 2008 年 11 月起，中国开始全面放开贷款规划限制，大力支持银行业金融机构加大对中小企业的信贷支持。统计数据显示，截至 2008 年 8 月末，全部银行业金融机构对中小企业贷款余额 11.4 万亿元，同比增长 12.5%，占全部企业贷款余额的 53.4%（资料来源：http://finance.people.com.cn/GB/8305851.html）。

小额贷款公司、贷款公司和农村资金互助社等新型金融机构，适度发展面向中小企业的非国有控股金融机构；（4）通过建立中小企业征信体系、组建多种所有制共存的信用担保机构、加强"银企保"合作、完善担保公司资信评级制度、建立再担保制度等来建立完善的中小企业信用体系；（5）构建中小企业直接融资体系，尽快推出创业板，降低中小企业发行上市的准入门槛。

特别需要指出的是，为了进一步鼓励企业扩大投资，特别是鼓励有助于提升和优化我国产业结构的资本密集型和技术密集型企业的投资，我们需要对我国现行的相关税收政策作出重大的调整。

1994 年的税制改革后，我国实行的是以流转税占主导地位的流转税和所得税双主体税制。其中流转税又以增值税为主，所得税以企业所得税为主。由于我国实行的是生产型增值税，企业购进的固定资产中所含的税款不能抵扣，故特别不利于资本密集与技术密集型企业的投资，且易诱导生产资本流入股市投机，加速经济泡沫的生成。因为增值税税率为 17%，这样我国企业进行固定资产投资时除投资本身外还要增加固定资产投资额 17% 的增值税税款，而投资股市无论有无收益，双向交易的成本大概仅占交易金额的 1.1% 左右（孙玉栋，2008）。可见，中国的生产型增值税在实践中存在对固定资产投资的逆向调节性，导致人们对实业投资的减少，这样就会降低劳动就业机会，并最终阻碍人们收入的提高。中国政府已经认识到生产型增值税的上述弊端，决定从 2009 年 1 月 1 日起对中国最大的税种——增值税实施全面转型改革，即从生产型增值税转向消费型增值税，预计该项改革在短期内将减轻企业税负约 1200 亿元。消费型增值税征缴时会对房屋、基础设施、机器设备等固定资产投资项给予全额抵扣，这不仅消除了生产型增值税的重复征税弊端，体现出税收的公平、中性原则，而且会极大激励企业的技术升级投资，进而提高企业的技术能级与核心竞争力。

另需要提及的是，在当前我国流转税比重较大且税率较高的情况下，对竞争力较弱，利润率较低的中小企业与竞争力较强的大企业同等课征流转税，实际上对中小企业是不公正的，不利于这类企业的发展。因为中小企业是吸收劳动力就业的主战场，劳动密集型第三产业又是中小企业集中的领域，故现行流转税安排也就不利于中国第三产业的发展、不利于增加劳动力就业，从而不利于扩大消费。对此，在流转税安排上应该考虑降低劳动密集型中小企业的增值税负担，降低增值税小规模纳税人的增值税税率，进一步提高增值税的起征点。

再有，为进一步增强竞争，提升经济效率，中国要继续坚定经济市场化改革的方向和力度，坚决打破各种地区封锁、市场分割、行业垄断和各类行政垄断，进一步扩大对内开放。为此，需逐步放开国内有较高回报的垄断性和服务行业的准入限制（例如，石油、电力、铁路、金融、电信、教育、医疗和文化娱乐等领域），鼓励竞争，吸引更多民间资本进入；继续推进结构性改革，扩大私营部门，减少国有部门，将民间资本疏导至更有效率的投资领域。这里，我们特别强调，为了打破诸种行业垄断，鼓励民间投资，就一定要坚持政企分开的原则，因为行业垄断的背后往往是行政垄断。

（二）货物贸易、对外直接投资、对外贸易政策导向产生的问题与政策调控

在本书的第三章，我们经过实证分析已经证明中国国际收支经常账户顺差几乎全部来源于中国货物贸易顺差，而对中国货物贸易顺差发挥着支配作用的是中国加工贸易的持续多年大额顺差。例如，2005—2007 年，中国货物贸易顺差分别为 1020 亿美元、1774.8 亿美元和 2622 亿美元，其中加工贸易顺差分别为 1424.55 亿美元、1888.83 亿美元和 2492.5 亿美元，加工贸易顺差占到货物贸易顺差的 139.7%、106.4% 和 95.1%[①]。中国国际收支资本与金融账户近些年出现的顺差几乎全部来源于金融账户，尽管金融账户收支波动较大，但统计数据表明中国对外直接投资（FDI）净流入主导着金融账户的变化，即中国国际收支资本与金融账户的顺差主要归因于中国 FDI 的净流入。并且我们还发现自20 世纪 90 年代以来，中国每年实际利用的 FDI 和中国加工贸易净额有着比较类似的协同变动趋势。通过计算相关系数，我们发现 FDI 和加工贸易余额的正相关系数高达 0.806，加工贸易余额和经常账户余额间的正相关度更是高达 0.962。因此，我们可以断定中国国际收支出现持续多年的双顺差现象，其内在的逻辑路线在于：其一，加工贸易顺差主导货物贸易顺差，货物贸易顺差又主导经常账户顺差；其二，中国每年 FDI 较大规模的净流入导致中国资本与金融账户的顺差；其三，中国的加工贸易又与流入中国的 FDI 存在双向互动正相关关系。对于中国加工贸易和流入中国 FDI 的变动原因、发展历程，它们之间的内在联系，它们与中国国际收支两大基本账户（经常账户和资本与金融账户）间源与流的传导本质，我们在第三章的相关章节已有比较详尽的解释与说明。

中国对外贸易的超常规增长，一方面是和世界产业结构的调整过程中，中国积极主动承接了大量先进发达经济体的梯度转移产业有关，另一方面也和中国政府实践过程中表现出比较明显的外贸导向偏好紧密相连。特别是 1998 年及

---

① 数据来源：第三章，表 3-2a。

之后，因为看到亚洲金融危机中一些国家因盲目开放资本账户，经常账户存在赤字，国家外汇储备严重不足，在大规模金融投机资本的恶意冲击下，被迫放弃对本国汇率的控制权，最终导致国家经济基本面遭受严重打击，经济陷入较严重的衰退后，中国政府通过出台一系列政策，鼓励扩大出口，谋求外贸顺差和经常账户顺差，更多地增加中国的外汇储备，以备防范和应对国际金融风险。于是，中国对外贸易的"出口导向"（Export-oriented）倾向更是得到了进一步强化。当时的应对措施：首先，强调并承诺人民币不贬值，维持其汇率稳定；其次，中国政府流露出很明显的谋求外汇储备最大化的倾向，出台了更严格的强制结售汇制度；再次，面对当时中国外贸出口下滑产生的压力①，通过提高出口退税率②，并由中央和地方财政予以支持，以及加大了出口企业出口退税的执行力度等调控措施来应对；最后，对于国际资本流动，加大对资本账户的监控，对资本流出实施严格的管制，但给予 FDI 更优惠的政策，吸引、鼓励外国直接投资的流入。再加上，虽然人民币名义汇率我们承诺不贬值，但当时中国国内通货紧缩，物价下跌，人民币实际汇率处于贬值通道。这样，从 1999 年起，中国的出口开始复苏，增速持续上升。

总之，中国应对亚洲金融危机的发展政策在很大程度上强化了中国出口驱动的增长机制，导致了贸易顺差和外汇储备的持续和迅速增加。不过，此进程中需引起我们警觉的问题有：（1）虽然中国外贸顺差自 2002 年以来持续增加，数额越来越大，加工贸易顺差更是快速飙升③，但由于我国的绝大多数出口商品在国际市场上缺乏定价权，且多属竞争较激烈的产品，因此利润微薄。（2）鼓励出口，增加外汇储备的阶段性政策固化为长期决策，人民币汇率的调整又缺乏灵活性和纵深空间会进一步诱致资源配置的扭曲，使资源过多的流入可贸易品部门，导致中国服务业等不可贸易品部门的发展相对滞后，加了大中国产业结构调整的难度。（3）中国经济过度依赖外部需求，特别是欧盟、美国、日本等中国最重要的出口市场，这使得中国经济遭受外部经济波动影响的风险大大增加。由于外需的路径依赖和自我强化特征，内需势必淡出，愈发难以启动，这样中国经济的抗外部风险能力就会大大降低。（4）虽然中国出口的快速增长对中国 GDP 的拉动是明显的，但 GDP 的增长与民众的福祉增加并非完全对等。

---

① 1998 年中国出口增速大幅下滑，同比仅增加 0.47%，远低于 1997 年的 20.9% 的增长率。

② 大部分出口商品享受出口全额退还增值税，税率为 15%。出口退税实际上是用非出口部门补贴出口部门。因为投入到出口中的劳动力所消耗的生活资源是来自于其他非出口部门的。

③ 中国加工贸易顺差自 1994 年来就一直在增加，实际上并未受到亚洲金融危机的严重影响。

比如，我国 20 世纪 90 年代中期之后 GDP 快速增长，但民众却没有明显感受到福利的提高。我们认为，中国的出口相对更多地增进了他国民众而非本国居民的经济福利可能是一个比较重要的原因。

有鉴于此，我们认为为解决当前中国经济的外部严重不平衡问题，中国就要从根本上调整并逐步放弃在对外经济交往中，特别是 1998 年以来得到进一步强化的以出口导向为对外发展模式的各种经济政策，构建以服务业带动，更加注重内需和技术含量的内生型经济增长模式，进一步优化出口产品结构，促使"三驾马车"协调发展，从而使经济增长建立在更为坚实的基础之上。因为中国多年来逐渐形成并不断恶化的"劳保"、"安保"、"环保"的低标准所生成的要素套利；中国税收和经营管理政策上表现出的对外资的偏爱，对内资的歧视所生成的"政策体制套利"，实际上都和政府这种出口导向偏好政策有着千丝万缕的紧密联系。此类套利行为正在让中国付出越来越严重的经济、环境、社会代价，进而很可能会严重危及中国经济社会的可持续发展。

为解决要素套利问题，我们认为我国需要制定切实可行，且更加严格的有关劳动保护的各项法律、法规；进一步理顺生产要素价格，调整资源性产品价格，适时推出资源税改革方案，考虑以对资源性行业收租的形式减少资源价格扭曲行为，促进资源有效利用[①]；在引进外资的过程中要高度重视和综合考虑地价和环境成本等因素。为解决政策体制套利问题，我们认为应该放弃过分依赖外需的出口导向经济发展模式，其关键之举在于对中国引进外资的相关优惠政策和出口退税政策作出重大修正。

1992 年邓小平同志发表南方谈话后，政府加大了外资引进的力度，向外国投资者提供了更好的场所和更优惠的条件，而外资企业也充分利用中国廉价的劳动力从事出口加工贸易。为鼓励外商进行生产性直接投资，对外商投资企业提供税收优惠和投资便利的法律文件是全国人民代表大会 1991 年 4 月 9 日颁布的《中华人民共和国外商投资企业和外国企业所得税法》和国务院 1991 年 6 月 30 日发布的《中华人民共和国外商投资企业和外国企业所得税法实施细则》等文件，适用的优惠所得税税率为 15%（经济特区等）、24%（沿海经济开放区等）[②]。相比较而言，内资企业的所得税名义利率一般为 33%。目前，内资企业

---

① 多年来中国对资源类产品的价格一直控制较严，形成准行政定价的事实，资源类产品的价格长期低于市场供需决定的均衡价格。这既导致国内大量不可再生资源的过度低效率使用和浪费，也造成由此成本优势形成的资源密集型产品的过度出口。

② 资料来源：北京纳税人网 http://www.bjnsr.com/lshbdjs/content.asp? id; 18340&topic; 外资企业和中国会计网 http://www.canet.com.cn/tax/nsfd/zhfd/200807/20 - 41426.html。

实际税负大约在22%～24%之间，外资企业实际税负在10%～13%之间。此外，外资企业在相对较低税率优惠的基础上，还附加有"一免两减半"、"两免三减半"，外商向能源、交通等重要行业和特定项目投资，减免税政策更优惠，以及税前扣除较多、资产折旧较快等众多优惠措施，使其实际税负得到进一步降低（田孟清，2008）。

在现代市场经济体制下，或许上述对外资的超国民优惠待遇在一国经济发展的特定阶段有其某种合理性，但此类超国民待遇一旦固化下来，并未随着该国经济实力的增强和进步进行相应调整的话，那么事情就很可能发生逆转，就会既违背市场经济公平竞争的准则又不会产生较高的经济效率。因为，对外资实行较低的税率，对其进行鼓励，必然意味着对内资企业实行了相对较高的税率，或者说对内资企业存在歧视，这在一定程度上抑制了内资企业的发展；内外资企业税收上的较大差别诱使某些个别内资企业假冒外资企业骗取税收优惠，或使某些外资企业利用其避税、逃税，最终导致国家大量税款的流失；对外资的税收优惠越普遍、时间越久，对市场的扭曲就越严重，经济效率损失就越大。

截至2007年末，中国规模以上工业总产值的30%以上，进出口总额的一半以上是由外资企业创造的（NBS）。其中，1992年之后，中国外商直接投资的很大比例是投在加工贸易行业，近些年加工贸易已占据中国进出口总额、出口额的半壁江山。中国加工贸易出口占整个货物贸易出口的比重自1993年起（1994年除外）就超过了一般贸易的该指标。由于在一般贸易中，内资企业占较大比例，这就表明，外资企业出口的迅猛增长，很可能挤出了内资企业的出口。1979—2007年中国实际使用外商直接投资7602亿美元，平均每年262亿美元，2002年以来利用外资一直居于世界前三位，说明我国利用外资已达较高规模和水平。但现实情况是，我国利用FDI的模式仍以数量型为主，引资的质量有待提高。在我国现阶段已经基本解决经济发展过程中面临的资金"双缺口"约束情况下，我国引进FDI的主要目的应该在于通过FDI的资金注入同时带来先进的技术和先进的管理手段。因此，应该开始特别注重FDI的技术含量和层次，它的技术转移效率和技术溢出效应。相对应的就是，当前应该着手从政策层面坚决封堵以要素套利和制度套利为目的的高能耗、高污染、高资源消耗的"三高"FDI流入。

2008年1月1日起实施新的《中华人民共和国企业所得税法》规定，将内资、外资企业所得税税率统一调整为25%。我们认为，这是努力解决制度套利的一项较好举措。不过，在总体层面，我们应该坚决支持、贯彻该法案，但在具体执行过程中应该注意把握其过渡性、行业性和地区方向性。即应该给外资适用新所得税法案一个缓冲期。对于属于科技含量较高的高新技术行业的外资或符合我国产业发展导向的 FDI 应继续保留一定幅度的税收优惠；对于进入中国不同地区的 FDI 应该区别对待（对进入中、西部的外资给予一定幅度的优惠，对进入东部发达地区的外资执行国民待遇）。这种差异化的引资策略，即有助于吸引更多的资金、技术和先进的管理经验流入中国经济相对落后的中、西部地区，缩小地区间经济发展差距（这符合"西部大开发"战略），也有助于优化、提升中国引进外资的结构。另外，通过众多国内外实证分析研究后发现，对一国吸引 FDI 发挥着重要影响作用的因素有：经济和政治的稳定性，规范的商业和法律制度，良好的基础设施，高效的政府管理体制，充足的具有专业技能的人力资源供应以及利润自由汇出的能力。可见，税收优惠甚至算不上一个决定一国 FDI 去留的显著因素。因此，一国经济发展环境方面的软实力才是对外资的最大吸引力，也是吸引高质量外资的根本条件，单凭税收方面的优惠对外资的吸引力势必会随着时间而递减，缺乏可持续性，实际上也很难吸引到较高技术、知识含量的外资。自 1992 年起，我国吸引的外资不可谓不多，外资以加工贸易创造的出口不可谓不巨大，但我国整体产业结构不高，产品技术含量和国际竞争力不强，即便能够制造技术先进的产品，往往其核心或关键技术还是被国外公司垄断就是很好的例证。

对于出口退税和与之紧密相关的加工贸易问题，尽管在某些阶段，政策上的鼓励措施有助于特定阶段中国对外贸易的发展，对于中国整体经济进步也会起到积极的推动作用（比如，加工贸易的在中国的蓬勃发展在一定程度上提高了中国资源配置的效率，促进了中国产业结构的升级，也确实解决了中国部分劳动力就业问题），但如果激励措施一味的泛化、固化，没有随着中国自身经济竞争力的提高或世界经济环境的变化而作出相应调整的话，那么它的弊端也就会了日益明显和愈发严重。

因为出口退税政策会相应造成国内出口和非出口产业生产经营环境的不平等。具体而言，出口退税实际上是以非出口产业对出口产业进行补贴，诱导资源大量流入以出口为最终目标的加工贸易部门，进而加大了内需型产业生产经营的成本，抑制其发展。出口退税还有可能形成诱致性行为扭曲，导致骗税事件时有发生，既造成国家大量财税损失，又无真实出口的积极效应。中国加工贸易整体技术层次低，在国际分工中处于越来越不利的地位，且贸易模式一经形成，往往具有路径依赖的特点，时间越久越难打破这种循环（我们原有的劳动力成本上的比较优势正在逐渐丧失，中国大量劳动密集型加工贸易面临的形势日趋严峻）。一些仅仅利用中国低劳动力成本优势，尤其是从事"三高"生产经营的加工贸易从根本上无助于中国劳动生产率的提高和中国经济的可持续发展。大量承接加工贸易越来越绑定我国成为发达经济体跨国公司全球生产链条中的一环，有可能使我们失去经济发展的主动性。当前，随着全球金融危机的蔓延深化，我国劳动密集型出口加工部门遭受重创，进而危及中国国内非出口的实体经济部门，中国今明两年的经济增长率也有较大幅度的下调不能不说是和上述弊端有很大关系的。对此，为使我国的加工贸易获得更多的贸易利益，创造更多的增加值，就必须要延长加工贸易产业链在中国的价值链，形成"深加工结转"（廖涵，2003）。即努力推进我国加工贸易由简单组装→零部件制造→零部件研发→最终产品研发→拥有自主知识产权等核心技术的自主品牌的研发、设计与制造（越上游越附加值越高且抗经济风险能力越强）的阶段迁移，并使加工贸易进一步向流通环节延伸。

有鉴于此，在对待外资占绝对优势的加工贸易问题上，中国政府应制定分阶段的详细的产业规划，做到产业严控、疏导、鼓励，分类并举，切实推进中国加工贸易的产业升级。

对此，就必然会遇到和如何看待中国的出口退税率问题。

1985 年 4 月，我国恢复实行出口退税政策（1973 年曾取消出口退税政策），对出口商品退还生产环节的增值税以及免征产品税。1988 年确立了"征多少，退多少，未征不退和彻底退税"的原则。根据裴长洪（2008）等的相关研究，我国的出口退税率（增值税）在 1994 年分为 17%、13% 和 6% 三个档次，平均出口退税率为 16.13%。1995 年 7 月，将出口商品增值税退税率降为 14%、10%、6% 和 3% 四个档次，平均退税率降低为 12.9%。1996 年初继续下降为9%、6%、3% 三个档次，平均退税率进一步下调到 8.29%。为应对亚洲金融危机对我国出口产品的不利冲击，1999 年又将出口退税平均税率提高了 2.58 个百分点。2003 年 10 月，国务院决定改革出口退税机制，出口退税率的平均水平降低 3 个百分点左右，平均出口退税率由此前的 15.11% 调低为 12.11%（一说12.16%）[①]。一般来说，出口退税率上升，对出口的政策效应相当于出口汇率贬值，有助于扩大出口，反之则相反。因此，出口退税率的变动、退税方式的变革，对企业出口行为有着重要的影响。刘穷志（2005）经过实证研究后认为，

① 资料来源：易纲，张磊. 国际金融 [M]. 上海：上海人民出版社，1999：414－418。参考地址：国家税务总局网站 http://www.chinatax.gov.cn/。

中国出口退税的调整对国内产出、就业、出口以及税收收入等会带来诸多影响。因此，对出口退税的调整是中国经济宏观调控的有效工具之一。他的分析表明，影响中国出口的主要因素在长期来看可能不是出口退税而是汇率、中国商品的生产能力和中国商品在世界市场上的相对价格。但在短期，出口退税率的下调会对中国的出口产生抑制作用。

2006 年下半年以来，为抑制"两高一资"产品出口过快增长，促进中国外贸平衡，我国对进出口关税、出口退税和加工贸易政策作出了进一步调整。2007 年 6 月 18 日，经国务院批准，财政部和国家税务总局发布通知，宣布自 2007 年 7 月 1 日起，对约占海关税则商品总数 37% 的 2831 个税目的商品的出口退税率进行较大规模的结构调整。其中，大部分商品的出口退税率都有 2 个百分点至 4 个百分点的下降，部分商品的降幅甚至更大。并且，先后取消了 533 项高能耗、高污染、资源型产品的出口退税，较大幅度降低了 2268 项容易引起贸易摩擦的商品的出口退税率，将 10 项产品的出口退税改为出口免税，对粮食等资源型商品的出口开征出口关税，减少煤炭、稀土等资源性产品的出口配额（商务部课题组，2007）。通过上述调整，发出了明确的减缓贸易顺差、控制高能耗、高污染产品出口的调控信号。

总之，我们这里再次强调，包括出口退税等政策调控的重点和方式一定要随着国内和国际经济形势的变化而灵活调整，一定要有针对性和方向性，切忌僵化、固化、泛化。

王信（2007）研究认为当一国社会公共制度（政治、法律、政府治理等）和金融制度都较为完善时，以债券融资为主的国外证券融资将占主导地位，而 FDI 融资和银行融资则占次要地位。当前中国以 FDI 为主导的对外融资结构，在很大程度上是中国金融发展严重滞后的结果。具体而言，其一，中国金融市场不发达，缺乏广度和深度，民营企业融资受到众多限制和歧视，金融投资产品单一，分散市场风险的能力较弱。这样，企业在缺乏足够金融避险工具的情况下，就自然偏好投资稳定性较强且便于中国与国外投资者共担风险的 FDI。其二，在中国政府官员政绩考核中曾长期有引资和出口等硬性指标，于是地方政府追求本地经济增长的动力较强，在地方政府对外进行借债和股权融资自主权很小的情况下，就只能通过土地、税收上的优惠换取 FDI 的流入。另外，我们研究认为，国内投资的转化效率较低也是中国大量利用 FDI 作为补充资金的重要原因之一。衡量资本投资效率的一项指标是增量资本产出比（Incremental Capital – Output Ratio，ICOR），即投资的增量比上 GDP 的增量。当 ICOR 提高时，单位总产出增加值所需要资本增加值越大，这就意味着投资的效率下降。根据国家信息中心张荣楠的研究，我们计算出中国 1979—2007 年 29 年间的实际 ICOR 的平均值为 4.02，其中 1979—1994 年 ICOR 均值为 3.29，1995—2007 年 ICOR 均值为 4.92，这表明自 1995 年以来中国的投资效率实际上在下降[①]。与此相对应的是 1995 年及之后也正是中国实际利用 FDI 迅速大规模扩张期：年平均吸引实际 FDI 流入 509.9 亿美元，除 1999 年因亚洲金融危机 FDI 流入同比下降 11.3% 和 2005 年出现轻微回调外，其余年份中国实际利用 FDI 年均递增近 8.9%[②]。通过以上对比不难发现，自 20 世纪 90 年代中期以来伴随着中国投资宏观经济效率的下滑的同时，却实现了中国实际利用 FDI 的较大增加。因此，FDI 的流入实际上弥补了因投资效率下滑而产生的投资缺口。

为降低我国经济发展过程中对引资成本较高的 FDI 的过度依赖，提高我国经济发展的自主性、可持续性和内生发展能力，我们认为在具体政策调整上应侧重如下方面：积极主动进行公共制度的创新，努力改善政府治理机能；进一步加大、加深国内金融体系的改革，降低国内金融业准入门槛，打破垄断，引入竞争机制；进一步大力发展国内以股票、债券为主的资本市场，在鼓励金融创新的同时加强监管，开发设计更丰富、更便利的投融资工具；鼓励富有效率的民营经济的发展，无论直接融资还是间接融资都要符合市场经济的效率原则，提升资金的配置效率，从而提高投资的效率。

二、中国国际收支失衡的外在原因及解决之道

我们上文以较大篇幅从不同角度较详尽分析、研究了中国国际收支失衡的内在原因及可能的应对、化解之道。因为我们一贯认为中国的外部经济失衡恰恰折射出中国经济内部的失调或失衡。在这个问题上，我们坚持辩证唯物主义的方法论，认为内因是造成事物质变的最终决定因素。但该方法论同时告诫我们，事物最终的演变又是由内、外因素交互作用的结果。也就是说外因对事物的发展变化也起着不可忽略的重要影响作用，它可能延缓或加速、减轻或加剧事物的演变。因此，本部分通过再次简略回顾中国对外经贸交往的国际经济、政治大环境的历史变迁以及中国最重要的双边贸易伙伴国——美国国际收支存在巨额逆差的根源等因素来反衬出中国国际收支长期失衡的外在原因。当然，

---

①　张荣楠："4 万亿：改革攻坚并举，破解经济五大结构性顽疾"，2008 - 12 - 01。资料来源：中国网 http：//www. china. com. cn/economic/txt/2008 - 12/01/content_ 16879834_ 2. htm。

②　作者根据国研网数据计算整理 http：//www. drcnet. com. cn。

之所以称为外部原因正是因为其对本国经济而言是外生的，我们对它仅能或利用或规避，而无法从根本上改变它。但也不尽然，随着一国经济实力及政治地位的上升，随着一国对世界事务的参与度以及影响力的增强，该国可以通过谈判、协商手段在国际新规则的制定中或原有规则的修订中发挥越来越大的作用，从而尽量维护或争取自身利益的最大化。

在第三章第四节我们就中国国际收支失衡的外部成因，从当今以美元作为最主要国际本位币的国际货币体系、中美国际贸易统计规则存在差异、国际产业转移这三个角度进行了较深入细致的分析。此处不再赘述，仅作一些补充说明。我们分析重点在于应对策略的讨论。

蒙代尔（2003）强调分析国际收支问题需要研究国际货币体系，尤需研究国际国币体系中的某些重要特征。因为它们在一定程度上制约着一国国际收支和储备资产创造之间的关系。他认为，在开放经济条件下，经济快速增长国家理应实现一定程度的国家收支顺差，以便满足不断增长的外部流动性的需要。就当今国际货币体系的实际运作而言，由于在众多方面，尤其是原布雷顿森林体系"双挂钩"的本质特征在广大发展中国家和某些发达经济体中仍然事实存在，因此，有些国内外学者又把当今的国际货币体系称为复活的布雷顿森林体系。其最大特点就是美元仍然充当着最关键的国际本位货币角色，大量应用于国际贸易和国际金融领域中的计价、结算，也是各国外汇储备库中占据最大比例的币种。这样，美国在当今国际货币体系安排下就相应获得了许多独一无二的特权：美国联邦储备银行在某种程度上成为世界的中央银行，美国由此得以从他国盘剥大量铸币税收益；增强了美国财政、货币政策上的单边扩张主义倾向（可以单纯为了美国的利益几乎毫无顾忌的实施扩张性的财政、货币政策），由此形成的巨额财政赤字，经常账户赤字又凭借其在国际货币体系中的垄断优势以"双输出"的形式大量向他国转移。同时，美国大量进口劳动密集型为主的生活必需品和已不据有比较优势的工业制成品以及凭借其资本市场的自然垄断优势大量吸引外资，获取资本账户的较大顺差的所谓"双输入"形式来维持美国内、外经济循环的平衡。当今国际经贸安排之所以会形成这种以美国为中心国家，以广大发展中国家为主要"外围"国家，且相互锁定的状态，归根结底是综合国力使然。因此，随着不同国家间综合国力的此消彼长，即便暂时不会打破这种循环，但肯定会对其循环路径，演化方向产生重大影响。

中国改革开放30年来，经济建设取得了公认的举世瞩目的伟大成就，综合国力得到显著提升，在世界政治、经济舞台上的活动空间和发言权不断扩大。

根据国家统计局综合司数据，1979—2007 年中国国内生产总值年均实际增长 9.8%，大大高于同期世界经济年平均增长 3.0% 的速度。30 年来，中国国内生产总值居世界的位次由 1978 年第 10 位上升到 2006 年的第 4 位，仅次于美国、日本和德国。经济总量的加速扩张大大缩小了我国与世界主要发达国家的差距。根据国际货币基金组织统计，折合成美元，我国 2007 年国内生产总值为 32801 亿美元，相当于美国的 23.7%，日本的 74.9%，德国的 99.5%。我国经济总量占世界经济的份额也有明显上升，1978 年为 1.8%，2007 年提高到 6.0%。人均国民总收入也实现同步快速增长，由 1978 年的 190 美元上升至 2007 年的 2360 美元。按照世界银行的划分标准，我国已经由低收入国家跃升至世界中等偏下收入国家行列。这对于中国这样一个经济发展起点低、人口基数庞大的国家，能够取得如此的进步，确实是一个了不起的成绩。我国经济发展中曾长期稀缺的外汇储备也实现了由短缺到富足的历史性转变。1978 年，我国外汇储备仅 1.67 亿美元，但到了 2006 年我国的外汇储备就迅速增加并超过 1 万亿美元，达到 10663 亿美元，超越日本位居世界第一位，2007 年我国外汇储备继续扩大到 15282 亿美元，稳居世界第一位。中国进出口贸易总额在世界的位次由 1978 年的第 29 位跃居到第 3 位，仅次于美国与德国，2007 年进出口贸易总额 21737 亿美元，比 1978 年增长 104.3 倍，年均增长 17.4%，占世界贸易总额的比重也由 0.8% 提高到 7.7%。我国已经成为一个名副其实的对外贸易大国。进出口贸易总额占国内生产总值的比重由 1978 年的 9.7% 提高到 2007 年的 66.8%，提高 57.1 个百分点。根据国家外汇管理局（SAFE）公布的中国国际投资头寸表数据，2007 年末中国对外净资产高达 10220 亿美元，再结合国际货币基金组织的相关统计数据，我们发现我国已超越德国成为仅次于日本的全球第二大债权国。

在中国对外经济交往中，中美关系一直占据着非常重要的地位。中、美互为对方非常重要的贸易伙伴。2007 年，在中国进出口总额中，美国是仅次于欧盟的中国第二大贸易伙伴国，双边贸易额高达 3020.8 亿美元，占中国对外贸易进出口总额的 13.9%。同时，美国是仅次于欧盟的中国第二大出口市场，也是中国第六大进口来源国和仅次于中国香港的中国贸易顺差的第二大来源国，2007 年中国对美出口 2327 亿美元，占中国出口份额的 19.1%，中国对美顺差 1633.3 亿美元[①]。根据美国统计局（U.S. Census Bureau）公布的数据，从进入新世纪的 2000 年开始，中国就取代日本成为美国最大的贸易逆差来源国。按美

---

① 作者根据商务部综合司数据计算整理 http://zhs.mofcom.gov.cn/tongji.shtml。

方统计，2007 年中国是美国第一大进口来源国，美国从中国进口高达 3215 亿美元，占美国进口总额的 16.5%；第三大出口目的国，美国对中国出口为 652 亿美元，占美国出口总额的 5.6%；第二大贸易伙伴国，美国对中国的进出口总额达 3867 亿美元，占美国贸易总额的 12.4%，仅次于加拿大的 18%[1]。另外，据美国的一份研究报告[2]，我们估计中国巨额外汇储备中（中国的外汇储备在 2008 年底已达到 1.95 万亿美元）美元资产高达 87.2%。这其中绝大部分又购买了美国较低收益的债券，特别是美国政府债券。美国财政部公布的国际资本流动报告（TIC）数据显示，截至 2008 年 10 月，中国持有美国国债 6529 亿美元，占美国国债总量的 35.4%，成为美国国债的第一大持有国。

综上，中国国际收支长期失衡，虽然中国自身的原因无疑是最主要的，但当今美元本位的国际货币体系对美国因过度采取扩张性的国内财政、货币政策导致其国际收支长期巨额逆差缺乏纪律约束不能不说对中国的国际收支失衡起到了推波助澜的作用。因为正如蒙代尔（Mundell，R. A.，2003）所言，随着世界经济一体化的稳步推进，国家之间的经济联系越来越密切，国际收支失衡的调解就绝非逆差国或顺差国自己的事情，需要进行对称性的调整，才能解决世界性的国际收支不平衡问题。我们认为在当今中国经济实力大增，国际影响力和发言权都有很大提高的前提下，我国应该主动、积极参与对当今国际货币体系的改革进程，加强和美国、欧盟、日本等中国最重要的贸易伙伴大国进行经常性的沟通、谈判，使得类似中美战略对话等机制长效化；督促目前的中心国家——美国，为降低其过高的贸易赤字，必须对其国内经济结构进行改革[3]：降低过度消费，增加储蓄率；打消无妄猜疑和各种人为障碍，对其有关出口管制的法案进行重大修正，增加高新技术装备或技术的对华出口。

中国、美国国际贸易统计规则存在的差异问题，其根源在于现行的国际贸易统计规则。即国际货币基金组织《国际收支手册》（第五版）中相关进出口贸易所强调的"原产地"规定。在实际操作中，该规定确实存在较大缺陷。因为随着世界贸易结构和国际产业结构的变迁、升级，以及跨国公司在国际贸易中的领军地位进一步加强，许多产品的跨国生产出现分工越来越细化的倾向，单

---

① 根据美国统计局数据整理 http://www.census.gov/foreign - trade/statistics/highlights/top/index.html#2007。

② 资料来源：搜狐新闻"中国成美最大债主：平均每月借给美国 400 亿美元"。参考网址：http://news.sohu.com/20090202/n262014558.shtml。

③ 中国政府在 2008 年 12 月 17 日（周三）公开对美国提出警告，称如果美国不抓住时机进行必要的经济改革，中国可能会停止继续购买美国国债。

纯的原产地规则往往会夸大产品生产终端的国家的贸易所得。因为它没有考虑生产终端的产品其实汇集了各个其他生产环节的增加值。因此，我们认为以产品所有权规则统计国际产品贸易会更真实反映各国的贸易所得，尤其对加工贸易占一国对外贸易较大比例的情况下更是如此。有鉴于此，我们应该积极向国际货币基金组织游说，组织国内外专家展开专项研究，以期修正现行的国际贸易原产地统计规则。

对于国际产业转移导致的中国国际收支失衡问题，我们首先要对我国承接的国际产业转移问题进行深刻反思。我们应该根据我国产业发展和升级的具体战略规划来进行严格的筛选，进行有序承接。要高度重视接转产业的技术、知识、管理含量，坚决摒弃国外"三高"产业转移，严控低技术含量、低附加值的产业转移。此外，对待产业转移问题我国也要积极加以利用。即顺应国际产业梯度转移的潮流，通过对外直接投资加大中国企业"走出去"的步伐，不但要对国外的资源型企业进行投资、并购，而且要把国内技术相对落后的产业向其他产业结构处于更低梯度的国家转移，在当地生产、当地销售或转口。这不但有助于中国"走出去"的企业资源整合，规避贸易壁垒，而且通过这种方式产生的国际贸易交易额由于"两头在外"，在一国国际收支统计中就实现了某种程度的隐身。既获得了实际的经济利益又降低了贸易盈余过多造成的不必要纠纷，可谓一举两得。这其实就是复制了发达国家在当前国际贸易中普遍使用的方法。2003—2007年，中国对外直接投资额（非金融部分）分别为29亿美元、55亿美元、123亿美元、176亿美元和265亿美元。2007年中国对外经济合作合同金额达到853亿美元，完成营业额479亿美元，分别比1989年增长37.6倍和27.4倍①。尽管当前中国的对外直接投资还是以资源类企业为主，但对外投资的多元化步伐正在逐步加快是可以预见到的。因此，我们要做的就是要根据实际情况制定中国某些相对落后或产能过剩的产业对外转移的步骤，尽快实现其对外转移。

第二节 中国经济从失衡重新
走向均衡：政策搭配与组合的视角

这一节，我们针对上文分析的内、外原因所造成中国国际收支失衡的化解

---

① 作者根据《中国统计年鉴》数据计算整理。

问题展开具体经济政策上的搭配与组合研究。我们试图找到在中国宏观经济所处不同状态下，通过缜密构建政策搭配与组合方案，至少是在理论上获取中国经济内、外重新达成平衡的可能的政策选择路径。

一、一国内、外经济运行与政策搭配及组合原理

在开放经济中，一国经济可分为内部（Interal Sector）和外部（Exteral Sector）经济两部分。内部经济就是不考虑国际经济往来，单指其国内经济而言。在市场经济条件下，一国国内通过政府相关部门的宏观经济调控以期达成国内经济的运行目标，谋求国内经济的均衡。一般来说，达成国内经济均衡的调控目标有：较高的经济增长率、较低的通货膨胀率和较低的失业率。外部经济就是指一国因对外开放而和其他国家或地区发生的经贸往来。一国国际收支平衡表是对国际经济交易的系统的货币记录。一国外部经济谋求的目标就是国际收支平衡。R. Mundell（1962）认为一国宏观经济的外部平衡（Exteral Balance）在固定汇率制下是指一国贸易差额，如顺差，等于该国的资本流出额。姜波克（1999）认为，一国的外部平衡是指与一国宏观经济相适应的合理的国际收支结构。其标志是与一国宏观经济相适应的合理的经常账户余额。这种合理性，他认为至少体现在如下两方面：经常账户余额应满足经济理性（Economic Rationality），应该具有经济上的可维持性（Sustainability）。

在一国经济开放条件下，内部经济与外部经济会发生紧密、复杂的联系和相互影响。一国经济的开放，一方面会为本国经济提供许多封闭条件下不具备的有利形势，但另一方面也会因众多外生冲击而对该国经济整体的稳定与发展造成负面影响。即因经济的开放性，一国内、外经济很可能会产生矛盾与冲突。具体说就是内、外经济平衡有时不能同时兼得，在一国维护内部经济平衡的同时会导致外部经济的不平衡，甚至会使其进一步恶化。卜永祥、秦宛顺（2006）研究认为，如果在一国宏观经济的内、外都可能不平衡的情况下，只要实现了这两种不平衡之间的对冲，该国的经济在总体上达到平衡即可。我们对此结论深表怀疑。我们认为即便这种总体上的平衡在短期内可以维持，但其长期可维持性必然存在严重问题。因为内、外经济任何一种长期失衡都是其自身经济失调的表现，如不积极加以纠正都会只能进一步恶化，造成更大损失，增加调整的成本。寄希望于两个"错误"相加等于"正确"，用以解决问题是不现实的。但有一点，我们始终认为，在一国经济的相互关联中，内部经济应该是问题的核心。外部经济的失衡在本质上源于内部经济的失衡。这样看来，失衡其实就

可以简化、归结为一种更加广泛的"内部"失衡问题。当然，我们这样认为并不否认在某些情况下，尽管一国内部经济保持着平衡，但外部经济因突发的较大外生冲击而失衡。但我们认为上述情况仅会在短期出现。因为较大的外生冲击终会消失，只要一国继续保持经济的内部平衡，经济基本面发展态势良好，在长期就会重归内、外经济的协调发展。另外，我们再次强调，一国宏观经济的内、外平衡主要是指一种动态的、流量的、中长期的平衡，而非静态的、存量的、短期平衡。因为在短期，内、外经济时刻都达成平衡协调发展是极其罕见的，或仅仅是一种偶然现象，多数情况下是二者可能都不平衡，或者一方平衡，另一方不平衡。

英国经济学家、1977 年诺贝尔经济学奖获得者 J. E. Meade（1907—1995）教授 1951 年在其名著《国际经济政策理论：国际收支》（*The Theory of International Economic Policy—The Balance of Payments*）一书中最先提出了在固定汇率制下，一国内、外经济可能存在冲突的问题。即在政府当局采取宏观经济调控措施努力实现某一平衡目标时，在开放经济的特定运行区间可能会出现内、外经济平衡难以兼顾的情况，一种平衡的实现是以对另一种平衡的干扰或破坏为代价的。即便在浮动汇率制下，实践证明仍然可能会出现类似米德分析的固定汇率制下一国经济的内、外冲突问题，试图单纯利用外汇市场的汇率变动调节国际收支失衡是不现实的。总之，在一国开放经济条件下，普遍会遇到在某一特定阶段，该国会出现内、外经济运行的非协调性矛盾或冲突。针对上述矛盾或冲突，为了重新恢复内、外经济的协调发展，以保证一国经济总体上的平衡、平稳、有序运行，就需要采取各类经济调控政策措施对失衡的内、外经济进行纠偏。按照政策工具作用机制的性质不同划分，一般来说，开放经济条件下一国可供选择的政策工具大致分为调节社会总需求的工具和调节社会总供给的工具两类。由于调节社会总供给的政策具有明显的结构性、长期性，短期内效果不显著，故对一国宏观经济内、外失衡的调控主要是通过调节社会总需求的政策来实施的。这又可细分为两类：需求增减政策（Expenditure – Changing Policy）和需求转换政策（Expenditure – Switching Policy）。前者主要是指通过一国的财政政策和货币政策来直接调节社会需求的总体水平；后者是指通过汇率政策和直接经济管制政策来达成本国商品、服务与国外商品、服务的价格差异从而产生需求的替代转移。

一般来说，在谋求一国经济内、外平衡的过程中，需要使用多个政策选择工具，这就引出了另一个关键问题：不同的政策工具应该如何组合与搭配。对该问题最权威的解答主要有 J. Tinbergen（1952）有关政策协调的丁伯根法则（Tinbergen's Rule）和 R. Mundell（1962）的政策指派（Assignment Rule）与有效市场分类原则（The Princeple of Effective Market Classification）。丁伯根法则是指，如果一国政府欲实现 N 个独立的政策目标，那么有关当局应该至少掌握并运用 N 种独立的政策工具。姜波克（1998）对丁伯根法则进行了拓展，提出可变的多工具原则，即在开放经济条件下政策目标的矛盾具有多维的特征，为了实现 N 个政策目标，宏观调控必须要拥有多于 N 个的政策工具。这些多出的额外工具一方面可以抵消外部冲击等政策扰动因素的影响，另一方面也有助于克服在许多情况下对政策工具调整幅度的限制。再者，多出的额外政策工具还能够减轻政策效应不对称性的不利影响，增强政策工具的稳定性。有效市场分类原则是指，如果决策当局不拥有像丁伯根法则所隐含的各种政策工具可以供决策当局集中使用的前提下，即在分散、独立决策情况下，每一目标应该指派给对这一目标有相对最大影响力，从而在影响政策目标上有相对优势的工具。或者说，政策工具与目标的结合必须取决于工具对目标的相对效率。蒙代尔认为，调整一国经济内、外失衡的政策之所以没有达成预期目标或完全失败就在于政策工具选取的不合适，或者对政策工具的调整幅度有各种各样的经济限制，或者是政策工具本身就不是完全独立的。他认为，依照有效市场分类原则实际上就是建立了一个动态搜寻机制，有可能最终找到内、外经济的均衡解。根据上述原则，蒙代尔进一步研究了一国财政政策和货币政策在影响一国内部经济和外部经济上的不同效率后，提出应该以财政政策实现一国的内部经济均衡，以货币政策来实现一国的外部经济均衡的指派方案。另一种比较重要的政策搭配方案是由 Swan（1960）提出的支出转换政策或汇率政策与支出增减政策的搭配。Swan 所指的汇率是实际汇率而非名义汇率，支出是指国内消费、投资和政府财政支出，这涉及一国财政政策与货币政策的具体运用。

二、中国内、外经济失衡调整的政策搭配与组合

我们再次强调，从根本上说，中国国际收支失衡是结构性失衡，它内生于中国经济发展的特定阶段、特定的经济结构。我们知道结构性的政策调节，一般意味着它是一项长期的任务，因为对经济结构的调整不会是一朝一夕就能完成的。但调解中国社会总需求的需求增减或需求转换政策，特别是前者，一般来说在短期内就会发生比较明显、迅速、直接的政策调控效应。对于中国来说，长期目标无疑是中国经济的内、外平衡，协调，可持续发展。因此，对这一最

终目标的达成就需要把短期调控中国总需求的政策和长期调控中国经济结构的总供给政策紧密结合起来。这种短期、长期或需求、供给的政策调控与组合一定要具有前瞻性、全局性、一致性和可操作性，并且要充分考虑到中国经济发展的不同阶段所面临的主要矛盾可能存在的异质性，有针对性地采取相应的政策搭配与组合方案。

调节中国社会总需求的政策主要有财政政策、货币政策、汇率政策；调解中国社会总供给的政策主要是产业政策和科技政策。财政政策的主要操作内容是政府财政收入与支出、税收和发行国债。政府增支、减税、增发国债意味政府采取扩张性的财政政策（Expansionary Fiscal Policy），反之为紧缩性财政政策（Contractionary Fiscal Policy）。中国财政政策的主要执行机构是在国务院领导下的财政部。中国货币政策（Monetary Policy）的目标是"保持货币币值的稳定，并由此促进经济增长"。中国目前以货币供应量为中介目标，操作目标为基础货币。公开市场操作、存款准备金率、基准利率、信贷等是主要的货币政策工具。货币政策一般也主要分为扩张性与紧缩性两类。中国货币政策的主要执行机构是在国务院领导下的中国人民银行。汇率政策（Exchange Rate Policy）主要是通过确定一国适用的汇率制度与合理的汇率水平来对经济产生影响。我国于2005年7月21日对人民币汇率制度进行了新一轮重大改革，即日起开始实行以市场供求为基础，参考一篮子货币进行调节、有管理的浮动汇率制度。在人民币汇率改革的进程中中国始终坚持主动性、可控性、渐进性三原则。截至2008年末（2008 - 12 - 24，6.84元人民币/1美元）人民币对美元汇率已由汇改前的8.27元人民币/1美元累计升值了近17.3个百分点。

下面，就中国国际收支失衡及我们所认定的这种外部失衡的源头——中国经济内部失衡问题，结合我们上文介绍过的有关政策搭配与组合的相关理论框架以及本书相关章节对中国经济失衡问题的深入分析，有针对性地提出我们的政策选择、搭配与组合的调控思路，以期达成中国经济的内、外相容，协调发展。

我们的分析主要是在开放经济下的 M - F 模型（Mondell - Fleming Model，1962，1963）和有关一国经济如何通过政策搭配与组合实现内、外经济协调发展的斯旺模型（T. Swan，1960）的基础上发展而成的。

在开放经济条件下，一国国内商品市场的均衡意味着该国储蓄完全转化为投资，即储蓄额 S 和投资额 I 相等，$S = I$，在图形上以 IS 线表示。商品市场均衡的 IS 线一般的公式形式为

$$Y = C(Y) + I(i) + G + CA(q, Y, Y^*) \qquad (6-1)$$

式中，Y 表示本国国民收入，一般可用 GDP 代理；$C(Y)$ 表示本国居民的消费支出函数，$0 < dC/dY < 1$，即边际消费倾向一般来说是一个小于 1 的正数；$I(i)$ 表示本国居民的投资函数，i 为国内利率，一般有 $dI/di < 0$；G 表示政府支出，一般而言看做是方程的外生变量；$CA(q, Y, Y^*)$ 表示国际收支经常账户余额函数，实际上该项应该是净出口。但就中国而言，因为净出口几乎一直占据中国经常账户的绝大比例，故此处为了分析问题的方便，我们就以 CA 代理净出口。其中，q 表示实际汇率（直接标价法）；Y^* 表示国外收入，在方程中可视为外生。一般认为 $CA_1 = \partial CA/\partial q > 0, CA_2 = \partial CA/\partial Y < 0$。在一个 i—Y 两维坐标空间内，一般来说，IS 曲线是一条向下倾斜的直线。

我们用 LM 线表示国内货币市场的均衡线，在这条线上的点就意味着货币的供给 M 等于货币的需求 L，$L = M$。方程表示如下：

$$M = L(i, Y) \qquad (6-2)$$

式中，M 表示一国既定价格水平下的货币供给量或实际货币供应量；$L(i, Y)$ 是货币需求函数，一般有 $L_1 = \partial L/\partial i < 0, L_2 = \partial L/\partial Y > 0$。在 i—Y 两维坐标空间内，货币市场均衡线一般表现为一条向上倾斜的直线，即，LM 线的斜率为 $di/dY = -L_2/L_1 > 0$。

一国商品市场与货币市场实现同时出清（均衡），即 IS 线和 LM 线相交点就意味着该国实现了国民经济处于无通胀下的充分就业的内部均衡状态。

一国的外部均衡通常被认为是国际收支总差额 $BP = CA + KA = 0$（R. Mundell，1962）[1]。具体方程表示如下：

$$BP = CA(q, Y, Y^*) + KA(i + i_e - i_f) \qquad (6-3)$$

式中，资本金融函数项 KA 中的 i_e 表示市场对人民币的升值预期[2]，i_f 表示世界利率。

在 i—Y 两维坐标空间内，表示一国外部经济均衡的国际收支 BP 线一般是一条向上倾斜的直线。如果一国的资本在国际上的流动性越强，那么 BP 线就越平坦。考虑到中国的资本账户还没有完全开放，资本流动性较弱，尤其是对待

---

[1]　考虑到中国是一个经济快速增长的发展中国家的实际情况，再结合我们上文对这一问题的分析，我们认为中国经济的外部平衡应该主要是指经常账户保持适度规模顺差的平衡。这也是我们选择斯旺模型进行内、外经济均衡分析的一个主要原因。

[2]　在该方程资本与金融账户函数 KA 中，我们考虑到中国人民币汇率升值应该是长期趋势，故升值预期会长期存在，我们借鉴了章和杰、陈威吏（2008）的处理方法，此处同样引入一个考虑升值预期的利率补偿因子 i_e。

资本流出目前控制仍较严格，故我们认为均为向上倾斜的 BP 线要比 LM 线陡一些。

以斯旺模型为例，在以实际汇率 q 和国民收入 Y（以消费、投资、政府支出等支出法衡量的国民收入）组成的 q—Y 二维空间中，内部平衡线以 IB（Interal Balance）表示，外部平衡线以 EB（Exteral Balance）表示。实际汇率 q 以直接标价法表示，数值变大表示贬值，变小表示升值，且此处指外部实际汇率①，即 $q = eP^*/P$，e 表示名义汇率（直接标价法）；P^* 和 P 分别表示国外和本国的价格水平。在 q—Y 二维空间中，内部经济平衡线 IB 是一条向下倾斜的直线。因为随着本国实际汇率的升值（q 变小）一般来说有利于增加进口而减少出口，从而净出口减少，故要维持内部经济的均衡是必要增加国内支出（Y 变大）。外部平衡线 EB 实际上就是 i—Y 两维坐标空间内的 BP 线，但这里更加强调的是经常账户的收支平衡，对于中国而言就是要保持适度的收支顺差②。在 q—Y 二维空间中，EB 线是一条向上倾斜的直线。因为一国实际汇率贬值（q 变大）一般会有利于增加出口而不利于进口，从而净出口会增加，为了不至于出现经常账户的过大顺差规模以维持一国经济的外部平衡，就势必要扩大国内支出增加进口。

我们把 i—Y 和 q—Y 坐标空间结合在一起，就当前中国内、外经济失衡的现状，以图 6 - 1 说明经济由失衡向均衡转换的政策搭配与组合调整方案。

在图 6 - 1 中，假定在过去的某一时期中国经济处于内、外经济的均衡状态。即图上半部分 i—Y 坐标空间 IS_0、LM_0、BP_0 三线的交点 E_0 和对应图下半部分 q—Y 坐标空间 IB_0、EB_0 的交点 B_0 所示，此时均衡的国民收入为 Y_0。直至 2008 年上半年③，有较长的一段时间中国经济的实际状态应该大概出现在 i—Y 坐标空间的 E_1 点范围。在 E_1 点，因为它在 IS_0 的右边，故存在储蓄大于投资（$S > I$）情况；它在 LM_0 的上方，故存在货币供给大于货币需求（$M > L$）的通

---

① 和其对应的是内部实际汇率，它是指一国可贸易品的国内价格水平与不可贸易品的国内价格水平之比。

② 本书第五章第二节，我们研究后所认定的中国国际收支经常账户余额适度顺差规模的具体数量标准为 $0 < CA/GDP \leqslant 2\%$。

③ 2008 年上半年中国经济继续保持快速增长势头，GDP 同比增长 10.4%，衡量物价或通货膨胀水平的 CPI 同比上涨 7.9%；美国商务部公布美国 2008 年上半年经济增长率为 3.3%；欧盟 27 国 2008 年上半年经济增长也达到 1.7%。尽管当前受金融危机的影响，包括中国在内的世界主要经济体无论实际经济增长率还是预期值都较以往有不同程度甚至较大幅度下滑，但我们认为百年不遇的金融危机毕竟是小概率事件，不会从根本上改变中国及世界经济继续增长的势头。这也是我们选择直至 2008 年上半年来进行我们相关政策择调控问题分析的原因。另外，对中国经济失衡的政策调控本来就是一个长期的过程，尤其是对经济结构的调整更是如此。因此我们更应该重视经济发展的长期趋势，而不是短期的随机扰动冲击。因为应对短期冲击的政策举措一般也具有短期和临时的特征。

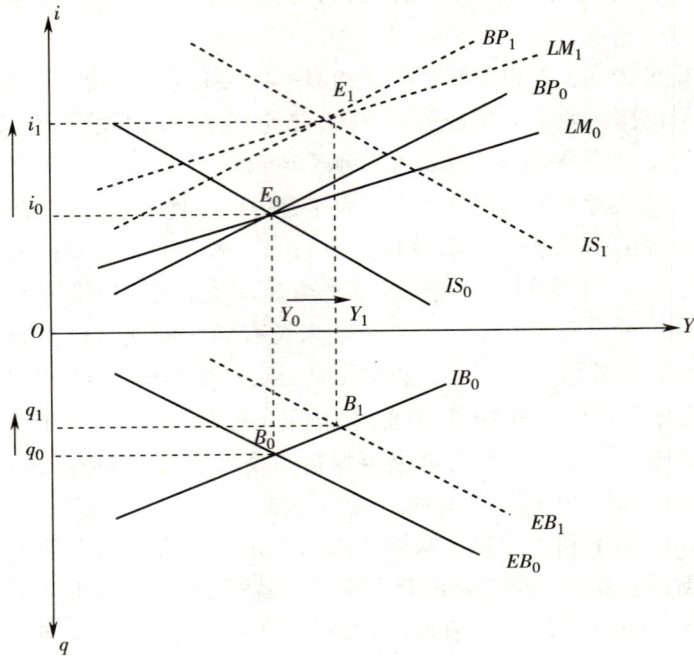

图 6－1   中国经济失衡的政策搭配与组合调整方案

货膨胀现象；它在国际收支平衡线 *BP*₀ 的上方，故存在中国国际收支较大顺差的外部不平衡现象。上述描述的现象应给说比较符合中国的实际情况。因为中国国际收支长期存在双顺差尤其是经常账户大额顺差的外部经济失衡现象，中国经济内部也长期存在内需严重不足，生产总体上供大于求，劳动力资源没有得到充分利用的不平衡情况。再者，我们坚信，中国经济随着市场化改革的深入推进会继续释放经济相对快速增长的潜能，在中国经济快速增长的过程中解决中国庞大劳动力的就业问题将会一直是中国政府面临的最大挑战。这样看来，人民币汇率升值和宏观经济某种程度的通货膨胀也应该是一个长期趋势。为了解决中国经济内、外失衡的困境，我们设想的政策组合与搭配方案如下：

第一，中国当前要采取并加大扩张性财政政策的执行力度。

增加政府支出，在增加的财政支出结构中要重点向关系民生的领域倾斜，比如教育、医疗、住房、养老、失业救济等公共服务和社会保障领域；继续改善基础设施建设尤其是农村的基础设施，进一步加大对"三农"的资金扶持力度；通过减税适度降低中国整体的宏观税负，比如近期推出的增值税转型改革，预计会进一步提高个人所得税起征点的改革等都是很好的尝试；进一步加大政府财政转移支付的力度并优化其结构，以便有助于缩小个人和地区差距。采取以上扩张性财政政策一般来说只要力度足够大，政策执行到位在较短时期就会起到直接、迅速的效果，在政府支出扩张的同时也会诱导居民消费支出的扩大，从而带动内需起到一举两得的作用。在图 6 − 1 中，就是 IS_0 线逐步右上移到那条经过 E_1 点的 IS_1 线的过程，从而过剩的储蓄转化为投资，商品市场达到均衡状态。当然，在这一进程中为了更好的配合财政政策的扩张，提高其政策执行的效率，中国也要相应进行金融体系的改革，以便进一步加快过剩储蓄向投资的转化速度。

第二，应该实施适度从紧的货币政策。

或许在短期货币政策的调整方向可能会有所改变，但控制通货膨胀应该是中央银行的一项长期任务。在固定汇率制下央行货币政策的独立性备受质疑，但就中国当前而言，我们实施的是参考一篮子货币的有管理的浮动汇率制度，尽管在具体执行的过程中表现为人民币汇率波动幅度有限，浮动空间不足的特点，不过对比新汇改前中国实际上钉住美元的固定汇率制下的人民币汇率，其自由度确实有了较大提升。再者，中国资本账户也没有完全开放。总之，货币政策在中国还是有较大程度自主性的。在图 6 − 1 中表现为 LM_0 线在实行紧缩性的货币政策后能够向左上方移动，不会完全出现在固定汇率制下为保持汇率的稳定而实施反向冲销导致 LM_0 线重新回移的现象。当 LM_0 线左上移动至通过 E_1 点的 LM_1 线的位置时，货币市场达到均衡，通货膨胀消失。此时，IS_1 线和 LM_1 线相交于 E_1 点，在该点意味着商品市场和货币市场同时达到均衡，此时中国经济处于无通胀、高就业的内部经济均衡状态。因为过剩的储蓄能够转化为投资，劳动力资源也得到较充分的利用，经济增长的潜力得到进一步释放，E_1 点会对应着更高的国民收入水平 Y_1。

第三，采取人民币汇率升值策略，缓解中国经济的外部失衡。

我们坚决支持中国政府在人民币汇率问题上一再强调的主动性、可控性、渐进性原则，在充分重视外汇市场供求规律的基础上，逐步释放人民币升值压力。通过人民币名义汇率的小幅、渐进升值策略，来达到人民币实际汇率升值的效果，从而对净出口的过度增加进行调控。另外，人民币升值还可能会对国内可贸易部门的结构升级和技术进步产生某种"倒逼"效应，从而引导资源在可贸易与不可贸易两大部门间重新进行优化配置。这就既有利于减少低附加值产品的过度出口，把节省的经济资源配置到更高端出口产业，又有利于中国较薄弱的不可贸易部门的进一步发展。对于人民币汇率采取小幅、渐进升值策略的原因，我们认为，一是自 1985 年 9 月《广场协议》(*Plaza Agreement*) 后，日本在短短的两年时间里日元对美元的汇率就急升了 100%，而德国在随后的 10 年中才累计升值 104.4%。由于日本外部经济因此收缩强烈，相关的许多出口企业缺乏足够的缓冲时间，再加上当时日本一些配套的宏观调控政策存在重大失误，故导致了日本出现长时间的经济衰退，而德国却没有出现类似情况。二是我们实际上无法准确知道人民币均衡汇率的具体数值。尽管人民币的长期升值趋势各方基本无异议，当前人民币汇率存在一定程度的低估也得到绝大多数专家学者的认同，但具体到人民币均衡汇率的准确位置则众说纷纭，没有一个统一的答案。这样，在实践操作中我们就无法采取一步到位的升值策略，姑且不论这种策略是否合适。另外，在第五章第二节对中国国际收支经常账户收支的数值模拟研究中，我们也发现人民币名义汇率的小幅、渐进升值策略才是获取中国经常账户国际收支重归均衡的逆转路径的充分条件。总之，在对待人民币汇率问题上，实践中，我们理性、可行的政策操作最好就是采取在以往中国经济改革中被实践证明了的有效方式——渐进式。这种策略本身就意味着人民币汇率应该小幅度、平缓渐进升值。同时也隐含着会出现走走停停，甚至在某一时期会出现反复的情况。这里特别需要指出的是，由于人民币汇率具有长期升值趋势，实践中又无法靠一步到位的方式解决，故对人民币汇率会形成长期升值的预期。在式（6-3）中我们通过引入一个利率补偿因子 i_e 考虑到了这种情况，这样中国货币当局就可以相应适当调低中国的基准利率，以缓解我们这里进行政策调控的过程中形成利率高企后而可能产生的对宏观经济较强的紧缩效应。在图 6-1 中，就是通过人民币名义汇率的升值达成人民币实际汇率的升值，使国际收支均衡线由 BP_0 向左上方不断移动，直至移动到通过 E_1 点的 BP_1 线的位置为止。此时，国际收支顺差消失，中国经济外部顺差性失衡问题得到解决。利率由最初的 i_0 增加到 i_1，但因为考虑到了人民币汇预期升值补偿因子 i_e，在实践操作层面，实际利率可能仅会增加到低于 i_1 的某个位置。当然，实践证明在解决中国经济外部失衡问题上单靠汇率升值手段是远远不够的，必须同时搭配货币手段和财政手段。就货币政策而言，在人民币汇率升值的过程中要借鉴德国的成功经验，根据中国国内具体经济状况适时、适度地灵活运用利率政策；就财政政策而言，对于政府有针对性的扩大进口计划应给予专项财政资金支持，在进出口关税、进出口退税方面也应该视具体情况作出迅速、灵活的调整。

综上，通过上述宏观经济政策调整与搭配，在图 6-1 中 IS_1 线、LM_1 线、BP_1 线，三线同时在 E_1 点相交，意味着经过政策调整，中国内、外经济在长期会

在更高国民收入 Y_1 的基础上重新建立平衡。

这一政策调整过程肯定是一项长期任务，上述主要针对需求面的调整固然十分重要，但我们也不应该忽视对中国经济结构供给面的政策调整。并且，我们一再认为中国经济的内、外失衡在本质上是一种结构性失衡。故对此进行纠偏的关键在于对中国失衡的经济结构进行深刻、彻底的改革，而非仅仅关注利率，尤其是汇率等价格变量。我们在第四章第一节对中国国际收支经常账户进行的实证研究也表明仅靠汇率升值等需求调节手段解决中国的外部经济失衡问题是远远不够的，有时反而会起到相反的效果。对供给面的调整，我们认为重点应该是对产业结构的调整。具体而言，不论是在政策层面还是资金层面我们都需进一步加大支持和投入的力度，激励企业进行技术创新和研发投入，以便在高新技术产业或产品上突破核心技术和拥有自主知识产权，从整体上优化、升级中国的工业结构，延长产品的价值链和提升附加值。在对待中国外贸顺差的主体——加工贸易问题上，我们也要转变原来主要重量轻质的粗放式做法，转变为更加看重其质量和科技含量，看重其能为中国经济进一步发展带来的增量进步，即避免盲目重复引进同类型加工贸易产业。坚决摒弃"三高"性质的加工贸易，不刻意谋求外贸顺差，促进资源类和先进技术类进口贸易产业的发展。此外，在第二章第四节介绍的国际收支的结构调节方法中，制度创新作为一项具体的经济结构调节手段在发展中国家的国际收支调节中尤其发挥着相对重要的作用。因此，对于中国而言，鼓励国内企业间的合理、有序竞争，打破垄断和地区封锁，坚持市场经济的基本原则，力戒不合时宜的行政干预，对国内低效且垄断色彩浓厚的金融体系进行彻底的改革等制度创新措施，对于当前中国内、外经济失衡的最终解决，就长远来看，必将发挥出十分重要的积极作用。为了真正扩大内需，我国要特别高度重视以服务类为主的第三产业的发展。通过政策优惠和适当降低某些服务门类的税收，比如小规模、营业额较低的为生产和生活服务的企业或私营业主，以及劳动密集型的服务类企业等，同时辅以政策法规限制垄断性服务类企业的过高收费，比如，电信、邮电、某些金融服务类企业等。此类服务产业政策上的调整既可以增加就业，又可以增加中、低收入者的收入，限制垄断服务业从业者的过高收入，从根本上有助于扩大内需。中国需重视以服务业为主的不可贸易部门发展的另一大显著优势在于可以相对更有效化解、抵御外部冲击对国内经济造成的不利影响，这在全球金融危机不断蔓延、深化的大背景下，其积极意义不言而喻。另外，在前文的相关分析中以及第四章第三节的实证研究也都表明大力支持、鼓励发展中国的服务贸易对解决中国当前面临的内、外经济失衡问题发挥着相当重要的作用。

在图 6-1 中，$i—Y$ 坐标空间内 IS 线、LM 线、BP 线的调整、移动，在 $q—Y$ 坐标面内对应着内部平衡线 IB 和外部平衡线 EB 的调整、移动。起始均衡点 E_0 和初始国民收入 Y_0 对应着 IB_0 线和 EB_0 线相交的初始均衡点 B_0。IS 线、LM 线的交点意味着中国经济处于内部均衡状态。随着以增支减税为标志的扩张性财政政策和紧缩性货币政策在不同时点上的位移、相交，并向最终的内部均衡点 E_1 不断接近的过程中，这些不同时点上的内部均衡点的连线构成了 $q—Y$ 坐标空间中内部经济平衡线 IB（假定可以连接成线性直线）。在此过程中内部经济均衡的位置点只是沿着 IB_0 线上移动，直至移动到新的对应于 $i—Y$ 坐标空间中的均衡点 E_1 的 B_1 均衡点为止。同样，随着 $i—Y$ 坐标空间内 BP 线因名义汇率升值的调整而不断向左上方移动的过程中，对应有 $q—Y$ 坐标中外部平衡线由 EB_0 不断向右上移动到 EB_1 的位置。最终 EB_1 线和 IB_0 线与于新的均衡点 B_1 处相交，对应着与 $i—Y$ 坐标空间中同样的更高国民收入 Y_1，实际汇率由初始均衡实际汇率 q_0 升值到新的均衡实际汇率 q_1。

另外，在这里我们仍需继续补充强调的一点是，中国作为一个当前对世界经济产生着越来越重要影响力的大国，中国对其内、外经济失衡的政策性调整如果想要发挥出预期的良好效果，还需世界其他和中国有大量贸易往来的经济大国或经济体，尤其是美国在某些经济政策层面上的协调与配合。因为在当今经济全球化快速、深入发展的时代，任何一个经济大国内、外政策的调整在主要作用于本国经济的同时，都会或多或少地产生溢出效应（Spill - over Effects）和反馈效应（Feedback Effects）。这些效应造成对他国或正向或负向的影响，其影响大小取决于贸易伙伴国的重要性和国家之间经济联系的紧密程度。一般来说，通过国际双边或多边协调可能会找到一个较好的互利共赢的结果，否则的话就容易陷入囚徒困境（Prisioner's Dilemma）式的恶性循环。因此，中国力度较强的扩张性财政政策，一方面在解决中国内需严重不足、优化投资、储蓄和生产结构等内部经济失衡问题上发挥着非常重要的作用，进而带动解决中国经济外部的非均衡；另一方面通过中国进口的增加相应有助于中国贸易伙伴国出口的增加，带动该国经济增长。具体拿中国最重要的贸易伙伴国——美国为例，首先，美国要努力调整国内经济结构，缩减政府财政赤字，抑制居民的过度消费，增加储蓄；其次，美国要放松出口管制政策，增加对中国高新技术和装备的出口，这既减轻了美国的贸易赤字，又减少了中国对美贸易顺差；最后，美国应该继续执行和维护强势美元政策。如此，一方面可以缓解中国在上述宏观经济政策调整过程中人民币实际汇率升值对中国国内出口产业造成的成本压力；另一方面，因为中国巨额外汇资产中绝大比例是美元资产，美元汇率的稳定有助于中国美元资产的安全保值，实际上也更加有助于美国金融市场以及美国经济的稳定发展。

总之，一国国内需要政策的搭配与协调才可能解决一国面临的经济失衡问题，同理，在经济开放条件下国际上某种程度上的政策配合与协调也是不可或缺的。因为它深刻影响着一国国内经济问题最终解决的实际效果。

第三节　本章小结

在这一章里，我们结合前几章有关中国国际收支失衡问题的理论和实证研究，对中国的这种外部经济失衡现象展开了更加全面深入细致的成因分析，重点是提出相应的政策调整建议。

我们始终坚持认为中国经济的这种以双顺差为标志的外部经济失衡现象产生的根源在于中国经济在长期的发展过程中逐渐积累形成了愈来愈严重的内部经济的失序与失调，或者说是失衡。因此，我们从这种根源性失衡入手，逐一分析研究了中国储蓄相对于投资在长期高企的原因。我们采取层层递进的研究方式，分析了国民总储蓄的内部结构、各自的演变特点，分析这些结构变动背后折射出的中国居民收入分配差距悬殊、国民收入分配与生产要素分配比例失调、城乡和地区收入差距不断拉大，以及中国居民的社会保障体系因长期国家投入不足导致即不完善又覆盖面有限等中国经济内部的深层次矛盾问题。因此，为了从根本上解决中国的外部经济失衡问题，我们就应该首先要从解决中国的内部经济失衡入手。对此，针对不同的具体问题我们提出了相应的政策调整建议。

在看待导致中国经常账户出现持续、长期、大额顺差主要原因的加工贸易问题，以及中国资本与金融账户因长期存在 FDI 的较大规模净流入而呈顺差状态的问题上，由于在本书第三章我们给出了比较详尽的成因分析，因此这里我们仅作了一个简单的回顾和相关补充说明，我们的重点在于对这类问题进行政策反思，提出我们今后的政策调整思路。

在本章中，针对中国国际收支失衡的世界经济大背景我们仍然继续给予关注。但此处，我们研究的重点是就这一问题给出一些有关国际上政策协调和如何进一步修正我国的应对策略等理论思考，以便中国在开放经济条件下更好地适应并利用国际经济大环境，甚至对其发挥影响力，从而更加有利于中国经济建设的平稳、有序、可持续发展。

在本章最后，我们依据开放经济条件下的 M – F Model（IS – LM – BP Model）和有关政策搭配与组合的斯旺模型（IB – EB Model）构建了一个分析中国经济内、外失衡如何通过宏观经济政策的调整、搭配、组合重新走向平衡的模型分析框架。我们设定的政策调整的重点是在中国的总需求方面，即通过财政政策、货币政策、税收政策以及汇率政策的选择、搭配、组合以期实现中国经济在长期的内、外平衡协调发展。虽然需求面的政策调整对中国经济最终走向内、外平衡是至关重要的，但在长期调整过程中对供给面的政策调整也是不可或缺的。对此，我们强调了中国产业结构的调整、优化、升级对解决中国经济失衡问题的重要意义。

全书总结

近些年来，中国国际收支失衡，尤其是其中的经常账户失衡问题表现得愈发严重，也越来越引起国内外的广泛关注和争论。因此，通过对这一问题全面、深入、细致的研究，做到理论分析和实证分析相结合，对于解析中国的国际收支失衡问题，进而对症提出调控、解决思路，在当前无疑具有十分重大的理论和现实意义。

对上述问题的分析、研究，我们主要是按照如下逻辑路线展开的：

首先，我们对涉及中国国际收支研究的相关概念、理论作了一个简明、扼要的再阐释和评析，这些是我们进行后续研究的基本分析框架和理论基础。

其次，在具体进入较复杂的实证计量研究之前，我们先就中国国际收支1982—2007年的历史数据进行仔细的梳理。对各账户的研究，我们采取重点突出、层层深入的研究方法。对中国经常账户及其主要子账户的历史数据解读、分析是我们该项研究的重中之重，这也自然会涉及考察经常账户与中国某些相关宏观经济变量间的内在联动关系。另外，为了更好的凸显出中国国际收支双顺差这一主要特征事实，我们还选取了中国与其最重要的贸易伙伴，且是大国经济体的美国、日本、德国，同期国际收支历史数据，分别进行了相应的对比研究。经过如此较全面的分析，并借鉴已有相关研究成果后，我们对中国国际收支双顺差失衡现象的成因，给出了我们的四点解释：（1）现有的、不尽合理的国际货币体系安排；（2）中国、美国国际贸易统计规则的某些不同所产生的较大双边误差；（3）国际产业转移、国际直接投资资本流动和中国的加工贸易产业与政策；（4）中国国民总储蓄率相对较高，储蓄—投资间长期存在正向缺口，即储蓄率大于投资率。就此，我们得到了一个基本研究结论：中国的国际收支双顺差实际上是在内、外因交织作用下、带有明显阶段性的一种国际收支的结构性不平衡现象。

接着，我们的分析、研究进入到对中国国际收支的实证计量分析阶段。我们研究的重点依然是中国国际收支的经常账户变动。我们集中研究并解决了如下三个问题：

其一，是哪些经济变量影响、决定、支配着中国国际收支经常账户的中期、长期变动？通过一个包括众多经济解释变量和虚拟变量的经济结构模型，我们初步解答了该问题：在影响中国国际收支经常账户中、长期变动的宏观经济基本面因素中，按相对重要性的大小依次为：开放度指标、滞后的净外国资产头寸、中国人均实际 GDP 数额、贸易条件指数和中国实际有效汇率指数。据此，政策建议如下：（1）中国对外贸易开放度或贸易依存度指标对中国经常账户收支的影响力度最大，且二者是正相关关系。因此，为了使过度的对外贸易顺差有所降低，我国势必要降低对外贸易的依存度，特别是出口依存度。（2）净外国资产的滞后变量和中国经常账户收支间存在轻微的负相关关系。这揭示出中国海外净资产的相对低收益性，或存在某种程度的净损失。因此，中国政府应该谋求外汇储备投资的多元化，以便尽量降低投资风险和获取较高的投资收益。（3）中国实际人均 GDP 增长率在我们的实证回归中表现出较明显的对中国经常账户余额的负向影响。标准化的回归系数显示，中国实际人均 GDP 每增加 1%，就会使中国经常账户盈余减少近 0.07 个百分点。因此，增加居民收入，尤其是中、低收入群体的收入，是今后我们政策调控的重点。（4）贸易条件变量表现出和经常账户收支间很微弱的正相关关系。这提醒我们，中国出口产品的质高价优比依靠出口产品的低质低价所获取的大量账面上的贸易顺差更有利于国内资源的合理利用，同时也较不容易引发贸易冲突和摩擦。（5）人民币实际有效汇率在上述五个核心解释变量中对中国国际收支经常账户变动的影响力度最小，但其影响的方向却表现为正向关系。这提醒我们，单靠人民币名义汇率升值的方式根本不足以减少中国的外贸顺差。因为中国的经常账户顺差是结构性顺差，而非汇率等货币性因素引起。为了把中国经常账户顺差控制在合理的规模内，我们应该调整中国的经济结构，特别是对外贸易的进出口结构。

其二，当前，中国国际收支较大规模失衡现象在长期来看是否可维持的？或者，在长期是否会收敛到它的均衡路径上来？为了回答该问题，我们以中国1995 年 1 月至 2008 年 9 月的月度进出口贸易数据为样本，依据理论模型的推导，采用较简洁的 Engle & Granger 协整关系方法论，对全样本和以 2001 年 12月为界的两个子样本（1995 年 1 月至 2001 年 11 月与 2001 年 12 月至 2008 年 9月）分别进行了协整检验。并对两个子样本，在协整回归的基础上建立了误差修正模型（ECM）。研究表明：无论对于全样本还是两个子样本，我们发现中国月度出口和进口之间的协整关系都是存在的。中国的贸易盈余并没有失控，经常账户的跨期预算约束并没有被违反。

其三，中国国际收支下经常账户及其子账户和资本与金融账户之间，与某些中国宏观经济变量之间存在何种（因果）动态关系？账户收支或经济变量波动后，它们之间会产生怎样的动态响应关系？我们对此问题的研究和解答是建立在向量自回归模型系统的基础上，并得出了一些对中国国际收支双顺差现象非常富有洞见、有较强解释力和现实指导意义的研究结论：（1）可以通过对涉及资本与金融账户资本流动的政策调控来部分缓解中国当前国际收支双顺差的困境；（2）可以通过大力发展中国的服务贸易，达成即可减轻中国货物贸易的过度顺差，又可以降低中国当前资本账户顺差幅度的一举两得作用；（3）脉冲响应函数的结果表明，中国对外开放度指标会对贸易账户和资本与金融账户产生正向冲击，这再次提醒我们扩大内需，适当降低外贸依存度，以缓解中国国际收支大额顺差压力的重要性。

另外，我们还通过建立相关概率和经济数理模型，用以实证分析宏观经济变量冲击对中国经常账户收支波动的概率影响大小和模拟分析经常账户动态方程中一些基本参数的设定变化对中国经常账户收支路径形成、转移的不同结果。具体来说，我们建立了如下两个模型：

其一，多元选择离散模型。我们依照中国经常账户时间序列与其标准误的偏离程度分别设定了三种排序状态：低度顺差规模偏离、中度顺差规模偏离和高度顺差规模偏离。选择确定1992年第一季度至2008年第一季度国内外八个季度宏观经济变量为解释变量，再加上三个时期虚拟变量，构建了以经常账户为离散因变量的排序 Probit 模型。研究表明：（1）产出缺口和滞后的净外部资产头寸增量对中国经常账户顺差规模波动排序具有显著的解释能力，二者均为正向作用，并且后者的影响力大于前者，大概是前者的两倍；（2）在中国经常账户顺差规模表现出低度和中度波动时，上述两个变量的边际影响是负的，即二者的增加会降低中国经常账户低、中度顺差的概率，仅在经常账户高顺差波动状态下才都表现出正向效应。据此，相应政策调整建议：（1）应制定切实可行的宏观经济政策，有步骤、分阶段地降低一部分外需，并且促使下降的外需向内需的增加顺利转换。（2）人民币实际有效汇率在我们的计量回归中是不显著的。这提醒我们汇率因素在中国经常账户顺差调节的政策选择组合里很可能是相对不重要的。（3）我们应该充分重视中国净外部资产存量的有效利用问题，其本质同样是一个外需如何向内需有效转换的问题。

其二，中国经常账户收支动态模型。我们对潘国陵分析国际收支经常账户变化的动态模型进行了较重大的修正与改进，重新构建了更符合中国国际收支经常账户现实变动的数理模型。我们利用修正后的模型，以 2006 年为基期年，在合理设定模型各个初始参数并得到有效性检验的前提下，分八种情况模拟预测了中国经常账户余额占 GDP 的比值自 2006 年之后的一些年份的变化情况。结果表明：仅有第一种情况和第三种情况符合我们对中国经常账户逆转设定的要求。情况 1：中国经济增长率自 2006 年基期年始，平均保持每年 10% 的增长，国民储蓄率力争每年降低 1%，人民币升值率控制在每年 3% 左右。情况 3：在情况 1 参数设定下再加上中国对外直接投资占中国对外净资产比例从 2007 年起每年增加 0.5%。上述两种情况都会在 2010 年迎来它们经常账户顺差规模的峰值，然后下降，分别在 2015 年和 2016 年下降到仅占同期 GDP 的 0.65% 和 0.25%，满足我们对经常账户逆转条件：$0 < ca_t \leqslant 2\%$。据此，我们提出如下政策建议：（1）对能够影响中国国际收支，尤其是经常账户收支的宏观、微观政策的调整是必需的。否则，中国过度的经常账户顺差问题就不会得到有效缓解。（2）政策调节的重点在于适当降低中国相对过高的国内总储蓄率。（3）有助于保持中国经济较快增长、小幅度汇率升值和对外直接投资比率逐年小幅增加的组合方式的政策调控，对于降低中国经常账户过度顺差，获取合意逆转路径被证明是更加有效的。

最后，我们在前文有关中国国际收支失衡问题的理论和实证研究的基础上，对中国的这种外部经济失衡现象给出了更加全面、深入的成因分析。此处，我们分析的重点在于查找、确定"根"、"源"后的辨证施治。即对中国国际收支失衡问题的政策调控。我们再次研究认为，中国经济的这种以双顺差为标志的外部经济失衡现象产生的根源在于中国经济在长期的发展过程中逐渐积累形成了愈来愈严重的内部经济的失序与失调，或者说是失衡。比如，中国居民收入分配差距悬殊、国民收入分配与生产要素分配比例失调、城乡和地区收入差距不断拉大，以及中国居民的社会保障体系建设因国家长期投入严重不足导致的不完善且覆盖面有限等中国经济内部的深层次矛盾问题。因此，为了从根本上解决中国的外部经济失衡问题，我们就应该首先要从解决中国的内部经济失衡入手。为了具体化和高度概括我们的政策调控和搭配思路，我们综合了开放经济条件下的 IS – LM – BP Model 和斯旺模型，构建了一个分析中国经济内、外失衡如何通过宏观经济政策的调整、搭配、组合重新走向均衡的模型分析框架。我们设定的政策调整的重点是在中国的总需求方面，即通过财政政策、货币政策、税收政策以及汇率政策的选择、搭配、组合以期实现中国经济在长期的内、外均衡协调发展。具体来说：（1）采取并加大扩张性的财政政策的执行力度。增加政府支出，在增加的财政支出结构中要重点向关系民生的领域倾斜，比如教育、医疗、住房、养老、失业救济等社会保障领域。（2）从长期来看，中国应该实施适度从紧的货币政策。（3）采取人民币汇率渐进、有序升值策略，缓解中国经济的外部失衡。

参考文献

［1］保罗·萨缪尔森，威廉·诺德豪斯．经济学（第十二版）［M］．北京：中国发展出版社，1992.

［2］保罗·萨缪尔森，威廉·诺德豪斯．经济学（第十七版）［M］．肖琛主译．北京：人民邮电出版社，2004.

［3］卜永祥，秦宛顺．人民币内外均衡论［M］．北京：北京大学出版社，2006.

［4］陈雨露，汪昌云．金融学文献通论·宏观金融卷［M］．北京：中国人民大学出版社，2006.

［5］蔡昉，孟昕，王美艳．中国老龄化趋势与养老保障改革：挑战与选择［J］．国际经济评论，2004（7－8）：40－43.

［6］陈文玲，王检贵．关于我国进出口不平衡问题的认识及政策建议［J］．财贸经济，2006（7）：23－25.

［7］程恩富，王中保．美元霸权：美国掠夺它国财富的重要手段［J］．今日中国论坛，2008（1）：59－63.

［8］国际货币基金组织．国际收支手册（第五版）［M］．北京：中国金融出版社，1995.

［9］国家外汇管理局．人民币汇率改革外汇政策实物手册［M］．北京：中国金融出版社，2005.

［10］郭健宏．中国加工贸易问题研究——发展、挑战和结构升级［M］．北京：经济管理出版社，2006.

［11］高铁梅．计量经济分析方法与建模：EViews 应用及实例［M］．北京：清华大学出版社，2006.

［12］胡锦涛．在中国共产党第十七次全国代表大会上的报告［M］．北京：人民出版社，2007.

[13] 何帆，张斌. 寻找内外平衡的发展战略——未来 10 年的中国和全球经济 [M]. 上海：上海财经大学出版社，2006.

[14] 何帆，张明. 中国国内储蓄、投资和贸易顺差的未来演进趋势 [J]. 财贸经济，2007（5）：79 - 85.

[15] 华民. 世界经济失衡：概念、成因与中国的选择 [J]. 吉林大学社会科学学报，2007（1）：5 - 16.

[16] 候青，张永军. 本币升值背景下货币政策的国际比较及启示 [J]. 国际金融研究，2006（9）：55 - 60.

[17] 贺力平. 人民币汇率与近年来中国经常账户顺差 [J]. 金融研究，2008（3）：13 - 27.

[18] 何泽荣. 中国国际收支研究 [M]. 成都：西南财经大学出版社，1998.

[19] 何建华. 分配正义论 [M]. 北京：人民出版社，2007.

[20] 姜波克. 国际金融学 [M]. 北京：高等教育出版社，1999.

[21] 姜波克. 开放经济下的政策搭配 [M]. 上海：复旦大学出版社，1999.

[22] 蒋中一（美）. 数理经济学的基本方法 [M]. 北京：商务印书馆，1999.

[23] 蒋中一（美）. 动态最优化基础 [M]. 北京：商务印书馆，1999.

[24] 杰弗里·萨克斯，菲利普·拉恩雷. 全球视角的宏观经济学 [M]. 上海：上海人民出版社、上海三联书店，1997.

[25] 焦武，许少强. 中国国际收支失衡与战略性政策调节研究 [J]. 财贸经济，2007（11）：94 - 100.

[26] 焦武，许少强. 中国国际收支经常账户中长期变动影响因素研究——基于 1992Q1 ~ 2007Q3 多元时序数据的分析 [J]. 国际金融研究，2008（5）：66 - 72.

[27] 焦武，许少强. 中国的对外贸易盈余失控了吗？[J]. 世界经济研究，2008（6）：43 - 48.

[28] 李石凯. 我国对外贸易顺差相对规模的测度与分析：1994—2004 [J]. 财贸经济，2006（1）：70 - 75.

[29] 刘伟，凌江怀. 人民币汇率升值与中美贸易失衡问题探讨 [J]. 国际金融研究，2006（9）：4 - 8.

［30］卢锋，韩晓亚．长期经济增长与实际汇率演变［J］．经济研究，2006（7）：4－14.

［31］卢锋．中国国际收支双顺差现象研究：对中国外汇储备突破万亿美元的理论思考［J］．世界经济，2006（11）：3－10.

［32］卢锋．中美经济外部不平衡的"镜像关系"——理解中国近年经济增长特点与目前的调整［J］．国际经济评论，2008（11－12）：19－27.

［33］理查德·库珀．理解全球经济失衡［J］．国际经济评论，2007（3－4）：14－20.

［34］刘伟，李传昭，许雄奇．资本项目开放对经常项目的影响：基于中国经验的实证分析（1982—2004）［J］．数量经济技术经济研究，2006（11）：133－141.

［35］刘穷志．出口退税与中国的出口激励政策［J］．世界经济，2005（6）：37－43.

［36］李扬，殷剑锋，陈洪波．中国：高储蓄、高投资和高增长研究［J］．财贸经济，2007（1）：26－33.

［37］李扬，殷剑峰．中国搞储蓄率问题探究——1992—2003 年中国资金流量表的分析［J］．经济研究，2007（6）：14－26.

［38］栾惠德，张晓峒．协整还是协变：来自中国进出口时间序列的经验证据（1950—2004）［J］．南开经济研究，2007（2）：140－152.

［39］吕剑．二元经济结构，实际汇率错位及其对进出口贸易影响的实证分析［J］．金融研究，2007（9）：90－101.

［40］林毅夫．潮涌现象与发展中国家宏观经济理论的重新构建［J］．经济研究，2007（1）：126－131.

［41］廖涵．论我国加工贸易的中间品进口替代［J］．管理世界，2003（1）：63－70.

［42］廖涵．入世后我国加工贸易政策应该调整［J］．宏观经济研究，2003（4）：33－36.

［43］罗平．国际收支手册（第五版）［M］．北京：中国金融出版社，1995.

［44］林永廷．国企创新缘何屡遭滑铁卢［J］．上海国资，2006（3）：32－33.

［45］孟晓宏．我国经常项目与资本项目的动态关系分析［J］．数量经济技术经济研究，2004（9）：16－23.

［46］蒙代尔．宏观经济学与国际货币史［M］．向松祚译．北京：中国金

融出版社，2003.

［47］莫瑞斯·奥伯斯特菲尔德，肯尼斯·罗戈夫. 高级国际金融学教程：国际宏观经济学基础［M］. 刘红忠等译. 北京：中国金融出版社，2002.

［48］米德. 国际经济政策理论［M］. 北京：商务印书馆，1990.

［49］潘国陵. 国际金融理论与数量分析方法［M］. 上海：上海人民出版社、上海三联书店，2000.

［50］裴平，孙兆彬. 中国的国际收支失衡与货币错配［J］. 国际金融研究，2006（8）：66－72.

［51］潘悦. 国际产业转移的四次浪潮及其影响［J］. 现代国际关系，2006（4）：23－27.

［52］裴长洪. 论转换出口退税政策目标［J］. 财贸经济，2008（2）：10－16.

［53］曲昭光. 人民币资本账户可兑换的前提条件：基于国际收支结构可维持性的分析［J］. 世界经济，2006（2）：62－70.

［54］任永菊. 我国进口与出口间的关系检验［J］. 当代经济科学，2003（7）：23－28.

［55］沈国兵. 中美贸易平衡问题研究［M］. 北京：中国财政经济出版社，2007.

［56］沈玉良，孙楚仁，凌学岭. 中国国际加工贸易模式研究［M］. 北京：人民出版社，2007.

［57］孙玉栋. 收入分配差距与税收政策研究［M］. 北京：经济科学出版社，2008.

［58］瑟尔沃. 增长与发展（第六版）［M］. 郭熙保译. 北京：中国财政经济出版社，2001.

［59］商务部课题组. 中国对外贸易形势2007年秋季报告［J］. 国际贸易，2007（11）：4－9.

［60］施建淮，朱海婷. 中国城市居民预防性储蓄及预防性动机强度：1999—2003［J］. 经济研究，2004（10）：66－74.

［61］田孟清. "假外资"：现状、危害、成因与对策［J］. 武汉大学学报（哲学社会科学版），2008（1）：11－17.

［62］王信. 我国的经常账户顺差能否持续［J］. 国际金融研究，2004（1）：49.

［63］王信. 中国对外资产负债：金融发展的视角［J］. 国际金融研究，

2007 （1）：68－73.

　　［64］王松奇，史文胜. 论汇率的决定机制、波动区间与政策搭配［J］. 财贸经济，2007 （4）：52－60.

　　［65］伍德里奇（美）. 计量经济学导论：现代观点［M］. 北京：中国人民大学出版社，2003.

　　［66］邢予青，万广华. 中国应该让人民币升值吗？——分析汇率对外国直接投资的影响［J］. 经济学季刊，2006 （1）：293－306.

　　［67］徐明棋. 美国国际收支经常账户逆差不断扩大对世界经济的影响［J］. 国际金融研究，2006 （4）：38－43.

　　［68］夏斌，陈道富. 国际货币体系失衡下的中国汇率政策［J］. 经济研究，2006 （2）：4－15.

　　［69］谢建国，陈漓高. 人民币汇率与贸易收支：协整研究与冲击分解［J］. 世界经济，2002 （9）：27－34.

　　［70］许雄奇，张宗益，康季军. 财政赤字与贸易收支不平衡——来自中国经济的经验证据（1978—2003）［J］. 世界经济，2006 （2）：41－50.

　　［71］许少强. 从国际收支成长理论析人民币汇率调控［J］. 复旦学报（社会科学版），2003 （6）：83－88.

　　［72］许少强，马丹. 实际汇率与中国宏观国际竞争力管理研究［M］. 上海：复旦大学出版社，2006.

　　［73］许少强，焦武. 储蓄大于投资与中国国际收支持续双顺差［J］. 财经科学，2007 （9）：105－111.

　　［74］徐长生，苏应蓉. 从新斯旺模型看我国利率与汇率政策的组合［J］. 国际金融研究，2006 （12）：52－58.

　　［75］谢识予，朱弘鑫. 高级计量经济学［M］. 上海：复旦大学出版社，2005.

　　［76］薛伟贤，董维维. 我国外贸依存度影响因素的灰色关联度分析［J］. 国际经贸探索，2008 （5）：4－9.

　　［77］谢平. 中国货币政策分析：1982—2002［J］. 金融研究，2004 （8）：1－20.

　　［78］杨柳勇. 国际收支结构研究——理论模式、国际比较及对中国现实的分析［M］. 北京：中国金融出版社，2003.

　　［79］杨柳勇. 中国国际收支的超前结构：特征、形成原因、变动趋势和调

整方向［J］．世界经济，2002（11）：11－18．

［80］姚枝仲，张亚斌．中国资本项目的变化及其宏观影响［J］．世界经济，2001（8）：21－30．

［81］姚枝仲、齐俊妍．全球国际收支失衡与变化趋势［J］．世界经济，2006（3）：42－47．

［82］姚枝仲．中国的进口战略调整［J］．国际经济评论，2008（3－4）：24－28．

［83］姚海明．中国储蓄向投资转化的结构与效率［M］．北京：中国金融出版社，2007．

［84］余永定．关于外汇储备和国际收支结构的几个问题［J］．世界经济与政治，1997（10）：18－23．

［85］余永定，覃东海．中国的双顺差：性质、根源和解决办法［J］．世界经济，2006（3）：31－41．

［86］余永定．全球不平衡条件下中国经济增长模式的调整［J］．国际经济评论，2007（1－2）：5－11．

［87］易纲，张磊．国际金融［M］．上海：上海人民出版社，1999．

［88］易丹辉．数据分析与 EViews 应用［M］．北京：中国统计出版社，2002．

［89］张曙光．人民币汇率问题：升值及其成本—收益分析［J］．经济研究，2005（5）：17－30．

［90］张曙光，张斌．外汇储备持续积累的经济后果［J］．经济研究，2007（4）：18－29．

［91］赵伟．改革开放以来中国的城乡差距问题研究［C］．全国高校社会主义经济理论与实践研讨会第22次年会入选论文，2008．

［92］朱希伟，金祥荣，罗德明．国内市场分割与中国的出口贸易扩张［J］．经济研究，2005（12）：68－76．

［93］张文才，秦月星．全球经济失衡下东亚区域政策选择［J］．世界经济，2007（6）：13－18．

［94］张军．资本形成、投资效率与中国的经济增长：实证研究［M］．北京：清华大学出版社，2005．

［95］张茵，万广华．试析我国贸易余额波动的成因［J］．经济研究，2005（1）：38－46．

［96］祝丹涛．国际货币体系和全球经济失衡［J］．中国发展观察，2007（11）：46 – 49.

［97］中国社科院经济学部．全球经济失衡与中国经济发展［M］．北京：经济管理出版社，2006.

［98］周建．经济转型期中国农村居民预防性储蓄研究——1978—2003 年实证研究［J］．财经研究，2005（8）：59 – 67.

［99］张晓朴．人民币均衡汇率的理论与模型［J］．经济研究，1999（12）：70 – 77.

［100］Alexander, S. Effects of a Devaluation on a Trade Balance［R］. IMF Staff Papers, 1952：263 – 278.

［101］Anderson, Jonathan. The Furor over Chinese Companies［R］. UBS Investment Research, September 2006.

［102］Ahmad Zubaidi Baharumshah , Evan Lau and Stilianos Fountas. On the Sustainability of Current Account Deficits：Evidence from four ASEAN Countries［J］. Journal of Asian Economics, 2003, 14：465 – 487.

［103］Anthony J. Makin. Does China's Huge Extertnal Surplus Implay an Undervalued Renminbi?［J］. China and World Economy, 2007, Vol. 15, No. 3：89 – 102.

［104］Augustine C. Arize. Imports and Exports in 50 Countries：Tests of Cointegration and Structural Breaks［J］. International Review of Economics and Finance, 2002, 11：101 – 115.

［105］Amelia Santos – Paulino and A. P. Thirlwall. The Impact of Trade Liberalisation on Exports, Imports and The Balance of Payments of Developing Countries［J］. The Economic Journal, February 2004, 114：50 – 72.

［106］Alicia Garcia – Herrero and Tuuli Koivu. Can the Chinese Trade Surplus be Reduced Through Exchange Rate Policy?［R］. BOFIT Discussion Papers, 6, 2007.

［107］Aart Kraay and Jaume Ventura. Current Accounts In The Long And Short Run［R］. NBER Working Paper, No. 9030, 2002.

［108］Aart Kraay . Household Saving in China［J］. World Bank Economic Review, September 2000, Vol. 14, No. 3：545 – 570.

［109］Balassa B. The Purchasing – Power Parity Doctrine：A Reappraisal［J］. The Journal of Political Economy, December 1964, Vol. 72, No. 6：584 – 596.

［110］Betty C. Daniel. Precautionary Saving and Persistent Current Account Imbalance [J] . Journal of International Economics, 1997, 42: 179 – 193.

[111] Bernardina Algieri and Thierry Bracke. Patterns of Current Account Adjustment: Insights From Past Experience [R] . European Central Bank Working Paper Series, 2007, No. 762.

[112] BuiterWillem H. Time Preference and International Lending and Borrowing in an Overlapping – Generations Model [J] . Journal of Poltical Economy, August 1981, 89 (4): 769 –797.

[113] Craig S. Hakkio and Mark Rush. Is the Budget Deficit "Too Large"? [J] . Economic Inquiry, 1991a, 29: 425 –429.

[114] Craig S. Hakkio and Mark Rush. Cointegration: How Short is the Long Run? [J] . Journal of International Money and Finance, 1991b, 10: 429 –445.

[115] Chaodong Huang and Simon Broadbent. Trade with China: Do the Figures Add up? [J] . International Review of Applied Economics, 2001, Vol. 12 : 107 – 127.

[116] Dominick Salvatore. Twin Deficits in the G – 7 Countries and Global Structural Imbalances [J] . Journal of Policy Modeling, 2006, 28: 701 –712.

[117] Dooley M. , David Folkerts – Landau, peter Garber. An Essay on the Revived Bretton Woods System [R] . NBER Working Paper, 2003, No. 9971.

[118] Engle, Robert F. and C. J. Granger. Co – integration and Error Correction: Representation, Estimation and Testing [J] . Econometrica, 1987, 55: 251 –276.

[119] Edwards S. Why are Saving Rates So Different across Countries? An International Comparative Analysis [R] . NBER Working Paper, 1995, No. 5097.

[120] Edwards S. Does the Current Account Matter? [R] . NBER Working Paper, No. 8275, 2001.

[121] Edwards S. On Current Account Surpluses and the Correction of Global Imbalances [C] . presented at Tenth Annual Conference of the Central Bank of Chile on Current Account and External Financing, Central Bank of Chile, November 2006.

[122] Fry, Claessens, Burridge and Blanchet. Foreign Direct Investment, Other Capital Flows, and Current Account Deficits [R] . The World Bank Policy Research Paper, 1995, No. 1527.

[123] Freund C. Current Account Adjustment in Industrialized Countries [J]. Journal of International Money and Finance, December 2005, Vol. 24, No. 8: 1278 –1298.

[124] Fleming J. M. Domestic Financial Policies Under the Fixed and Floating

Exchange Rates ［R］. IMF Working Paper, 1962, Vol. 9: 369 – 379.

　　［125］ Fung K. , C. and Lau Lawrence. The China – United States Bilateral Trade Balance: How Big is it Really? ［J］. Pacific Economic Review, 1998, 3 (1) : 33 – 47.

　　［126］ Fung K. C. and Lau Lawrence. Adjusted Estimates of United – States—China Bilateral Trade Balances: 1995 – 2002 ［J］. Journal of Asian Economics, 2003, (14) : 1 – 24 .

　　［127］ Guy Debelle and Gabriele Galati. Current Account Adjustment and Capital Flows ［R］. BIS Working Papers , 2005, No. 169.

　　［128］ Ho – don Yan. Does Capital Mobility Finance or Cause a Current Account Imbalance ［J］. The Quarterly Review of Economics and Finance, 2007, 47: 1 – 25.

　　［129］ Husted, S. The Emerging US Current Account Deficit in the 1980s: A Cointegration Analysis ［J］. The Review of Economic and Statistics, 1992, 74: 159 – 166.

　　［130］ Higgins M. and T. Klitgarrd. Reverse Accumulation: Implications for Global Capital Flows and Financial Markets ［R］. Current Issues in Economics and Finance, Federal Reserve Bank of New York, September/October 2004, Vol. 10, No. 10.

　　［131］ Heller, H. R. Optimal International Reserves ［J］. The Economic Journal, 1966, Vol. 76: 296 – 311.

　　［132］ Hollis B. Chenery and Alan M. Strout. Foreign Assistance and Economic Development ［J］. The Amercian Economic Review, Vol. 56, No. 4, Part 1 (Sep. , 1966): 679 – 733.

　　［133］ Ioannis Halikias. Long – Term Trends In The Saving – Investment Balance and Persistent Current Account Surpluses In A Small Open Economy – The Case of The Netherlands ［R］. IMF Working Paper, 1996, No. 42.

　　［134］ Jaume Ventura. Toward A Theroy of Current Accounts ［R］. NBER Working Paper, 2002, No. 9163.

　　［135］ Joseph W. Gruber and Steven B. Kamin. Explaining the Global Pattern of Current Account Imbalances ［J］. Journal of International Money and Finance, 2007, 26: 500 – 522.

　　［136］ Jaewoo Lee and Menzie D. Chinn. Current Account and Real Exchange Rate Dynamics in the G7 Countries ［J］. Journal of International Money and Finance, 2006, 25: 257 – 274.

［137］ Jialin Zhang. U. S – China: Trade Issues after WTO and the PNTR Deal: A Chinese Perspective ［R］. Hoover Essays in Public Policy, 2000, No. 103: 1 – 24.

［138］ Kuijs L. Investment and Saving in China ［R］. World Bank China Research Paper, May 2005, No. 1.

［139］ Kuijs L. How will China's Saving – Investment Balance Elvove? ［R］. World Bank Policy Research Paper Series, July 2006, No. 3958.

［140］ Killick T. Policy Economics: A Textbook of Applied Economics on Developing Countries ［M］. London: Heinemann Press, 1981.

［141］ Killick T. IMF Programmes in Developing Countries: Design and Impact ［M］. London: Routledge Press, 1995.

［142］ Loayza N., Schmidt – Hebbel K. and Serven, L. What Drives Saving across the World? ［J］. Rivew of Economics and Statistics, May 2000, Vol. 82, No. 2: 165 – 181.

［143］ Menzie Chinn and Eswar S. Prasad. Medium – Term Determinants of Current Accounts in Industrial and Developing Countries: An Empirical Exploration ［R］. NBER Working Paper, 2000, No. 7581.

［144］ Menzie D. Chinn and Jaewoo Lee. Three Current Account Balances: A "Semi – Structuralist" Interpretation ［R］. NBER and IMF Working Paper, 2005.

［145］ Menzie Chinn and Hiro Ito. Current Account Balances, Financial Development and Institutions: Assaying the World "Saving Glut" ［J］. Journal of International Money and Finance, 2007, 26: 546 – 569.

［146］ Modigliani F. and Shi Larry Cao. The Chinese Sving Puzzle and the Life – Cycle Hypothesis ［J］. Journal of Economic Literature, March 2004 , Vol. 42, No. 1: 145 – 170.

［147］ Michael B. Devereux and Hans Genberg. Currency Appreciation and Current Account Adjustment ［J］. Journal of International Money and Finance, 2007, 26: 570 – 586.

［148］ Martin Boileau and Michel Normandin. Dynamics of the Current Account and Interest Differentials ［J］. Accepted Manuscript in Journal of International Economics, 2007.

［149］ Manuchehr Irandoust and Boo Sjöö. The Behavior of the Current Account in Response to Unobservable and Observable Shocks ［J］. International Economics

Journal, 2000, Volume 14, No. 4: 1 – 57.

[150] Milesi – Ferretti G. M and A. Razin. Current Account Reversals and Currency Crises: Empirical Regularities [A]. in: P. Krugman (ed.), Currency Crises [M]. University of Chicago Press, Chicago, United States, 2000.

[151] Mundell, R. A. The Appropriate Use of Monetary and Fiscal Policy for Interal and Exteral Stability [R]. IMF Staff Working Papers, 1962, Vol. 9: 70 – 79.

[152] Mundell, R. A. Capital Mobility and Stabilization Policy Under Fixed and Flexible Exchange Rates [J]. Canadian Journal of Economic and Political Science, 1963, Vol. 29: 478 – 485.

[153] Meade J. E. The Balance of Payment [M]. London: Oxford University Press, 1951.

[154] Meade J. E. An Introduction to Economic Analysis and Policy [M]. London: Oxford University Press, 1936.

[155] Meade J. E. Consumers' Credits and Unemployment [M]. London: Oxford university press, H. Milford, 1938.

[156] Mann C. L. Prices, profit margins, and exchange rates [R]. Federal Reserve Bulletin, 1986: 1 – 17.

[157] Obstfeld Maurice and Rogoff Kenneth. The Intertemporal Approach to the Current Account [R]. NBER Working Paper, 1994, No. 4893.

[158] Obstfeld Maurice and Rogoff Kenneth. Exchange Rate Dynamics Redux [J]. Journal of Political Economy, June 1995, 103 (2): 624 – 660.

[159] Obstfeld Maurice and Rogoff Kenneth. Foundation of International Macroeconomics [M]. Cambridge, MA: MIT Press, 1996.

[160] Paresh Kumar Narayan and Russell Smyth. The Relationship Between the Exchange Rate and Balance of Payments: Empirical Evidence for China from Cointegration and Causality Testing [J]. Applied Economics Letters, 2004, 11: 287 – 291.

[161] Pesaran, M. Hashem and Yongcheol Shin. Impulse Response Analysis in Linear Multivariate Models [J]. Economics Letters, 1998, 58: 17 – 29.

[162] Razin A. The Dynamic – Optimizing Approach to the Current Account [A]. in: P. Kenen (ed.). Understanding Interdependence: The Macroeconeomics of the Open Economy [M]. Princeton, NJ.: Princeton University Press, 1995.

[163] Reisen Helmut. Sustainable and Excessive Current Account Deficits [R].

OECD Development Centre Working Papers 132, February 1998.

[164] Ravi Batta and Hamid Beladi. A New Approach to Currency Depreciation [J]. Review of Development Economics, 2007, Forthcoming.

[165] Sachs, Jeffrey D. The Current Account in the Macroeconomic Adjustment Process [J]. Scandianvian Journal of Economics, 1982, 84 (2): 147 – 159.

[166] SachsJeffrey D., Cooper Richard N. and Fischer Stanley. The Current Account and Macroeconomic Adjustment in the 1970s [R]. Brookings Papers on Economic Activity, 1981, 1: 201 – 282.

[167] Steven Barnett and Ray Brooks. What's Driving Investment in China? [R]. IMF Working Paper, WP/2006/265.

[168] Swan Trevor. Economic Growth and Capital Accumulation [J]. Economic Record, 1956, 32 (2): 334 – 361.

[169] Swan Trevor. Economic Control in a Dependent Economy [J]. Economic Record, (March) 1960.

[170] Tinbergin Jan. On the Theory of Economic Policy [M]. Amsterdan: North – Holland, 1952.

[171] Thirlwall A. P. Growth and Development: With Special Reference to Developing Economies [M]. London: Macmillan press, 1972.

[172] Taylor L. Structuralist Macroeconomics: Applicable Models for the Third World [M]. New York: Basic Books, 1983.

[173] Uzawa H. Time Preference, the Consumption Function, and Optimum Asset Holdings [A]. in: J. N. Wolfe (ed.) Value, Captial, and Growth: Papers in Honour of Sir John Hicks [M]. Aldine: Chicago, 1968.

[174] USCC. 2004 Report to Congress [R]. One Hundred Eighth Congress, 2nd Session, 2004.

[175] Wong, C. – H. and Carranza, L. Policy Responses to External Imbalances in Emerging Market Economies: Further Empirical Results [R]. IMF Staff Papers, 1999, 46 (2): 225 – 238.

[176] Zhongxia Jin. The Dynamics of Real Interest Rates, Real Exchange Rates and the Balance of Payments in China: 1980 – 2002 [R]. IMF Working Paper WP2003/67.

后　　记

2006 年 8 月底，我考入心中早已敬仰的学术殿堂——复旦大学，这所全国著名高等学府，开始了为期三年的博士学位求学生涯。我所在的院系是经济学院国际金融系，攻读金融学博士学位，我的指导教师是许少强教授。

首先我要感谢许少强教授。我博士论文的选题就是在入学不久的一次学术讨论会上，受许老师启发后，再经自己研读文献，激起研究兴趣，直至定题并最终成文。在我博士论文的写作过程中，许老师都一直密切关注，仔细阅读了全部章节，认真修改，提出了许多富有见地、颇有价值的意见。这些都对论文的最终完成和定稿作出了非常重要的贡献。本书即是在博士论文的基础上经适当修改、编排而成。许少强教授不但学术功底深厚，学术观察力敏锐，而且极力提倡一种自由、宽松的学术氛围，这些都使我在学术研究上受益良多。再者，许老师为人宽厚、正直、善良，我耳濡目染，深受教诲。特别要提到的一点是，许老师对学生的劳动或研究成果非常尊重，这在当今中国的学术大环境下是非常难能可贵的。

在此，我要感恩我的父母。他们生育我、养育我，恩情之深，无以为报！在我多年的求学道路上，他们唯有默默地一贯坚定支持和奉献。特别是我的母亲，她毫无保留地把她全部的母爱都倾注在我身上，让我真切地感受到这个世界上母亲的伟大和崇高。

最后，我要诚挚感谢我现在的工作单位——上海金融学院国际金融学院，院领导班子非常尊重人才，提倡学术自由，鼓励、支持高水平的学术创作与出版。

本书能够最终付梓出版，贺瑛教授主持的上海市教育委员会重点学科（第五期）金融学（项目编号：J51601）对此给予了无私、慷慨资助，特深表谢意！

焦武
2013 年 8 月于上海金融学院国际金融学院